El arte de seducir

PARA

DUMMIES™

El arte de seducir

PARA

DUMMIES™

Elizabeth Clark

Obra editada en colaboración con Centro Libros PAPF, S.L.U. – España

Edición publicada mediante acuerdo con Wiley Publishing, Inc.
© ...For Dummies y los logos de Wiley Publishing, Inc. son marcas registradas
utilizadas bajo licencia exclusiva de Wiley Publishing, Inc.

© 2011, Elizabeth Clark

© Andrés Rodríguez para www.123rf.com, de la fotografía de portada

© 2011, Centro Libros PAPF, S.L.U.
Grupo Planeta
Avda. Diagonal, 662-664
08034 – Barcelona, España

© 2012, Editorial Planeta Mexicana, S.A. de C.V.
Bajo el sello editorial CEAC M.R.
Avenida Presidente Masarik núm. 111, 2o. piso
Colonia Chapultepec Morales
C.P. 11570 México, D. F.
www.editorialplaneta.com.mx
Primera edición impresa en España: junio de 2011
ISBN: 978-84-329-2137-7
Primera edición impresa en México: junio de 2012
ISBN: 978-607-07-1214-2

Impreso en los talleres de Litográfica Ingramex, S.A. de C.V.
Centeno núm. 162, colonia Granjas Esmeralda, México, D.F.
Impreso en México – Printed in Mexico

¡La fórmula del éxito!

Tomamos un tema de actualidad y de interés general, añadimos el nombre de un autor reconocido, montones de contenidos útiles y un formato fácil para el lector y a la vez divertido, y ahí tenemos un libro clásico de la serie ...para Dummies.

Millones de lectores satisfechos en todo el mundo coinciden en afirmar que la serie ...para Dummies ha revolucionado la forma de aproximarse al conocimiento mediante libros que ofrecen contenido serio y profundo con un toque de informalidad y en lenguaje sencillo.

Los libros de la serie *...para Dummies* están dirigidos a los lectores de todas las edades y niveles del conocimiento interesados en encontrar una manera profesional, directa y a la vez entretenida de aproximarse a la información que necesitan.

www.paradummies.com.mx

¡Entra a formar parte de la comunidad Dummies!

El sitio web de la colección ...para Dummies está pensado para que tengas a mano toda la información que puedas necesitar sobre los libros publicados. También te permite conocer las últimas novedades antes de que se publiquen.

Desde nuestra página web, también, puedes ponerte en contacto con nosotros para resolver las dudas o consultas que te puedan surgir.

Asimismo, en la página web encontrarás muchos contenidos extra, como por ejemplo los audios de los libros de idiomas.

También puedes seguirnos en Facebook (facebook.com/dummies.mx), un espacio donde intercambiar tus impresiones con otros lectores de la colección ... para Dummies.

10 cosas divertidas que puedes hacer en www.paradummies.com.mx y en nuestra página de Facebook:

1. Consultar la lista completa de libros ...para Dummies.
2. Descubrir las novedades que vayan publicándose.
3. Ponerte en contacto con la editorial.
4. Recibir noticias acerca de las novedades editoriales.
5. Trabajar con los contenidos extra, como los audios de los libros de idiomas.
6. Ponerte en contacto con otros lectores para intercambiar opiniones.
7. Comprar otros libros de la colección en línea.
8. ¡Publicar tus propias fotos! en la página de Facebook.
9. Conocer otros libros publicados por Grupo Planeta.
10. Informarte sobre promociones, presentaciones de libros, etc.

La autora

Elizabeth Clark, más conocida como "la gurú de la seducción", es conferenciante internacional, presentadora de televisión, locutora de radio, escritora y formadora. En el Reino Unido, donde está considerada una de las grandes expertas de la seducción y el carisma empresarial, ha publicado obras como *Flirt Guru* y *Single to Settled*.

Elizabeth pertenece a la Professional Speakers Association (Asociación de Oradores Profesionales), el CIPD (Instituto Colegiado de Personal y Desarrollo) y la BPS (Sociedad Británica de Psicología) y tiene a sus espaldas más de diez años de experiencia en la gestión de recursos humanos en algunas de las empresas más importantes del Reino Unido. Aunque no se requiere formación específica para convertirse en un "experto en seducción", Elizabeth afirma que lleva toda una vida llevando a la práctica sus conocimientos.

Como fundadora, en 2002, de la empresa Rapport Unlimited y www.flirtguru.com, Elizabeth ha trabajado con miles de personas de todo el mundo pertenecientes a grandes empresas. Ofrece cursos de formación para empresas y conferencias sobre las dotes de seducción, aplicadas a realizar presentaciones convincentes o establecer contactos profesionales con carisma. Esto demuestra que las dotes utilizadas para seducir en el trabajo y en los momentos de ocio están estrechamente relacionadas y que la seducción no es sólo cosa de *dummies*.

El interés que despierta Elizabeth en todo el mundo la ha llevado a protagonizar reportajes en numerosas publicaciones, desde *The Times* hasta *Grazia*. Asimismo, suele ser invitada a programas de radio y televisión, en canales como BBC One o Living.

Si quieres obtener más información sobre el trabajo de Elizabeth y consultar otros consejos de seducción, visita sus sitios web www.rapportunlimited.co.uk y www.flirtguru.com, o bien puedes enviarle un correo electrónico directamente a info@rapportunlimited.co.uk.

Dedicatoria

A Calum, Lucy y Glyn, mis superestrellas.

Agradecimientos de la autora

La colección ...*para Dummies* no es un fenómeno internacional por casualidad, y quiero darle las gracias al equipo de editores que hizo posible esta obra.

Lo que hace que este libro sea tan especial es la contribución de los modelos, ya que no sólo ilustran con claridad los conceptos, sino que le añaden un toque de *glamour*. Me gustaría expresar mi más sincero agradecimiento a mi querida amiga Patri Pennarocha y al guapísimo Glyn Powditch, mi pareja, por su excelente colaboración como modelos, así como a Bill Houston, nuestro paciente y brillante fotógrafo.

Gracias también a mi hermana, Jo, por transmitirme todo su apoyo por teléfono en momentos de estrés, a todos mis clientes por su colaboración y sus ánimos mientras escribía el libro, y a mis queridos hijos Calum y Lucy, que me dieron su aprobación para que escribiera otro libro, a pesar de que les había prometido que no lo haría.

El arte de seducir para Dummies™

Guía rápida

Los puntos clave de la seducción

El proceso de seducción puede empezar antes incluso de que te des cuenta, por lo que debes recordar lo siguiente:

✔ El 80 % de las personas te juzgan precipitadamente en el tiempo que te lleva recorrer una sala de un lado a otro.

✔ Una persona tarda entre tres y cinco minutos en formarse una idea sobre ti.

✔ Para que una persona cambie la opinión que se formó de ti, hacen falta hasta 21 encuentros.

✔ Es mucho más probable que les caigas bien a otras personas si creen que te caen bien.

✔ Las mujeres inician el proceso de seducción el 90 % de las veces emitiendo señales no verbales, aunque los hombres suelen encargarse de dar el primer paso.

El ritual de cortejo más natural en cinco pasos

Las dotes de seducción son innatas. Para que el proceso de seducción comience con buen pie, asegúrate de dar los siguientes pasos en el orden correcto:

1. Establece contacto visual.
2. Sonríe.
3. Arréglate el pelo y colócate bien la ropa.
4. Fomenta la comunicación halagando sinceramente a la otra persona y aportando información personal.
5. Toca a la otra persona rozándola, sin querer o de forma deliberada.

Los pecados del lenguaje corporal

Para convertirte en una estrella de la seducción, evita a toda costa los siguientes errores del lenguaje corporal:

✔ Esquivar el contacto visual.
✔ Encorvarte.
✔ Cruzar los brazos y las piernas.
✔ Inclinar el cuerpo hacia atrás o hacia un lado para alejarte de la otra persona.
✔ Moverte con inquietud.

¡El libro sobre la seducción para todos!

El arte de seducir para Dummies™

La reacción de espejo

La reacción de espejo consiste en reflejar los gestos o los movimientos de otra persona. Cuando detectas este comportamiento no verbal en alguien, significa que le gustas y que la comunicación es fluida. Compara tu postura con la de la otra persona para descubrir si la atraes, o mueve deliberadamente una parte del cuerpo y fíjate en si copia tus gestos. La reacción de espejo puede reflejarse en:

✔ Los movimientos y la postura de los brazos, las piernas y las manos.

✔ Las expresiones de la cara.

✔ La risa.

✔ El ritmo de la respiración.

✔ La frecuencia del parpadeo.

✔ El ensanchamiento de las fosas nasales.

✔ Los movimientos de las cejas.

✔ La dilatación de las pupilas.

La seducción sin riesgos

Puedes asegurarte de que una persona se ha fijado en ti, decirle hola y comenzar tu acercamiento sin decir una sola palabra si sigues estos pasos:

1. Establece contacto visual.

2. Levanta las cejas.

3. Sonríele.

Si te corresponde haciendo esos mismos gestos, es como si te hubiera hablado y te hubiera invitado a que te acerques para decirle hola, por lo que sería de mala educación que no lo hicieras.

Cómo saber si le gustas a alguien

Para descubrir si le interesas a alguien, fíjate en si demuestra como mínimo tres o, para más seguridad, mejor cuatro de las siguientes actitudes:

✔ Establece más contacto visual.

✔ Sonríe más.

✔ Se acerca más a ti.

✔ Te toca deliberadamente.

✔ Refleja tu lenguaje corporal.

✔ Refleja tu lenguaje facial.

✔ Presume.

✔ Orienta los pies hacia ti.

✔ Juguetea con objetos, como las gafas o las joyas.

¡El libro sobre la seducción para todos!

Sumario

Parte II: ¡Hazte notar!
Cómo establecer contacto 73

Capítulo 5: Aumentar la confianza
y cambiar la imagen para seducir 75

Capítulo 6: Detectar quién está disponible.............................. 97

Parte III: Comunicarse bien con el lenguaje corporal

Capítulo 10: Emitir las señales correctas

Introducción

. . . .

Si te dijeran que existe una habilidad que te permite mejorar tu confianza y tus dotes para escuchar, conocer a más personas y transmitir una buena impresión, así como interpretar correctamente el lenguaje corporal y reaccionar en consecuencia, no sólo te morirías de ganas de aprenderla, sino que pensarías que debería estar incluida en el plan de estudios de todas las universidades. Por desgracia, esta habilidad tiene mala fama y no se enseña en ninguna escuela. Estoy hablando de la seducción. En lugar de valorarse como una destreza social básica, la seducción se considera algo despreciable, degenerado o frívolo simplemente porque, además de permitirte hacer nuevos amigos y mejorar tus relaciones, te ayuda a conseguir citas.

Sin embargo, sin la seducción, la vida sería mucho más aburrida, solitaria y monótona. La seducción es una maravillosa habilidad para la vida diaria que puede desglosarse en elementos lógicos, aprenderse y aplicarse a todo tipo de contextos, desde el trabajo hasta el ocio.

La seducción también es importante por otros motivos. Un estudio reciente demostró que el estilo de vida moderno valora menos la vida en familia y en el seno de la sociedad que lo que la valoraban las generaciones anteriores. Dada la escasez de población activa, se hace hincapié en la necesidad de que todo el mundo trabaje, tanto a edad temprana como avanzada. Las personas están cada vez más dispuestas a trasladar su lugar de residencia y a recorrer mayores distancias por su trabajo, lo que les deja menos tiempo libre y energías para estar con su familia o amigos. Los niños son encomendados a guarderías, en lugar de aprender las habilidades de comunicación en el hogar con sus padres.

Se ha extendido la cultura del alcohol entre los jóvenes, que no confían en sus aptitudes para comunicarse y recurren a la bebida para reunir el valor necesario para hablar con personas del sexo opuesto. La universidad, que antes era el lugar al que los jóvenes acudían para perfeccionar sus dotes comunicativas, se ha convertido, para algunos, en una acumulación de deudas. Las noches de juerga han sido sustituidas por noches trabajadas a tiempo parcial para llegar a fin de mes. Los lugares y las oportunidades para aprender a afinar las habilidades de comunicación están cambiando, y no necesariamente a mejor. Dejando de lado la crisis energética, en la actualidad nos enfrentamos a una debacle de las capacidades comunicativas, y todos debemos colaborar para subsanarlo. Por eso, si mejoras tus habilidades de seducción, podrás restablecer la comunicación y relacionarte con otras personas, independientemente de todas las fuerzas sociales y económicas que te separan. Pues bien, gracias a este libro aprenderás a hacerlo.

Cada vez que hojees sus páginas, encontrarás algo nuevo que se te grabará en el cerebro y te resultará muy útil en tu próxima aventura de seducción. Los consejos que aquí se incluyen te ayudarán a aumentar tu atractivo ante los demás, a detectar las señales clave y a actuar en consecuencia sin correr el riesgo de que te rechacen. Nunca es tarde para aprender algo nuevo, basta con que te pongas manos a la obra para que nadie se te pueda resistir.

Acerca de este libro

La seducción y el cortejo se practican a todas horas en el reino animal. Sorprendentemente, los humanos actuamos de forma muy parecida. En este libro hallarás información detallada y expuesta con una estructura lógica, sencilla y accesible para todos, sobre cómo nos comportamos y por qué actuamos de una determinada manera.

He complementado algunos de los apartados más complejos con fotografías que permiten comprender con más claridad el texto y retener los datos más útiles.

Toda la información es fácilmente accesible, por lo que no tienes que leer todo el libro si buscas soluciones concretas para dificultades específicas. Puedes adaptar a tu medida el proceso de aprendizaje con ayuda del sumario y el índice.

Convenciones utilizadas
en este libro

En este libro no se utilizan ni estereotipos ni expresiones propias de la jerga. Todos los términos que recoge pueden encontrarse en textos y contextos similares.

Al maquetar este libro, a veces ha sido necesario dividir en dos líneas algunas direcciones de sitios web. En esos casos, no se ha puesto ningún signo adicional (como un guión) para indicar el cambio de línea, por lo que basta con que teclees en internet exactamente lo que ves en el libro ignorando el salto de línea.

En este libro utilizaremos la palabra "cita" para traducir el término americano "date". Lo hemos hecho así porque este tipo de traducción está ahora mismo muy extendida aunque no sea todavía muy correcta para la RAE.

Lo que puedes saltarte

No hace falta que leas las historias de los recuadros para entender los puntos tratados en los apartados en que se incluyen. No obstante, son útiles porque ilustran el tema en cuestión y te demuestran que no eres la única persona que experimenta vergüenza o problemas a la hora de ligar. La mayoría de las historias tienen un final feliz, y eso puede inspirarte para mejorar tus dotes de seducción.

Tampoco hace falta que sigas nuestros consejos al pie de la letra, pero si lo haces te darás cuenta de que conseguirás sentirte cómodo mucho más rápido y que alcanzarás antes tu objetivo.

Presuposiciones básicas

En este libro, he dado por sentado ciertos supuestos sobre ti:

✔ Estás deseando conocer a más personas, mejorar tus dotes de seducción y aumentar tu confianza.

✔ Aceptas de buen grado las críticas constructivas y no te importa realizar cambios.

✔ Te apetece ponerte manos a la obra para hacer progresar tus nuevas habilidades.

También quiero dejar claro que he intentado evitar los estereotipos, y es que creo que tanto los hombres como las mujeres a veces interpretan o hacen las cosas de forma diferente, sobre todo cuando se trata de ligar. Además, esta opinión llena de sentido común está respaldada por numerosos estudios.

Organización de este libro

Una de las grandes ventajas de la colección *...para Dummies* es que los libros están diseñados de forma que puedas hojearlos y consultar con facilidad las partes que más te interesan por tus circunstancias, y este volumen en particular no es una excepción.

Parte I: Comprender el arte de la seducción

Tanto si es la primera vez que intentas ligar como si sólo quieres ponerte al día, esta parte describe los orígenes de la seducción y por qué se lo debemos todo a la madre naturaleza (y no a una especie de tómbola con un guión de mal gusto y escrito por un ruin embaucador). Además, analiza la forma en que abordas el juego de la seducción y te ayuda a cambiar tu actitud para que te conviertas en un imán para la gente. También trata las diferencias entre los sexos, de las que debes ser consciente, y diversas estrategias para ponerte a coquetear con quien quieras, desde amigos hasta compañeros de trabajo o parejas potenciales.

Parte II: ¡Hazte notar! Cómo establecer contacto

No cabe duda de que el primer gran paso en el proceso de seducción consiste en hacerse notar. En esta parte aprenderás a impresionar con tu aspecto, tu voz y tu fantástico aroma y a hacer una entrada triunfal. El segundo gran paso es detectar quiénes están dispuestos a coquetear y quiénes no. También te doy una serie de consejos para que de manera natural puedas entablar conversación con cualquier persona y en cualquier lugar. El tercer paso consiste en parecer interesante a los ojos de los demás, algo que en realidad es mucho más fácil de lo que parece.

Parte III: Comunicarse bien con el lenguaje corporal

En esta parte entras en el terreno del lenguaje no verbal. Al contrario de lo que suele creerse, lo que dices no es tan importante como la forma en que lo dices. Los capítulos de esta parte explican cómo emitir las señales adecuadas para demostrar tu interés, comunicarte a la perfección sin decir una sola palabra, detectar los trucos secretos de seducción de hombres y mujeres y aprender a distinguir a las personas que mienten. Así podrás disfrutar practicando, emitiendo e interpretando las señales del lenguaje corporal necesarias para tener éxito al coquetear.

Parte IV: Avanzar en la relación

El ambiente se caldea en esta parte. Ya lo sabes: obras son amores, y no buenas razones. ¡Sal de tu zona de comodidad y entra en acción! Aprende a reconocer el momento adecuado para dar un paso adelante e ir más lejos. Los capítulos de este apartado también tratan sobre el rechazo ya que, concretamente, te enseñan a rechazar a una persona con delicadeza y a aceptar la realidad cuando eres tú quien ya no le gusta.

Parte V: Los decálogos

Los capítulos de esta parte abordan de forma desenfadada las diferentes frases para entablar conversación en cualquier situación, las meteduras de pata que pueden echar a perder una cita, las estrategias para librarse de atenciones indeseadas sin montar

una escena y la forma de ligar sin riesgos, pero disfrutando
del momento.

Iconos utilizados en este libro

Este libro utiliza varios iconos para guiarte a lo largo de su lec-
tura:

Los consejos incluyen recomendaciones prácticas que te ayudan a desarrollar y mejorar tus dotes de seducción en un área
concreta, así como las acciones que debes emprender para alcanzar un cierto nivel de habilidad.

Presta mucha atención a estas indicaciones, ya que pueden significar el éxito o la ruina de determinadas situaciones.

Memoriza estos puntos para aplicarlos en el futuro.

Los iconos con datos hacen hincapié en información sobre la
seducción, las personas y sus comportamientos.

Y ahora, ¿qué?

Si crees que ya conoces la información que contiene un apartado, sáltatelo y pasa a otros que te resulten de mayor utilidad.
No hace falta que leas el libro de cabo a rabo, aunque tampoco
estaría mal que lo hicieras para tener una visión general y consolidar tus conocimientos.

A lo largo de todo el libro encontrarás referencias cruzadas
a otros capítulos y apartados, por lo que no pasarás por alto la
información más importante aunque no lo leas sistemáticamente.
Sírvete del sumario y del índice para localizar lo que buscas; en
estos, también se indica en qué otras partes del libro puedes encontrar datos adicionales sobre un tema.

Después de leer el libro, te recomiendo que te dirijas directamente al espacio público más cercano y que pongas en práctica lo aprendido. Aprovecha el momento presente, y si no puedes salir de casa, coge el teléfono o conéctate a internet. Ahí fuera hay una persona que espera que alguien como tú le haga una pequeña señal para saber que la quieres conocer mejor. Dedícate a coquetear para conseguir más amigos, más confianza en ti mismo y más citas.

Parte I

Comprender el arte de la seducción

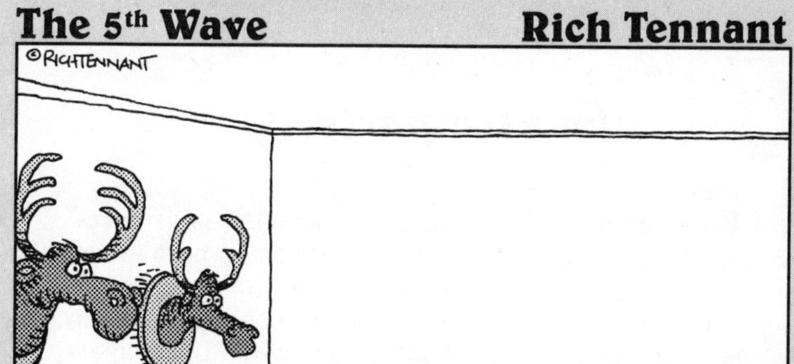
The 5th Wave
Rich Tennant
©RICHTENNANT
QUACK

"NO ME HE FIJADO EN SU ROPA NI SÉ QUÉ PERFUME USARÁ, PERO EL RECLAMO PARA PATOS ME PONE A CIEN."

En esta parte...

En esta parte se tratan las reglas básicas de la seducción. Podrás obtener información para mejorar tu manera de abordar las relaciones. Con esto pretendo transmitirte los conocimientos y la motivación necesarios para que te lances de inmediato a la aventura con tus amigos, compañeros de trabajo y pareja potencial.

Capítulo 1

Cómo seducir con éxito

*L*a madre naturaleza te ha dotado de las habilidades necesarias para convertirte en todo un seductor o seductora. Quizá, con el paso del tiempo, has perdido la práctica o no has utilizado esas habilidades lo suficiente como para confiar en ellas, pero no dudes de que las tienes y de que puedes mejorarlas todo lo que haga falta.

El arte de la seducción es una sutil combinación de lenguaje corporal, seguridad en uno mismo, actitud y aspecto. Puedes utilizar esos rasgos de tu carácter de diversas maneras, tanto en un coqueteo mutuo, inocente y casto con alguien que no te atrae, como en los casos en que pretendes seducir a alguien que te gusta con locura. La seducción no tiene por único objetivo el sexo, aunque éste sea un agradable resultado cuando los sentimientos son recíprocos, sino que también sirve para conectar con personas que te parecen interesantes y deseas conocer.

Cuando coqueteas con alguien, esa persona se siente bien consigo misma y, a cambio, hace que tú también te sientas bien. La mejor manera de aumentar tu confianza es que alguien intente seducirte, ¡lo cual es gratis!

Si algún episodio de tu carrera como seductor o seductora ha acabado derivando en algo parecido a "cómo perder amigos y alejar a la gente", ahora puedes cambiar tu vida radicalmente.

Las reglas básicas de la seducción

La mayoría de las personas se hacen las siguientes preguntas a la hora de seducir:

- ✔ ¿Cómo conseguiré que se fije en mí?
- ✔ ¿Cómo puedo saber si le gusto?
- ✔ ¿Y ahora qué digo?
- ✔ ¿Cómo puedo conseguir que las cosas vayan más allá de una simple amistad?

Este libro considera todos estos aspectos y muchos otros. Pero antes de nada, debes conocer las reglas básicas de la seducción que recogen los siguientes apartados.

Afina los instintos animales

Para mejorar tus técnicas, puedes recurrir a los estudios sobre la seducción en seres humanos y animales que han realizado numerosos científicos, desde antropólogos hasta psicólogos.

En el reino animal, los machos están dotados de vistosas plumas, impresionantes melenas o rasgos llamativos para atraer a las hembras. En cambio, en el caso de los humanos, es a la inversa: excepto en los siglos XVI y XVII, cuando los hombres se adornaban con enormes pelucas y extravagantes vestiduras, son las mujeres las que tradicionalmente se engalanan para conseguir pareja.

Según diversos estudios, las mujeres toman la iniciativa de seducción el 90 % de las veces. Aunque parezca que son los hombres quienes se encargan de todo, lo hacen si las señales que emiten las mujeres los invitan a insinuarse.

Un novato en la discoteca

La primera vez que Sergio fue a una discoteca, volvió a casa con el ánimo por los suelos, a pesar de que había buscado información en internet sobre cómo conocer chicas e incluso le había pedido consejo a su hermano mayor.

"Intenté ligar con un montón de chicas pero ninguna me hizo caso", le dijo a su madre. "¿Y qué te hacía creer que ellas estaban interesadas en ti?", le preguntó ella. "Nada, simplemente me gustaban e intenté ligar con ellas", respondió. Afor-

tunadamente, la madre de Sergio lo puso al tanto de cómo piensan las chicas y así, la siguiente vez que fue a la discoteca, tuvo más éxito.

Sergio cometió el típico error adolescente, que muchos hombres siguen cometiendo en la edad adulta. Antes de nada, es necesario encontrar a alguien que esté disponible para que la seducción sea mutua, en vez de unilateral. Para tener éxito, primero debes reconocer las señales y luego seguir tus instintos.

Además, tanto los humanos como los animales siguen una serie de rituales concretos de apareamiento con los que están familiarizados los demás miembros de su especie. Cuando conoces a una persona que te atrae, se pone en marcha el cortejo humano, que sigue un modelo de cinco pasos:

1. **Estableces contacto visual.** No basta con una mirada rápida; para seducir, debes establecer contacto visual deliberadamente durante el tiempo suficiente para que la otra persona se dé cuenta.

2. **Sonríes.** Una sonrisa demuestra tu interés y es una forma no verbal de atraer la atención.

3. **Presumes un poco.** Te arreglas el pelo, te colocas bien la ropa y muestras tu mejor perfil para captar el interés de la persona que te gusta.

4. **Entablas conversación.** Cuando das información personal y haces preguntas a la otra persona, aceleras el proceso de atracción.

5. **Encuentras excusas para tocar tu cuerpo y tocar a la otra persona.** Al tocarte con gestos eróticos y tocar a la otra persona cuando la relación ha avanzado, consigues dejar bien claro tu interés.

Sigue tus instintos animales para conocer nuevos amigos y encontrar parejas. Si deseas atraer a alguien del sexo opuesto, haz hincapié en las diferencias sexuales; en cambio, para disuadir a alguien que se siente atraído por ti, oculta estas diferencias.

La seducción: un juego de dos

Hacen falta dos personas para que la seducción tenga éxito. No se trata de un proceso unilateral; para que llegue a buen puerto, la seducción debe ser mutua. Seducir a alguien es algo parecido a bailar: los movimientos están coordinados, aunque son diferentes.

En general, el papel que desempeñas en el proceso romántico de seducción y tu éxito se verán determinados por tu sexo. El éxito de las mujeres con los hombres es directamente proporcional a su capacidad para emitir señales de cortejo y para valorar si son correspondidas. El éxito de los hombres con las mujeres depende de su capacidad para descifrar las señales que reciben, en lugar de comenzar sus propios rituales de seducción. Tanto las mujeres como los hombres deben interpretar correctamente las señales y reaccionar en consecuencia.

Las dificultades de los hombres para encontrar pareja se deben a su falta de perspicacia a la hora de comprender las señales que reciben, mientras que las de las mujeres se deben a su incapacidad para encontrar a un hombre que se ajuste a sus ideales. Por lo tanto: ¡Chicos, prestad más atención! ¡Chicas, no seáis tan quisquillosas!

El uso de la seducción para atraer nuevos amigos puede resultar muy difícil, ya que lo habitual es esperar a que la otra persona tome la iniciativa para establecer contacto. Sin embargo, la otra persona podría estar utilizando la misma táctica. Por ello, la mejor manera de conocer gente y hacer amigos es tomar la iniciativa.

Este método de forjar amistades apenas entraña riesgos y tiene un altísimo porcentaje de éxito. Evidentemente, conseguirás atraer a las personas si emites las señales básicas de seducción, pero adaptadas al entorno de la amistad.

Dificultades habituales en la seducción

Todos nos hemos topado alguna vez con al menos una de las siguientes dificultades en el proceso de seducción:

- ✔ **Intentar seducir a la persona equivocada.** La clave del éxito de la seducción es elegir a alguien que esté disponible. Muchos cometen el error de intentar seducir a una persona sin asegurarse primero de que a ésta le interesa recibir su atención.

- ✔ **No saber cómo plantear el acercamiento.** Cuando no tienes claro cómo acercarte o qué decir, acabas convirtiéndote en un manojo de nervios y aplazas el momento crucial. La manera más sencilla de solucionar este problema consiste en acercarse siempre de frente y recurrir a las frases que suelen utilizarse para entablar conversación.

- ✔ **Temer que ocurra algo terrible.** El miedo al rechazo es natural, pero si aprendes a superarlo podrás erradicar el miedo irracional a que suceda algo horrible.

- ✔ **No ser capaz de interpretar correctamente las señales.** ¿Cómo puedes reaccionar de la manera adecuada si malinterpretas las señales que emite la otra persona? La respuesta es que no puedes. Ésta es una de las razones por las que la seducción fracasa, pero puedes solucionar el problema si aprendes a leer el lenguaje corporal.

Los hombres tienen entre diez y veinte veces más testosterona que las mujeres y, por ello, suelen ver las cosas desde la perspectiva del sexo. Los estudios demuestran que a los hombres les cuesta más trabajo interpretar las señales sutiles y los matices, lo que los lleva a confundir la simpatía con la disponibilidad sexual.

Comprende el lenguaje corporal

El lenguaje corporal es un elemento fundamental de la seducción, puesto que demuestra nuestro grado de disponibilidad, atracción, interés y sensualidad. Algunas señales son inconscientes, por lo que es imposible controlarlas y comprenderlas, pero otras son deliberadas, y es en éstas en las que debes centrarte.

Si eres capaz de interpretar el lenguaje corporal y las acciones de los demás, obtendrás más información sobre sus sentimientos. De este modo, sabrás a quién le gustas y podrás entablar relaciones fácilmente en tu vida laboral y social.

Observa a las personas

No hay nada más fascinante que las personas. Cuanto más las observes, más aprenderás sobre su comportamiento, de manera que podrás predecir cómo reaccionarán en determinadas situaciones. Por esa razón, muchas empresas invierten cuantiosas sumas de dinero en pruebas psicométricas que les permiten predecir la conducta de una persona en un determinado entorno laboral antes de contratarla o ascenderla. El valor añadido del que dispones frente a estas pruebas es que tú puedes observar a las personas en su ambiente natural. Puedes aprender a prever el comportamiento de tu familia y tus amigos, pero también el de tus potenciales parejas.

Si eres capaz de interpretar la conducta de los demás, los desconocidos no te parecerán figuras temibles cuya presencia puede ponerte en una situación incómoda.

La próxima vez que pienses "Me resulta violento hablar con X" o "Me encanta encontrarme con Y", analiza por qué te pasa eso. Piensa qué aspecto de su comportamiento te impide sentirte a gusto o te alegra el día.

A tu alrededor tienes un sinfín de oportunidades para observar a las personas, ¡aprovéchalas!

Pistas correctas, orden incorrecto

David se informó sobre el comportamiento humano durante el proceso de seducción, y elaboró una lista con las señales que emitiría una mujer en caso de que se sintiese atraída por él. Dichas señales eran:

1. Pupilas dilatadas.
2. Labios más carnosos.
3. Miradas insinuantes.
4. Ojos húmedos.
5. Jugueteo con el pelo.

A David le molestaba que ninguna de las mujeres que le gustaban mostrase signos de interesarse por él; de hecho, huían de él en cuanto tenían la ocasión.

Sin embargo, la lista de David no estaba nada mal. El problema era que esperaba que las mujeres revelasen simultáneamente todas las señales en el momento en que las abordaba. David volvió a empezar desde cero e incorporó también las señales iniciales que le habían parecido demasiado aburridas y generales, y antes de darse cuenta, había conseguido la cita de sus sueños.

La seducción sigue un proceso. No sirve de nada comprobar cómo ha quedado el bizcocho si te has limitado a echar los ingredientes en un molde y a meterlo en el horno. Debes empezar mezclando bien los ingredientes, en el orden correcto y con los accesorios de cocina adecuados, para luego introducir el molde en el horno precalentado. Sólo así obtendrás un resultado bien calentito y sabroso.

Detecta las señales clave en los demás

Si eres capaz de reconocer las señales clave, tendrás la confianza necesaria para iniciar el proceso de seducción. Puedes tener la seguridad de que alguien está intentando seducirte si hace lo siguiente: establece contacto visual, te sonríe, juega con el pelo o la ropa, entabla conversación, realiza los mismos movimientos que tú o encuentra ocasiones para tocarte. Este comportamiento se corresponde con los cinco puntos del modelo de cortejo humano que mencionamos en el apartado "Afina los instintos animales". Si lo detectas, vas por buen camino. Para conocer todas las señales de seducción, lee los capítulos 10, 11 y 12.

Descifra los gestos más reveladores

Los gestos son un reflejo de los sentimientos. Si conoces bien los gestos que pueden controlarse y los que son involuntarios, podrás saber mejor qué demuestra tu interés y qué te hace parecer indiferente.

Los sentimientos se reflejan sobre todo en las siguientes partes del cuerpo:

- ✔ **Cara.** Aunque seas capaz de controlar los gestos de la cara, puedes realizar movimientos minúsculos mientras recobras la compostura. Una mirada experta puede descifrar los sentimientos que ve "escritos" en tu cara. Hay más información en el capítulo 10 sobre cómo interpretar el código del lenguaje facial.

- ✔ **Manos.** Su situación privilegiada ante el cuerpo permite observarlas con facilidad. Si las ocultas, podría parecer que intentas engañar; si las retuerces, demuestras nerviosismo y si frotas las palmas entre sí lentamente, podría interpretarse que vas detrás de algo. En cambio, si están abiertas y relajadas es evidente que sientes comodidad en compañía de una persona. El capítulo 11 trata sobre el lenguaje de las manos.

- ✔ **Pies.** Como los pies son la parte del cuerpo que está más alejada del cerebro, se controlan menos, y por esta razón resultan más reveladores. Los pies suelen indicar la dirección hacia la que quieres dirigirte. Si los orientas hacia alguien, significa que quieres estar cerca de esta persona; si los orientas en la dirección opuesta, significa que te gustaría estar en otro lugar.

La próxima vez que hables con alguien con quien preferirías no estar, fíjate bien en qué dirección has orientado los pies.

La cara, las manos y los pies permiten interpretar fácilmente lo que revela el comportamiento. Para jugar con ventaja complementa

Una seductora incombustible

No había quien ganara a Laura. Sus amigas nunca habían conocido a nadie que tuviera más éxito que ella cuando se trataba de seducir a un hombre. Una noche que estaban charlando, intentaron descubrir su secreto. Sin ánimo de ofender, no era la más guapa del grupo, tiraba a bajita y estaba un poco rellenita. Sin embargo, hipnotizaba a los hombres, y sus amigas no conseguían explicarse a qué se debía su enorme éxito. El problema es que estaban pasando por alto que:

✔ Sonreía continuamente.

✔ Establecía contacto visual.

✔ Era simpática con todos.

✔ Entendía perfectamente a los hombres.

✔ Era toda una experta en el uso de las señales de seducción femeninas.

✔ No la desalentaban los fracasos ocasionales.

A Laura no le importaba lo que los demás pensaran de ella. Simplemente causaba la mejor impresión que podía y todos la querían por eso. Ya fuera en una papelería o en un bar, podía ganarse a cualquiera gracias a su energía y su vitalidad.

Para dominar el arte de la seducción, hacen falta fuerzas y resistencia. Debes tratar a todas las personas como si fueras a seducirlas, y si no funciona, buscar la siguiente oportunidad, pero sin desanimarte si de vez en cuando sufres un rechazo.

estos conceptos con los consejos del capítulo 8 sobre cómo entablar conversación.

Adopta una actitud seductora

Pregunta: ¿Qué harías si tuvieses la seguridad de que no ibas a fallar?

Respuesta: Cualquier cosa.

Para tener éxito a la hora de seducir, debes actuar como si fueras infalible. Es evidente que no siempre conseguirás que todo salga como has planeado, pero también se aprende de los

Pon fin a la negatividad

Nuria prefería no hacer nada a hacer algo, ya que estaba convencida de que todo lo que se propusiese saldría mal. Siempre que iba a tomar algo, se ponía pantalones vaqueros, y cada vez que sus amigas intentaban convencerla para que se comprase un vestido, se negaba en redondo. "Mi madre dice que tengo las piernas feísimas y que es mejor que no lleve vestidos si no quiero hacer el ridículo", alegaba como excusa. En realidad, la madre de Nuria nunca decía nada positivo sobre nada ni nadie. Nuria se había pasado toda la vida bajo el influjo de la negatividad de su madre, lo que había minado por completo su confianza en sí misma. Los amigos de Nuria se propusieron conseguir que dejase de utilizar expresiones negativas al final de cada frase y procuraron decir siempre cosas positivas sobre su aspecto y su personalidad. Al final lograron que Nuria fuese más positiva y se comprase un vestido que le quedaba genial. Gracias a este cambio, empezó a sentirse más segura de sí misma. En lugar de mirar con cinismo a los hombres que conocía en los bares, decidió darles una oportunidad y, cuando quiso darse cuenta, estaba aceptando los piropos de un extraño sobre su vestido sin intentar desviar la conversación o quitarse mérito. Nuria logró superar toda una vida de condicionamientos negativos y ahora disfruta de una relación estable.

Si alguien como Nuria consigue aprovechar una iniciativa positiva, todo el mundo puede. Sólo tienes que pensar en todo lo que puedes lograr a cambio y sacar a la luz el poder de seducción que llevas dentro.

errores. Recuerda: en la seducción es muy importante la actitud que muestres; si crees que puedes hacerlo, es que puedes. Si el miedo al rechazo te impide actuar, puedes superarlo siguiendo los consejos del capítulo 15.

Practica todos los días tu método de seducción con personas de cualquier edad y sexo. Cuando domines el proceso de coqueteo mutuo e inocente, podrás dar el siguiente paso y conquistar con éxito el nivel superior de seducción.

Controla los pensamientos

Eres tú quien tiene el poder sobre tu mente, aunque a veces parezca justo lo contrario.

Cuando no dejas de oír comentarios negativos, acabas creyéndotelos. Si te repites continuamente que no vales para nada o que no puedes hacer algo, conseguirás que al final sea cierto. Por eso, necesitas cambiar tu manera de pensar. En este libro encontrarás consejos para crear tus propios mantras o afirmaciones positivas. Se trata de pequeños mensajes o frases que no debes dejar de repetirte para que tu subconsciente esté en armonía con tu forma positiva de pensar.

Proponte tener siempre éxito a la hora de seducir y prepárate para cosechar las recompensas, es decir, más amigos, mejores relaciones laborales y citas fabulosas.

Todas las noches, antes de dormir, deshazte de tus pensamientos negativos automáticos y sustitúyelos por el recuerdo de tres cosas que hayas hecho bien a lo largo del día. Céntrate en tus logros y olvida todo lo negativo. Este proceso será mucho más eficaz si dedicas unos minutos a apuntar tus éxitos. A la mañana siguiente, puedes revisar tus notas y felicitarte por tus logros.

Olvida tu historial de seducción

Un historial de seducción está formado por las malas experiencias que todos hemos vivido y que se han convertido en sentimientos negativos que nos impiden materializar nuestro potencial de seducción. Es absolutamente imprescindible que olvides dicho historial para recuperar tus maravillosas habilidades de atracción. Hay dos tipos de historial:

✔ **Aquel del que no te importa hablar.** Tu madre te dijo que nunca lavases los trapos sucios en público, y con toda la razón: no sólo es incómodo para quienes te escuchan, sino que repercute de forma negativa en ti, independientemente de cuál sea el problema o de quién haya sido la culpa.

No menciones jamás a tus ex parejas o tus traumas cuando acabas de conocer a alguien; deja que se forme su propia opinión. Tampoco te centres tanto en lo que dices, sino en cómo lo dices. Consulta los consejos del capítulo 5 para transmitir una imagen de seguridad.

✔ **Aquel que escondes dentro de ti.** Se trata de las vivencias que te rondan la mente desde hace tiempo y que probablemente has magnificado de manera desproporcionada. Este historial no es tan malo como crees, y sin duda no tiene ninguna importancia para las nuevas personas que conozcas. Si intentan seducirte, es para conocerte mejor, y no para investigar los traumas de tu pasado. Estás a punto de reemplazar tu historial por las nuevas experiencias que vivas con las personas a las que seduzcas, por eso es hora de que mires adelante.

Piensa en la última vez que viste a alguien que te gustaba. ¿Te impidió hablar con esta persona alguna duda persistente sobre tus coqueteos o relaciones anteriores? No dejes que tus inhibiciones o experiencias pasadas frustren tus ambiciones de seducción. Cuando le hiciste algún comentario a una persona recién conocida sobre tus ex parejas o tus fracasos sentimentales,

A por la segunda oportunidad

Rubén había salido con muchas mujeres, pero nunca era capaz de llegar a la segunda cita. Aunque esto ya era bastante frustrante en sí mismo, sentía la necesidad de comentar sus fracasos con todas las mujeres con las que salía, para completar su humillación y darles una idea de su falta de madurez.

Sus amigos decidieron organizarle una cita a ciegas y lo aleccionaron para que no torturase con sus fracasos sentimentales a Ana, la chica que habían elegido, porque estaría firmando su sentencia de muerte. Ambos congeniaron y quedaron para una segunda, tercera y cuarta cita. Rubén acabó confesándole a Ana que se ponía muy nervioso cuando pensaba en tener relaciones sexuales con ella, pero para entonces ella estaba muy encariñada y, aunque se rio, fue muy comprensiva con él. En la actualidad, están casados y tienen dos hijos.

Para comenzar tus relaciones con buen pie, deja que las personas te conozcan por lo que eres, y no por tus experiencias sentimentales pasadas.

¿parecía interesarle? ¿Quedó contigo para verte otra vez? Si la respuesta es negativa, queda claro que no se te dan bien las conversaciones de seducción. En el capítulo 8 encontrarás numerosos consejos sobre este aspecto.

Detecta las oportunidades de todos los días

Ahora que sabes que puedes conseguir nuevas amistades y citas con una actitud positiva, lo único que necesitas es encontrar la oportunidad de dejarte llevar.

La práctica hace al maestro y, si utilizas tus dotes de seducción a menudo, acabarás siendo irresistible.

Piensa en tus hábitos cotidianos y en las personas con las que es probable que te encuentres a lo largo del día. No sólo se te ofrecen infinitas ocasiones de coquetear amigablemente, lo que aumenta tu experiencia, seguridad y habilidad, sino que podría presentarse la oportunidad de que te aventuraras en el terreno sentimental.

Por lo general, todos los días puedes interactuar con personas:

✔ En tiendas, bancos, cafeterías, colas, etcétera.

✔ En el transporte público.

✔ En un atasco o en los semáforos.

✔ En el trabajo.

✔ En el gimnasio o en una actividad recreativa.

✔ Por correo electrónico.

✔ Por mensajes de texto.

✔ En foros y chats.

✔ A la puerta del colegio de tus hijos.

✔ Paseando al perro.

✔ De compras.

¡Jo, jo, jo!

Bárbara fue al teatro del barrio a buscar a su hija pequeña, que actuaba en una función escolar. Mientras la esperaba en el vestíbulo, Papá Noel se acercó a ella. Le enseñó el siete que se le había hecho en la parte posterior de los pantalones y le preguntó si creía que los niños se darían cuenta. La expresión candorosa de Papá Noel era tan encantadora como la visión de sus posaderas, y Bárbara no pudo evitar coquetear un poco con él.

El joven no dudó en corresponderle, ya que le aterraba la idea de enfrentarse a doscientos niños revoltosos, y así conseguiría olvidar su miedo escénico. Durante unos pocos minutos, Bárbara y Papá Noel se divirtieron con un agradable e inocente coqueteo. Así, Bárbara se fue con una sonrisa en los labios y Papá Noel reunió fuerzas para su misión.

Nunca pierdas una oportunidad para alegrarle el día a alguien coqueteando amigablemente, ya sea más joven, mayor que tú o del mismo sexo.

La lista de oportunidades es infinita, por eso no tienes excusa para no practicar tus dotes de seducción todos los días. Si deseas saber más sobre cómo aprovechar estas oportunidades, lee en el capítulo 4 cómo coquetear con amigos, ligues y compañeros de trabajo, y en el capítulo 6 cómo detectar quién está disponible.

Capítulo 2

Definir tu estilo de seducción y hacerlo más eficaz

Si dedicas un tiempo a intentar definir tu estilo de seducción, tendrás la oportunidad de reflexionar sobre tus puntos fuertes y descubrir los aspectos que quizá no funcionan tan bien como deberían, o que incluso te cohíben. También puedes inspirarte en los trucos que hacen que tus "ídolos de seducción" tengan tanto éxito con el sexo opuesto, y así reinventarte como la persona irresistible que siempre has deseado ser.

Conoce los estilos de seducción

Si te fijas a tu alrededor, te darás cuenta de que existen numerosos estilos de seducción. En este apartado me centraré en los cuatro tipos principales.

El cazador

El tipo cazador inspecciona todas las salas de un edificio en busca de personas potenciales a las que seducir, y lo que más felicidad le causa es desplegar todos sus encantos. El problema de este estilo de seducción es que las parejas potenciales no suelen tomar en serio a las personas que lo practican cuando buscan algo más serio.

El alma de la fiesta

A esta persona nunca le falta compañía. Es como un imán para la gente y cae bien a todo el mundo. Al ejercer esta atracción irresistible, el alma de la fiesta no tiene ningún problema para encontrar a alguien con quien coquetear. El único problema es que si alguna persona no tiene la suficiente seguridad en sí misma para acercarse al alma de la fiesta, acaba pasando desapercibida para su radar.

El discreto pero seguro de sí mismo

Una persona discreta pero segura de sí misma sabe que tiene gancho, aunque es selectiva a la hora de utilizar sus encantos y no siente la necesidad de convertirse en el alma de la fiesta. Sin embargo, las señales que emite cuando conoce a alguien que considera atractivo llegan también a otros destinatarios, que a su vez la encuentran atractiva y hacen que se distraiga con coqueteos que no había planeado previamente.

El tímido

La persona tímida observa todo lo que sucede a su alrededor, pero no emite señales de seducción ni dispone de la confianza suficiente para lanzarse de cabeza a la acción. A pesar de que tiene mucho que ofrecer, necesita aprender a confiar en sí misma.

¿Principiante o profesional? Valora tu espíritu seductor

Para valorar tus dotes de seducción, debes centrarte en dos cosas: tu grado de confianza al coquetear, tanto en el entorno laboral como en el social, y tu capacidad para adaptar tu estilo de seducción a fin de conseguir el mejor efecto.

Evalúa el grado de confianza

Para tener una idea de cuánto confías en tus dotes de seducción, hazte las siguientes preguntas:

En interacciones profesionales. Cuando te encuentras con una persona nueva en la oficina que te parece atractiva, ¿qué haces?

1. La miras a los ojos y la saludas con una sonrisa.
2. La miras pero esperas a que dé el primer paso y te salude.
3. Esperas a que alguien os presente.

En entornos sociales. Cuando te encuentras con una persona que te parece atractiva, ¿qué haces?

1. La miras a los ojos y te acercas sin atisbos de inseguridad.
2. La miras a los ojos y esperas a que dé el primer paso o a tener la certeza de que puedes acercarte sin problemas.
3. Te quedas donde estás, rezando para que se dé cuenta de que existes, y te das de cabezazos contra la pared cuando se marcha sin que hayas aprovechado la oportunidad de entablar conversación.

Así debes interpretar tus respuestas:

✔ **Si has respondido las dos preguntas con la opción 1.** Confías enormemente en tus capacidades y nunca dejas pasar una oportunidad. Si no tienes tantas oportunidades como te gustaría, es que debes salir más.

✔ **Si has respondido las dos preguntas con la opción 2.** Vas por buen camino, pero necesitas más seguridad para ejercitar todos tus músculos de seducción.

✔ **Si has respondido las dos preguntas con la opción 3.** Tienes un enorme potencial de crecimiento. Si sigues los consejos de este libro, verás como todo mejora.

✔ **Si has respondido las dos preguntas de manera diferente.** Sientes más seguridad en un entorno que en otro. Por eso, a la hora de seducir, debes esforzarte más en el área en la que has conseguido el mejor resultado, ya que o la ejercitas o se debilitará. Así conseguirás que todas tus relaciones progresen.

Para valorar mejor tu grado de confianza, debes hacerte las mismas preguntas pero enfocándolas hacia alguien que no te atraiga. Si obtienes una puntuación inferior (2 en vez de 3, o 1 en vez de 2, por ejemplo), significa que sientes más seguridad cuando coqueteas con alguien que no te atrae y, en consecuencia, menos seguridad cuando tienes miedo al rechazo. Pero no te desanimes: nunca he conocido a nadie a quien le gustara el rechazo. Si sigues todos los pasos indicados en el libro, podrás detectar las señales clave, minimizar la posibilidad de rechazo y coquetear con tranquilidad.

Evalúa la adaptabilidad

Los expertos en seducir utilizan su habilidad para relacionarse tanto en el entorno social como en el laboral.

No importa que estés intentando mejorar tus relaciones laborales, hacer nuevas amistades o conseguir una cita: utiliza siempre las mismas habilidades, aunque en mayor o menor grado. Si aprendes a regular el "volumen" de tus dotes de seducción, podrás adaptarte fácilmente a cualquier entorno. Por ejemplo, seguro que no quieres que tu superior crea que estás intentando ligar con él, o que la persona con la que tienes una cita piense que sólo buscas una amistad.

Puedes evaluar la adaptabilidad de tus métodos de seducción comportándote con un amigo o amiga del mismo modo que harías cuando alguien te atrae. ¿Cómo reacciona?

1. No se da cuenta.

2. Se comporta contigo de forma diferente a como acostumbra hacer.

3. Te pregunta por qué actúas así.

Si la respuesta es 1, tu adaptabilidad es baja, y tu acercamiento no se ha percibido. Debes ser más consciente de cómo te comportas en las diferentes situaciones en las que entra en juego la seducción.

Si la respuesta es 2, los amigos reproducen el comportamiento y reflejan las acciones de forma natural. El hecho de que el comportamiento de tus amigos cambie refleja que el tuyo ha cambiado. Puedes hacer pruebas en otras situaciones para comprobar cómo evoluciona el "volumen" de tus dotes de seducción.

Si la respuesta es 3, tu acercamiento no ha sido nada sutil y ha provocado una respuesta que no refleja tus propias acciones. Debes analizar tus habilidades básicas de seducción y esforzarte por aumentarlas o disminuirlas en función de la situación.

Localiza y subsana los defectos del enfoque

Para mejorar tus capacidades no hace falta que lo aprendas absolutamente todo sobre un tema, sino que basta con que descubras qué puedes mejorar o hacer de manera diferente. No es fácil ser crítico con uno mismo, pero es una costumbre que deberías adoptar si deseas evolucionar constantemente y mejorar tus dotes de seducción.

Descubre qué te reprime

Para encontrar aquellos pequeños detalles que te impiden asumir los riesgos que te permitirían tener más éxito sólo tienes que analizar tus limitaciones.

Cortar el cordón umbilical

Jorge vivía solo desde que lo dejó con su novia. Su madre empezó a visitarlo todos los sábados por la noche porque todavía él no se había formado un círculo de amigos en el que no estuviese incluida su ex. La madre de Jorge prefería su compañía a la de su marido, que lo único que hacía era roncar y criticar los programas televisivos del sábado por la noche. Se propuso hacerle la vida lo más cómoda posible a su hijo, por lo que siempre le preparaba sus platos favoritos y le llevaba los estrenos del videoclub para verlos juntos.

Jorge decidió que había llegado el momento de cambiar las cosas antes de asumir el papel de su padre. Para entonces, su madre ya había entrado en la rutina del fin de semana con él y acusó el cambio. Hizo todo lo posible para conseguir que Jorge se quedara en casa con ella, e incluso entraba por su cuenta en su piso para conocer a las chicas que él había invitado a tomar café.

Fue muy duro para Jorge, pero consiguió cortar el cordón umbilical y cambiar las noches de sábado frente al televisor, con una suculenta comida y en compañía de su madre, por las salidas nocturnas para conocer otra gente. La traumática experiencia que vivió con su madre no le ha impedido tener citas, pero prefiere tomarse un tiempo antes de sentar la cabeza de nuevo.

Para salir de marcha y ligar, debes enfrentarte a tus limitaciones y sentir una motivación.

Por lo general, solemos encontrar las siguientes limitaciones:

✔ **Tiempo.** No dispones del tiempo suficiente para conocer a nuevas personas.

✔ **Relaciones anteriores.** Si una relación fracasó, te preocupa que la siguiente acabe de la misma manera.

✔ **Amigos y familia.** Prefieren tenerte siempre a su entera disposición, sin el estorbo de una pareja o una cita.

✔ **Dinero.** No puedes permitirte renovar tu vestuario y todos los gastos que conllevan las citas.

✔ **Confianza.** No tienes la seguridad suficiente para coquetear con desconocidos.

✔ **Aspecto.** No te gusta tu aspecto; quieres adelgazar unos kilos o comprar ropa nueva antes de entablar una relación.

Escribe una lista con todas tus limitaciones. Te sorprenderá la enorme cantidad de trabas que se te ocurren cuando sientes aprensión o recelo. Es necesario que primero identifiques tus limitaciones para poder enfrentarte a ellas y superarlas.

Analiza la motivación

La motivación es crucial para el éxito de la seducción; existen dos tipos:

- ✔ **Motivación para acercarse a alguien.** Las personas que la sienten asumen riesgos porque buscan una relación.

- ✔ **Motivación para alejarse del rechazo.** Las personas que la sienten no se atreven a acercarse a nadie porque temen quedar en ridículo.

Ambos tipos de motivación, tanto para acercarse como para alejarse, no se manifiestan únicamente en tu estilo de seducción, sino también en tu actitud con el dinero (inviertes dinero porque buscas obtener un beneficio, o lo ahorras porque no quieres correr el riesgo de perderlo) y con el trabajo (buscas el trabajo de tus sueños, o sigues con el mismo de siempre rezando para que te asciendan).

Si quieres coquetear con espontaneidad, debes esforzarte para cambiar tu motivación. Cualquier coqueteo puede acercarte a algo maravilloso, ya sea una amistad o una cita. En cuanto a la motivación "que te aleja", puedes pensar que cada persona con la que coqueteas te separa un poco más de la soledad.

Lo mires como lo mires, es esencial sentir una motivación para conocer a más personas.

Aplica la regla del 80/20 para mejorar el enfoque

Un inteligente pensador llamado Pareto desarrolló la regla del 80/20, que, básicamente, afirma que el 80 % de los problemas pueden resolverse con el 20 % de esfuerzo. Este principio puede aplicarse a muchas cosas. Mi pareja y yo discutimos recientemente por nuestra falta de tiempo y llegamos a la conclusión de que muchas de nuestras limitaciones podrían resolverse si contratáramos a alguien que se encargara de lo que nosotros no podíamos hacer. Así, solucionamos el 80 % de los problemas, y de forma mucho más rápida que si nos hubiéramos repartido las tareas, con la ventaja de que de este modo podemos dedicarnos a otras cosas.

Si aplicas este mismo enfoque a las limitaciones que te inhiben, verás enormes progresos. En lugar de enfrentarte a cada dificultad por separado, con lo que tardarías más en poder aprovechar las oportunidades que se te presentaran, podrías centrarte en mejorar el aspecto que te permita cosechar más éxitos. Para ello, debes analizar tu lista de limitaciones y clasificarlas según su importancia, de la que más te inhibe a la que menos. Asigna a cada limitación un porcentaje entre 1 y 100, teniendo en cuenta que el conjunto debe sumar 100. Elige la limitación de mayor porcentaje y dirige todos tus esfuerzos a superarla.

Influye en el subconsciente

El subconsciente es muy particular; toma nota de todo lo que dices a lo largo del día y te lo repite cuando estás durmiendo. Sin embargo, no tiene sentido del humor e interpreta tus palabras al pie de la letra. Aunque le hayas dicho en broma a alguien que tu trasero es muy grande o que no te consideras una belleza, tu subconsciente se despertará mientras duermes y se asombrará del tamaño de tus posaderas o de tu horrible aspecto. De hecho, llegará a decirte que tienes un culo enorme y que pareces deforme. Después de mirarte un rato en el espejo, te morirás de vergüenza cuando descubras que tienes un trasero gigantesco y una cara que sólo una madre podría considerar bonita.

La misma figura, pero diferentes perspectivas

Patricia era una mujer alta y atractiva a la que no le faltaban admiradores. Sin embargo, le obsesionaba su figura y llegó a convencerse de que estaba gorda. Sus amigos no dejaban de decirle que tenía un cuerpo impresionante, pero ella seguía dudando. Un día, mientras estaba en clase de gimnasia, una amiga de Patricia vio en el espejo a una mujer "gorda y rechoncha". Se quedó estupefacta cuando se dio cuenta de que era Patricia. No sólo había conseguido alterar la imagen de su cuerpo en su propia cabeza, sino que su negatividad había influido a sus amigos, que ahora también la veían así. Cuando superaron el impacto de descubrir la imagen alterada de Patricia, sus amigos acordaron acabar con tanta negatividad y así lograron que poco a poco empezase a gustarse cuando se veía en el espejo.

Debes tratarte de manera positiva a los ojos de tus amigos y los tuyos propios para proyectar la mejor imagen posible.

Sin embargo, es muy fácil utilizar el subconsciente a tu favor: no dejes de decirte cosas buenas todo el tiempo y acabarás con la confianza por las nubes. Piensa que eres un buen partido y que será muy afortunada la persona que te pesque. Felicítate por tus virtudes y antes de dormir date una palmadita en el hombro por todo lo que has hecho bien a lo largo del día.

Cambia el estilo de seducción

Es natural resistirse a los cambios; incluso cuando se trata de uno positivo, puede costar trabajo. Otra dificultad estriba en mantener los cambios, pero una vez los hayas asimilado en tu vida, se convertirán en la forma habitual de hacer las cosas.

Si te parece complicado hacer cambios, puedes escribir el siguiente mantra en un papel, pegarlo en el espejo del baño y repetirlo cada vez que pienses que es difícil cambiar: "Si siempre hago lo que siempre he hecho, siempre tendré lo que siempre he tenido".

Es mucho más fácil cambiar el estilo de seducción y tener éxito si te comprometes activamente. Una manera de empezar es leer este libro, lo que, sin embargo, funciona como unas vitaminas, que no dan resultado si las guardas sin usar en el armario del baño.

Emula a alguien a quien admires

Una de las maneras más sencillas de mejorar tu estilo de seducción consiste en imitar a alguien a quien admiras, tu ídolo de seducción. Los ídolos de seducción no son necesariamente ricos y famosos, pues a tu alrededor encontrarás a fantásticos seductores. Si has trabajado con alguien que siempre parece tener éxito, a quien nunca le falta compañía y que disfruta entreteniendo a la gente, habrás tenido la ocasión de presenciar en directo el paradigma de la seducción. Nunca podrás imitar su técnica al cien por cien, pero puedes adaptar su enfoque a tu estilo.

Elegir un ídolo de seducción

Debes elegir tu ídolo de seducción con tiento. Cuando era pequeña, me encantaba ver películas de Marilyn Monroe. Ya de adolescente, un día me pinté con el lápiz de labios de mi madre y me puse a imitar su profunda voz con los ojos entrecerrados. El efecto no fue el esperado: más que un icono sexual, parecía una adolescente medio boba. Pronto me di cuenta de que, para cambiar el estilo, es mejor elegir a alguien más afín a la propia personalidad y a la época, en lugar de remontarte a décadas pasadas.

No olvides que cuando eliges un ídolo de seducción no estás comprometiéndote para toda la vida, sólo mientras ese modelo te resulte apropiado. Elvis puede haber sido un ídolo en su época, pero estarías llamando la atención por razones equivocadas si intentaras imitarlo en la actualidad. En nuestra cultura obsesionada por los famosos, puedes elegir como ejemplo a un empresario, un actor, un músico o una estrella de un *reality show*. Sólo tienes que elegir a alguien con quien te sientas identificada.

Conseguir el efecto Claudia Schiffer

Cristina siempre había estado muy segura de sus dotes de seducción y conseguía llevarse bien con casi todo el mundo. Todos los hombres la adoraban porque era simpática y extravertida y estaba llena de vida. Sin embargo, cada vez que pensaba que no era sofisticada, perdía la confianza en sí misma.

Habló con una amiga cuya opinión valoraba enormemente y le confesó que si le concedieran un deseo elegiría ser más sofisticada. Su amiga no entendió a qué se refería y le pidió que se lo explicara.

"Quiero ser como Claudia Schiffer: discreta, sofisticada y femenina", suspiró Cristina. Su amiga se quedó de una pieza. Le dijo que siempre la había considerado sofisticada porque se las arreglaba a la perfección y podía ligar con cualquiera. Esta revelación le subió la moral a Cristina y prosiguió con su estilo de coqueteo sofisticado sin acordarse jamás de esos pensamientos negativos.

Antes de introducir un cambio radical en tu estilo de seducción, pide la opinión de alguien en quien confíes.

Aplica el estilo de tu ídolo

Después de elegir a tu ídolo, debes analizar los diferentes aspectos de su estilo para determinar qué es lo que pretendes emular:

- ✔ **Ropa.** ¿Qué te gusta en particular de su atuendo? ¿Es su estilo moderno (Victoria y David Beckham), extravagante (Russell Brand y Amy Winehouse), conservador (Tom Cruise y Katie Holmes) o informal (Brad Pitt y Angelina Jolie)?

- ✔ **Aspecto.** ¿Es muy cuidado, desaliñado, impecablemente arreglado o natural?

- ✔ **Lenguaje corporal.** ¿Se comporta con seguridad, agresividad, coquetería, sociabilidad o consideración?

- ✔ **Comportamiento general.** ¿Transmite felicidad? ¿Es distante, seria, formal, relajada, extrovertida o cercana? Cuando hacen una entrevista a tu ídolo, ¿sonríe y establece contacto visual, parece tranquilo pero accesible, habla con franqueza sobre cualquier tema...?

Si comparas el estilo de tu ídolo con el tuyo, empezarás a distinguir los aspectos que debes cambiar. El capítulo 5 te ayudará a mejorar la imagen, el capítulo 7 te dará consejos sobre cómo emular su atracción instantánea y la parte III te permitirá corregir los pecados del lenguaje corporal para convertirte en una estrella.

Compensa las oportunidades perdidas

Piensa en todas las oportunidades que has perdido este mes para entablar conversación, no sólo con alguien que te guste, sino con cualquier persona, como compañeros de trabajo, amigos, gente con la que te cruzas por la calle o atractivos desconocidos. Cualquiera de ellos se habría sentido mucho mejor consigo mismo después de una amigable conversación o un coqueteo, y podría haber constituido la cita de tus sueños o, incluso, podría haberse convertido en tu pareja.

Como no es fácil calcular las oportunidades que se dan en todo un mes, puedes contar el número de ocasiones que has tenido para disfrutar de contactos amigables en un día normal (cuenta también una sonrisa, un saludo o un movimiento de cejas —el capítulo 7 recoge más información sobre ésta y otras técnicas que llaman la atención sobre los ojos—) y multiplicar el resultado por 30 para obtener un cálculo fiable.

Ahora, el siguiente paso para mejorar tus dotes de seducción consiste en aprovechar todas las oportunidades perdidas. Hazte el firme propósito de cambiar.

Esto podría parecer ilógico, pero si el total de oportunidades perdidas es cero o casi cero, debes introducir algún cambio en tu estilo de vida. En otras palabras, si tienes a tu disposición pocas ocasiones, debes crear más. Necesitas rodearte de personas que te hagan sentir que tienes vitalidad y que participas de algo (consulta las ideas sobre cómo encontrar a otras personas disponibles en el capítulo 6). Entre otras formas de aumentar tus oportunidades para coquetear se incluyen: pasear a la hora de comer cerca de una zona de restaurantes, asociarte a un club

Atrapada

Julia acababa de divorciarse y tenía la custodia de su hijo de un año. Para ganarse la vida, trabajaba en una empresa en la que era la única empleada. Su actividad diaria consistía en dejar a su hijo en la guardería, ir a la oficina, sacar adelante todo el trabajo ella sola, con ocasionales visitas del jefe, recoger a su hijo de camino a casa y quedarse encerrada el resto del día, sin niñera ni amigos.

Pero Julia no es de las que se rinden y se compró un ordenador para navegar por internet. Así conoció a muchas personas, tanto en foros como en sitios web de contactos. Le encantaba poder chatear con gente que tenía los mismos intereses que ella, y además así se ahorraba las molestas presentaciones. Incluso podía colarse en un grupo y sentirse perfectamente integrada. Conoció en persona a dos hombres con los que había estado chateando, pero la relación no prosperó, a pesar de que por internet había sentido atracción por ellos. Al final acabó conociendo a un hombre con el que congenió; cinco años después, tiene un amplio grupo de amigos por internet y va a casarse con él.

Siempre tienes la posibilidad de conocer a otras personas y encontrar a tu media naranja, sólo tienes que crear oportunidades allí donde antes no existían.

(desde un club de bádminton hasta una asociación ecologista) o participar en una comunidad virtual por internet.

Da prioridad a las oportunidades en las que te parece más fácil iniciar el acercamiento. Cuando te encuentras en un entorno en el que sientes seguridad, así como en situaciones en las que el deseo sexual es nulo, el método de levantar las cejas (consulta el capítulo 7) es uno de los más cómodos y uno de los más correspondidos. Aprovecha todas las ocasiones potenciales y te sorprenderá comprobar la cantidad de respuestas que obtienes.

En el trabajo, pon en práctica la técnica de levantar las cejas cuando veas a tu superior. Éste seguramente se mantiene a la cabeza de la empresa no sólo porque sabe muy bien cómo hacer su trabajo, sino porque (¡en teoría!) se le da bien la gente. Así, sin ser consciente, empezará a fijarse en ti y podrás afianzar la relación a medida que vayas asimilando los conceptos de este libro.

Asume más riesgos

Está bien que te muevas en tu zona de comodidad, pero acabarás limitándote. Si quieres mejorar tus habilidades, debes prepararte para ir más allá y asumir riesgos. No estoy hablando de que te lances al peligro, sino de que pongas a prueba tu zona de comodidad y la amplíes. El riesgo más común al que te enfrentas al intentar comunicarte con las personas es que rechacen o ignoren tus esfuerzos. Si aumentas los esfuerzos en la progresión adecuada, no sólo aumentarás tu confianza, sino que verás que a tu alrededor florecen las oportunidades de trabar amistad. Consulta en la escala de riesgo de la figura 2-1 los tipos de comunicación con mayor y menor riesgo.

Imponte desafíos relacionados con la seducción

Para mejorar los resultados debes enfrentarte a algún desafío. Por ejemplo, si quieres adelgazar, es esencial que te impongas

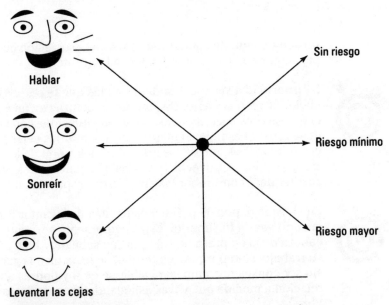

Figura 2-1: Escala de riesgo

objetivos. La mayoría de dietas buscan inicialmente reducir el 10% del peso. ¿Por qué no te fijas como objetivo este mismo porcentaje para mejorar tus dotes de seducción? Si quieres conseguir mejores resultados, oblígate los primeros días a levantar las cejas, sonreír y saludar en el 10% de las ocasiones que se te presenten. Si te surgen 10 oportunidades al día, sólo tendrás que conectar con una persona.

Cuando te acostumbres a levantar las cejas, sonreír y saludar, puedes fijarte objetivos más avanzados, como:

✔ **Conocer mejor a la persona con la que estás coqueteando.** Consulta en el capítulo 8 los detalles para entablar conversación con todo el mundo.

✔ **Proponerle quedar.** En el capítulo 13 aprenderás a hacerlo.

Interpreta el seductómetro

Existe una escala que mide la temperatura de seducción: si es demasiado baja, nadie se dará cuenta de si estás coqueteando o no; si sube exageradamente rápido, podrías parecer demasiado impaciente. Cuando domines la escala, podrás descubrir de inmediato si alguien está coqueteando contigo y, de este modo, emitir las señales correctas para confirmarle que va por buen camino. La figura 2-2 muestra la escala de temperatura o niveles de seducción, con referencias a los capítulos en los que puedes obtener más información:

✔ **Frío.** Evita esta temperatura a toda costa si no quieres parecer distante o exigente, igual que todas las personas que te parecen inaccesibles, estiradas o en general un poco amargadas.

✔ **Cálido.** Este nivel puede y debe aplicarse a todas las personas que conozcas, independientemente de su edad o sexo. Si quieres transmitir calidez y dejarle claro a alguien que te gusta, sigue las reglas básicas: sonríe, establece contacto visual y pon en práctica los preliminares de un coqueteo en toda regla.

✔ **Caliente, caliente.** Este nivel te da una idea de lo que debes hacer para dejarle claro a la otra persona que vas en serio.

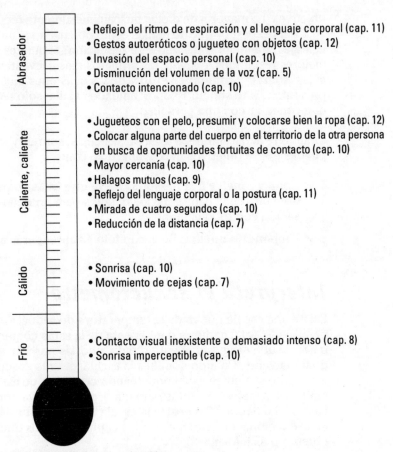

Figura 2-2: Niveles de seducción

✔ **Abrasador.** Cuando sientes un calor abrasador y la otra persona muestra los mismos signos, tienes todo lo que hace falta para conseguir el santo grial de la seducción.

Si quieres seducir a alguien, debes comprobar no sólo en qué nivel de la escala se encuentra, sino en qué nivel estás tú.

Si coincidís, estaréis empezando con buen pie (a menos que se trate del nivel "frío"). Si la otra persona se encuentra en un nivel más cálido que el tuyo, también es buena señal, pero debes

La desesperación de Daniel

Daniel no estaba nada mal y tenía admiradoras a mansalva. Sin embargo, nunca lograba consolidar una relación con las mujeres con las que salía. Todas se quejaban de lo mismo: no eran capaces de saber lo que Daniel opinaba de ellas, y lo dejaban antes de correr el riesgo de ser abandonadas.

Daniel no encontró la solución a su problema hasta que descubrió el seduc-

tómetro. Con su ayuda, aumentó la temperatura en el caso de las mujeres que le atraían y buscó una reacción positiva en ellas. Lo utilizó también en el trabajo para asegurarse de emitir las señales correctas a sus clientes.

Si le coges el tranquillo al seductómetro, todas tus relaciones mejorarán.

arriesgarte más y subir de nivel. En el capítulo 11 aprenderás a utilizar el lenguaje corporal y en el capítulo 12 descubrirás cómo reconocer algunas señales de seducción.

El seductómetro resulta de gran ayuda para deducir cuánto le gustas a una persona, y para controlar la situación y hacerla progresar a un ritmo con el que te sientas a gusto. Si alguien se encuentra en el nivel "abrasador" del seductómetro pero tú no sientes lo mismo, simplemente debes hacer que tu respuesta se corresponda con el nivel "cálido" o "frío" para que su temperatura descienda.

Si dejas que alguien siga coqueteando contigo a todo trapo, lo único que conseguirás será una situación violenta cuando le digas que no sientes lo mismo, o incluso un molesto enfrentamiento cuando te acuse de haberle dado falsas esperanzas.

Capítulo 3

Diferencias entre los sexos y estrategias para seducir con éxito

....

En este capítulo

▶ Diferencia entre hombres y mujeres

▶ Conoce los extremos en las actitudes de seducción

....

Para disfrutar de una vida de seducción satisfactoria, debes empezar a tratar al sexo opuesto como tal. Aunque muchos empresarios se empeñan en afirmar que con la palabra "plantilla" se hace referencia a una masa de personas sin género específico, lo cual corroboran numerosas leyes, en realidad los dos sexos no dejan de ser opuestos. Ya sea en la oficina o en el dormitorio, cada sexo tiene su idiosincrasia, y afirmar lo contrario es un disparate. Si quieres ejercitar tus dotes de seducción, debes aceptar las diferencias y los atributos comunes.

Para forjar una relación dentro o fuera del trabajo se usan las mismas destrezas, que analizaré en la segunda mitad de este capítulo. No obstante, si las circunstancias te han forzado a actuar como un androide, en vez de dejarte llevar por tus instintos básicos, primero deberás volver a conectar con las habilidades con las que nos ha dotado la madre naturaleza.

Este capítulo trata, de forma general, el comportamiento específico de cada sexo y recoge las premisas elaboradas a partir de décadas de investigación científica.

Diferentes percepciones de la seducción

Por lo visto, el 90 % de los errores que cometemos se deben a errores de percepción. Según como interpretas la intención de una mirada, un comentario o un acto, crees que alguien está intentando ligar contigo o no.

 Si conoces la forma en que cada sexo aborda el juego de la seducción, tendrás una ventaja considerable. Cuando emitas señales claras que se puedan interpretar como el comienzo de un coqueteo, tus intenciones no pasarán desapercibidas y así disminuirás el riesgo de rechazo, lo que aumentará las probabilidades de éxito.

Dónde empieza y dónde acaba el coqueteo

Las mujeres se preocupan por el modelo que se pondrán y los hombres se obsesionan con encontrar la frase perfecta para iniciar una conversación. Estos detalles dan una ligera idea de dónde comienza el proceso de seducción para cada sexo.

Al contrario que en el reino animal, donde las hembras suelen pasar desapercibidas y los machos tienen unos rasgos más llamativos para el ritual de cortejo, se espera que las mujeres se maquillen de forma atractiva. Por lo general, las mujeres se sienten en la obligación de tener un aspecto perfecto, razón por la que se esfuerzan tanto al planificar y ultimar su *look*. Según una encuesta realizada entre las trabajadoras de una oficina, la mayoría de ellas invirtió unas tres horas en decidir el modelo para la fiesta de Navidad y menos de cinco minutos en pensar frases para entablar conversación.

· Como un dandi

Elena llevaba poco tiempo saliendo con Marcos. Hacía tiempo que no tenía una cita y se sentía un poco perdida, sobre todo porque Marcos iba siempre a la última moda, con el pelo alborotado y ropa informal pero chic. A Elena le preocupaba que él pensara que era poco estilosa y se esforzaba enormemente para impresionarlo; incluso se escabullía de la cama para maquillarse antes de que Marcos se despertara.

Al cabo de unas cuantas semanas, se dio cuenta de que el vestuario de Marcos era más limitado de lo que creía y se enteró de que sus modelos, aparentemente de diseño, se los compraba su madre en un centro comercial. El día que Marcos fue a la peluquería regresó con un corte de lo más normal, lo que hizo que Elena descubriera que su peinado "casual" no era buscado, sino involuntario, y que no se había cortado el pelo en muchísimo tiempo. Elena acabó confesándole la imagen que tenía de él al principio y Marcos, ajeno a sus miedos injustificados, no pudo evitar reírse; se había enamorado de ella sin que le influyera lo más mínimo su esmerado *look* y la quería por lo que era, no por su intento de convertirse en lo que ella creía que debía ser la pareja perfecta.

Para seducir a alguien con éxito debes adaptar tu aspecto a tu estilo, no a la idea que crees que otras personas se han formado de ti.

Los hombres, en cambio, suelen opinar que el coqueteo comienza en el mismo momento en que abren la boca y pronuncian una frase para romper el hielo. Por esta razón se preocupan tanto por lo que van a decir. Además, consideran que esa frase inicial constituye el momento en el que el riesgo de rechazo es más elevado. Dado que los hombres son la mayoría de las veces los que dan el primer paso, temen mucho más este trance.

Intenta no caer en la trampa de obsesionarte con lo que vas a decir y adelanta el inicio del coqueteo al instante en que estableces contacto visual. Este contacto entraña menos riesgos que la típica frase para entablar conversación y garantiza un porcentaje superior de éxito. Así sentirás que el optimismo te invade cuando empieces a coquetear y obtendrás mejores resultados.

Qué atrae a los hombres y qué a las mujeres

Los polos opuestos se atraen, aunque, por lo general, por razones que no se te pasarían por la cabeza. En los seminarios sobre seducción que imparto, realizo un juego con los asistentes en el que los hombres comienzan diciendo sus preferencias y sus aversiones cuando conocen a una mujer, tras lo cual les toca el turno a las mujeres. He puesto en práctica este juego con miles de personas en los últimos años y los resultados a veces son sorprendentes. Aunque mis hallazgos no son científicos, sí resultan esclarecedores:

✔ **Hombres.** Aunque parezca raro, la belleza no entra en la lista de las diez cosas en las que más se fijan los hombres. La sonrisa, el contacto visual, las nalgas y las piernas se repiten a menudo en esta lista, lo que constatan las investigaciones realizadas en este ámbito. El buen aspecto y el olor corporal, los tacones altos, el pelo largo, las uñas cuidadas y el interés demostrado hacia ellos son otras respuestas recurrentes. Que tengan padres ricos y que sean propietarias de una fábrica de cerveza eran puntos a su favor, aunque no imprescindibles.

Cuando les pregunto qué es lo que no les gusta en una mujer, suele hacerse el silencio en la sala. Los hombres tienen muy claro lo que les gusta, pero no piensan mucho en lo que no les gusta. Que tengan vello facial, que utilicen el móvil durante una conversación y que estén casadas son las cosas que más incomodan a los hombres cuando conocen a una mujer.

Cuando intentes impresionar a un hombre, céntrate en lo que más le gusta de las mujeres, en lugar de preocuparte por sus aversiones.

✔ **Mujeres.** Cuando conocen a un hombre, se fijan en la estatura y el porte, el sentido del humor, la generosidad, la amabilidad, el acicalamiento y, medio en broma, medio en serio, en su cartera.

Las respuestas de las mujeres sobre lo que no les gustaba en los hombres fueron espontáneas y mucho más elaboradas que la de los hombres. Lo que más les desagradaba era que tuviesen mal aliento, que olieran a sudor, que fueran

¿Qué tiene ella que no tenga yo?

Carla y sus amigas se lo pasaban de miedo cuando salían juntas por la noche. Dado que acababa de recuperar la soltería, se gastó un dineral en renovar el armario y los cosméticos. Pero cuando pasaron unas semanas, empezó a sentirse decepcionada por su escaso éxito con los hombres y enormemente sorprendida por los logros de una de sus amigas, que parecía tener un don para los hombres, a pesar de no ser la más glamurosa del mundo, con un *look* más cercano al de Lady Gaga que al de las mujeres de *Sexo en Nueva York*.

Carla asistió a uno de mis cursos sobre seducción y aplicó sus conocimientos sobre el sexo opuesto para mejorar los modelos que se ponía por la noche. Abandonó el negro, empezó a ponerse ropa que destacaba sus curvas y, para su gran sorpresa, su "suerte" con los hombres mejoró casi al instante con este simple cambio de imagen. Carla no salía de su asombro al constatar que bastaba adaptar ligeramente el vestuario para atraer la atención de los hombres.

arrogantes, que contaran chistes, que tuviesen demasiado vello (en la nariz, las orejas o que tengan las cejas muy pobladas) y que mirasen por encima del hombro. Como a menudo se confunde contar chistes con ser divertido, en el capítulo 8 hay reglas sobre el sentido del humor para aprender a no meter la pata al ligar.

Para impresionar a las mujeres es fundamental evitar las cosas que no les gustan en un hombre y hacer hincapié en lo que les gusta.

Los siguientes apartados te indican con más profundidad cómo puedes aprovechar al máximo esta información.

Hazte visible

Los estudios demuestran que los hombres se sienten atraídos por aspectos físicos. En otras palabras, les llaman la atención los colores y las formas, sobre todo los colores que destacan entre la multitud y la silueta de la figura femenina.

¡Suena genial!

A Emilio le encantaba el sonido de su propia voz. Llevaba todas las conversaciones y se daba aires de seductor. Sin embargo, después de su divorcio, no era capaz de atraer a ninguna mujer a pesar de que tenía el don de la labia.

Se consideraba muy divertido y afirmaba que se interesaba por las personas, pero en un seminario de formación su problema por fin salió a la luz. Sus comentarios eran pertinentes y hacía preguntas, pero no escuchaba la respuesta y, lo que era peor, dejaba colgada a la persona a la que acababa de preguntarle algo para ponerse a hablar con otra. Las conversaciones con Emilio estaban plagadas de chistes de los que la gente se reía sólo por educación, mientras que él celebraba con arrogancia sus dotes para el humor.

A Emilio le sorprendió tanto esta revelación sobre su comportamiento que en ese mismo instante empezó a prestar atención cuando respondían a sus preguntas, y dejó de contar chistes para centrarse en conocer mejor a las personas con las que se relacionaba. Comenzó a interesarse sinceramente por la gente, y su entorno reaccionó de forma positiva; no sólo mejoró en sus negocios, sino que las mujeres se sentían atraídas y halagadas por el interés que demostraba por ellas.

Tendrás más éxito si demuestras interés por quienes te rodean, en lugar de esforzarte por ser un conversador ingenioso.

Si llevas un recatado modelito negro, te volverás invisible entre todas las mujeres que adopten la misma estrategia. El negro puede disimular numerosos defectos, pero es una mala opción si te hace desaparecer del radar masculino. El color es un imán, pero eso no quiere decir que tengas que ir como un papagayo. Lo mejor que puedes hacer es vestir prendas coloridas que resalten tus mayores atractivos.

La próxima vez que te encuentres en una conferencia o en una reunión para crear nuevos contactos, observa a las mujeres de la sala y fíjate en las que establecen contacto visual contigo. Seguramente serán las que están vestidas con ropa llamativa o que resaltan su figura.

Con excepción de la estatura, las mujeres son menos explícitas al definir los atributos estéticos que les resultan atractivos. Sin embargo, cuando hablan de estatura en realidad se refieren al porte, a la presencia. No les vale que un hombre mida uno ochenta si se mueve como un larguirucho desgarbado. Un hombre debe llenar el espacio que ocupa y comportarse con seguridad en sí mismo. Un hombre bajito pero con una buena pose resulta mucho más atractivo que un alto sin porte. Por eso, chicos, si queréis atraer a las mujeres, debéis erguiros con seguridad, independientemente de vuestra estatura.

Bazas valiosas, a parte del dinero

Para construir cualquier tipo de relación, no sólo amorosa, es imprescindible conocer las grandes bazas que ambos sexos pueden utilizar con magníficos resultados. Las tres bazas comunes son:

Buscando desesperadamente a...

Marta se fue a vivir a una remota isla de Escocia cuando le concedieron la plaza de profesora que tanto ansiaba. Sin embargo, pronto empezó a sentirse frustrada por su inexistente vida sentimental. Los habitantes del lugar estaban encantados por la llegada de una nueva mujer a la isla y rivalizaban por acaparar su atención. Sin embargo, Marta tenía una idea muy clara de su príncipe azul y los lugareños no le llegaban ni a la suela de los zapatos. Para ella, el hombre ideal era un bróker con éxito, pero dado que en la isla no existía esta profesión, pronto se dio cuenta de que jamás encontraría allí a su príncipe azul.

Cuando por fin aceptó la realidad y dejó de lado sus exigencias, empezó a ver a los isleños desde una perspectiva diferente. Cuando quiso darse cuenta, estaba locamente enamorada de un hombre al que antes jamás habría mirado dos veces.

Las expectativas demasiado ambiciosas o poco realistas limitan tus opciones. Rechaza las ideas fijas que te has formado sobre lo que buscas en una persona para mejorar tus perspectivas de ligar.

✔ Sonreír.

✔ Mantener contacto visual.

✔ Demostrar interés por la otra persona.

Si haces uso de estas bazas comunes cuando conoces a una persona, ya sea en el trabajo o en sociedad, te forjarás una reputación de persona amistosa y accesible, lo que hará que todos te aprecien sinceramente.

Estrategias para seducir con éxito

Si te liberas de tus ideas preconcebidas sobre la seducción y sobre lo que buscas en la pareja ideal, podrás ampliar tus horizontes, cambiar tu actitud y probar nuevas estrategias para aumentar tu éxito. A veces sólo tienes que pensar o actuar de manera diferente para mejorar enormemente los resultados de tus coqueteos.

Más allá de la pareja perfecta

No hay nada más inútil, frustrante o restrictivo para tus planes de seducción que tener una idea fija sobre cómo debe ser tu pareja ideal. Es muy triste constatar que alguien está reservándose para una persona a la que no conoce, pero que "es irresistible, mide tanto, gana tanto, está disponible y es el alma de la fiesta". Es mucho más fácil y más probable que encuentres una pareja compatible si tu lista de exigencias también es más indulgente.

Si tienes una mentalidad abierta, aumentarás tus oportunidades para coquetear. Pregunta en tu grupo de amigos, a aquellos que están saliendo con alguien, si cuando conocieron a su pareja pensaron que era la persona ideal. Te sorprenderá descubrir cuánta gente no consideró en un principio la opción de salir con su pareja actual.

Es preferible que tengas una lista de rasgos indeseables que quieres evitar (como, por ejemplo, fumar, ser egoísta o tener varias parejas) en lugar de una relación de virtudes indispensables para elegir a la persona con la que coquetear. Pero recuerda: la lista debe ser breve.

No hay mayor error que rechazar las insinuaciones de alguien sin darle siquiera una oportunidad. Aunque no sea tu tipo, ha reunido el valor necesario para acercarse a ti y debes concederle al menos unos minutos (a menos que se encuentre bajo los efectos del alcohol o que te resulte desagradable).

Si le das una oportunidad y compruebas que sigue sin interesarte, respóndele de forma amable, pero sin coquetear para que no te malinterprete. En el capítulo 11 encontrarás más consejos sobre cómo reaccionar en esta delicada situación. Si aun así no capta el mensaje, el capítulo 18 te indica cómo rechazar discretamente las insinuaciones de una persona demasiado insistente.

Adopta la actitud correcta de seducción

En el ámbito de la seducción existen infinitas actitudes, desde "no puedo coquetear con alguien a menos que tenga la seguridad de que le gusto" hasta "tiro el anzuelo siempre que puedo, porque alguien acabará picando". Estas dos actitudes extremas tienen sus inconvenientes: la primera reduce radicalmente tus posibilidades por miedo al rechazo, mientras que la segunda sólo consigue disuadir a las personas que podrían estar interesadas en ti porque pareces hipócrita o superficial.

La moderación nunca ha hecho daño a nadie; lo mejor es que adoptes una actitud intermedia para enamorar a la persona de tus sueños.

Para la persona reservada

Si tu actitud al coquetear con alguien suele ser reservada, hasta el punto de que te malinterpretan, porque parece que no demuestras interés, sólo tendrás más éxito si sales de tu zona de comodidad. Lo mejor es que empieces con encuentros sin riesgo de rechazo, por ejemplo, con personas a las que ves todos los días.

Si tu trabajo te obliga a relacionarte con otras personas, ya sea dentro de la oficina o fuera de ella, puedes proponerte ser agradable con todos. Tu confianza aumentará enormemente cuando veas cómo reaccionan ante tu actitud positiva. En caso de que no trabajes, puedes charlar con los dependientes de las tiendas o apuntarte a alguna actividad.

Para la persona extravertida

Si te gusta coquetear por naturaleza, pero no encuentras a una persona con la que te apetezca mantener una relación, no debes dejar de ser agradable. No obstante, analiza qué diferencia tu manera de seducir de la de los demás. ¿Despliegas todos tus encantos, mantienes contacto físico o seduces con el lenguaje corporal? Cuando hayas identificado qué te hace más amigable que los demás, reserva este rasgo para la persona a la que quieras impresionar.

Si la persona que te gusta constata que coqueteas con todo el mundo, no le parecerá que la tratas de forma diferente y no te tomará en serio.

Detecta las personas disponibles o interesadas

Ambos sexos, cuando eligen a una persona con la que coquetear, cometen el error de decidirse por alguien por quien sienten una atracción inmediata sin comprobar primero si son correspondidos.

Por lo general, lo conocido nos atrae. Si siempre sales con personas que "no te convienen", es probable que toda persona que te atraiga se caracterice por tener los mismos atributos. No quiero decir que para tener éxito tengas que dar conversación a gente que no te llama la atención, sino que debes asegurarte de que alguien te interesa antes de centrar todas tus esperanzas en ella. Tómate tu tiempo antes de elegir y analiza a todas las personas de la sala con las que te gustaría coquetear.

Supera el miedo al rechazo

El gran obstáculo al que se enfrentan tanto hombres como mujeres en el ámbito de la seducción es el miedo al rechazo.

El rechazo es una experiencia que puede afectarte profundamente, pero el miedo al rechazo es mucho más destructivo, ya que se apodera de ti y te impide actuar: se trata de un sentimiento frío y asfixiante en la boca del estómago, una debilidad en las extremidades, una sequedad en la boca y un miedo terrible que amenaza tu zona de comodidad y te empuja a luchar o a huir. La tentación de salir corriendo o de no decir una palabra al conocer a alguien que te gusta, —o a un compañero de trabajo que ocupa un cargo superior—, puede ser abrumadora y afecta a ambos sexos por igual. Dado que son los hombres los que más se exponen a ser rechazados, puesto que suelen tomar la iniciativa, son ellos los que temen más este riesgo.

Para superar ese miedo debes potenciar al máximo la probabilidad de que te acepten y reducir al mínimo la de que te rechacen. Si quieres mejorar tus éxitos, será de gran ayuda adoptar una actitud positiva. En el capítulo 15 encontrarás algunos consejos útiles para olvidar tu miedo al rechazo.

Haz que sea evidente que intentas seducir

La clave para comenzar a coquetear con alguien es evitar los equívocos. Asegúrate de que la persona a la que quieres seducir se da cuenta de que la tratas de forma diferente que al resto de los mortales. En el capítulo 10 aprenderás a emitir las señales adecuadas.

Algunas personas necesitan más pruebas para asegurarse de que el intento de seducción va en serio antes de decidirse a corresponder. Por ejemplo, cuando establezcas contacto visual con quien te gusta, puedes sostener la mirada durante más tiempo de lo habitual, sonreírle más, acercarte más, etcétera. De este

Halagos frustrados

Hace poco impartí un seminario en un prestigioso banco y durante el descanso los delegados no dejaron de bombardearme con preguntas. La mayoría de los presentes participaba en la conversación, pero de reojo me fijé en un hombre que se mantenía a una ligera distancia. Al final, se introdujo en el grupo, se me acercó sigilosamente y alabó mis zapatos. Soy fanática de los zapatos, por eso me encantó su halago y se lo agradecí. Por desgracia, a continuación añadió: "Bueno, ¿y cuándo es Halloween?", supongo que haciendo referencia a que acababan en punta. Me dio muchísima vergüenza que insultase mis preciosos zapatos con tanto descaro, por lo que le contesté: "Con lisonjas no vas a conseguir nada", tras lo cual le di la espalda y lo excluí del grupo.

modo, la otra persona se dará cuenta de que la tratas de forma diferente y, si el sentimiento es mutuo, te corresponderá.

Tendrás más probabilidades de empezar con buen pie si llevas ropa adecuada para la ocasión. Consulta los numerosos consejos que recoge el capítulo 5 para mejorar tu aspecto. Si te vistes pensando en que tendrás éxito, sentirás mayor seguridad y es mucho más probable que las cosas salgan bien.

No seas demasiado distante, ya que podrían malinterpretarte y pensar que no sientes interés.

Utiliza la adulación

No es cierto que con la adulación no se consigue nada, o al menos no lo es cuando se trata de coquetear. Para dejarle bien claro a una persona que te interesa o que te parece atractiva, lo mejor que puedes hacer es adularla.

Es fundamental que los halagos sean sinceros si quieres que los reciba de buen grado. Si recurres una y otra vez al mismo piropo manido, la persona a la que estás alabando no se sentirá muy especial cuando lo descubra. No es necesario que limites los halagos a su aspecto, sino que también pueden hacer referencia a su personalidad o a sus logros. En el capítulo 9 encontrarás un sinfín de ideas para tus halagos.

Si practicas todos los días con amigos, familiares y compañeros de trabajo, pronto dominarás el arte de halagar.

Recuerda que tus halagos siempre deben ser sinceros y que, si estás con un desconocido, jamás debes hacer chistes, ya que probablemente no los encontrará graciosos e incluso podría interpretarlos como una ofensa.

Capítulo 4

Coquetear con amigos, parejas potenciales y compañeros de trabajo

....

En este capítulo

▶ Cómo coquetear con amigos

▶ Cómo llegar a ser más que amigos

▶ Interpreta las intenciones de una pareja potencial

▶ Cómo coquetear en el trabajo

....

Por regla general, cuando coqueteas, no sólo tú te sientes bien, sino que haces que también otros se sientan especiales. Los italianos, por ejemplo, no dejan de coquetear, ya sea con sus amigos, su pareja o su abuela. Tienen una energía, una pasión y un entusiasmo por la vida y por las personas que transmiten a todo lo que les rodea.

Tú también puedes coquetear con cualquier persona, desde amigos hasta desconocidos que te atraen o compañeros de trabajo. Pero ¿cómo puedes conseguir que las relaciones que mantienes con las personas que conoces no se vuelvan incómodas? ¿Cómo sabes si la persona desconocida que te interesa es receptiva a tus insinuaciones? En este capítulo lo descubrirás.

Sólo somos amigos

Luis conoció a Belén en una conferencia en el extranjero. Llegaron a intimar mucho durante los pocos días que duró y se hicieron inseparables. Aunque ambos estaban casados y tenían hijos, compartían valores similares. Por esta razón, Luis y Belén se reían cuando los demás participantes comentaban que hacían buena pareja.

En realidad, por muy escandaloso que pareciera su coqueteo, ninguno de los dos buscaba nada más que una amistad. A los dos les transmitía una gran seguridad el hecho de que fuesen felices en sus respectivos matrimonios, de modo que al estar siempre juntos se protegían de las insinuaciones de otros participantes con intenciones no tan honestas.

El coqueteo inocente con personas casadas es completamente legítimo, siempre y cuando los sentimientos y las intenciones sean recíprocos.

Coquetea con tus amigos

Coquetear con los amigos es natural y divertido. Hay dos modalidades:

- ✔ **El coqueteo platónico.** Es una forma inocente de relacionarse con los amigos de ambos sexos. Este tipo de coqueteo se da de forma natural cuando disfrutáis de vuestra mutua compañía.

- ✔ **El coqueteo con intenciones amorosas.** Se produce cuando una persona con la que tienes amistad te atrae, o viceversa.

Si coqueteas con tus amigos, allanarás el camino para desarrollar relaciones más positivas, forjarás nuevas amistades y tendrás la posibilidad de evolucionar a una relación sentimental. Este tipo de coqueteo puede progresar sin ningún problema para el provecho de todos, a condición de que el sentimiento sea mutuo y conozcáis sus límites. Los siguientes apartados explican las reglas básicas.

Coquetear amigablemente

Para coquetear amigablemente sólo tienes que sonreír, establecer contacto visual y mostrar interés por los demás, es decir, utilizar las bazas comunes a ambos sexos mencionadas en el capítulo 3. Este tipo de coqueteo es adecuado para personas de ambos sexos y cualquier edad.

Es relativamente fácil darse cuenta de si el coqueteo de alguien se limita a la amistad; basta con asegurarse de que su comportamiento se corresponde con lo indicado en el párrafo anterior.

Proponte coquetear amigablemente con todo el mundo, ya que así ejercitas tus habilidades de seducción y perfeccionas tu técnica para cuando quieras conseguir una cita. Nunca se sabe quién está mirando, y tu conducta podría dar pie a alguien para que se acerque a ti.

Coquetear con fines sentimentales: los indicios

Cuando coqueteas con fines sentimentales, buscas algo más que una amistad y tu comportamiento se modifica para revelar las motivaciones románticas que se encuentran detrás de tus acciones. Estas intenciones se ven avivadas por las hormonas, por lo que te conviene aprender a detectarlas para alimentar la relación o bien para no dar falsas esperanzas a la otra persona.

Para poder coquetear con fines sentimentales, o para comprender si eres el objeto de este tipo de coqueteo, te conviene saber si la otra persona busca algo más que una amistad.

Los que buscan una relación sentimental no se limitan a sonreír, establecer contacto visual y demostrar interés. Si te fijas bien, se comportan de la siguiente manera:

- ✔ Se colocan cerca de ti.
- ✔ Te tocan más a ti que a otras personas.
- ✔ Se esfuerzan más de lo habitual en colocarse bien el pelo o la ropa cuando están en tu presencia.

✔ Establecen contacto visual contigo durante más tiempo que con otras personas.

✔ Te dedican más halagos de lo que acostumbran hacer con los demás.

✔ Se preocupan más por su aspecto cuando están contigo, quizás eligen modelos más sugerentes.

Diversos estudios demuestran que los hombres suelen interpretar las señales de amistad como disponibilidad sexual. Por ello, es necesario asegurarse de que la otra persona revela el comportamiento de esta lista (en otras palabras, comprobar si hace algo más que sonreír, establecer contacto visual y mostrar interés).

Su comportamiento también será diferente hacia las personas que te rodean. Consulta en el capítulo 12 cómo debes interpretar las señales de seducción.

Las personas a las que les gustas o atraes reflejan tu lenguaje corporal, es decir, copian tus gestos, movimientos o comportamiento. Por ejemplo, si una persona cruza la pierna hacia ti y lo reflejas, tú cruzarás la pierna en su dirección. Si tienes curiosidad por saber si la persona con la que estás coqueteando con fines sentimentales siente lo mismo por ti, fíjate en si refleja tus movimientos o si reacciona favorablemente.

Cómo ser "algo más que amigos"

Es un privilegio y un honor que alguien te considere su amigo o amiga. Además, la amistad no sólo es buena para el alma, sino que es beneficiosa para la salud. Muchos de tus recuerdos más bonitos y queridos están relacionados con los amigos. Éstos también pueden aportarte un delicado equilibrio con el que siempre puedes contar. Debes tener en cuenta estas ventajas antes de asumir el riesgo de convertir una amistad en una relación sentimental.

Asegúrate de que te compensa poner en riesgo tu amistad actual antes de embarcarte en una aventura que podría no tener marcha atrás, ya que a lo mejor no consigues recuperar la relación que antes mantenías.

Atracción fatal

Carmen estaba locamente enamorada de Álex, un compañero de trabajo. Ambos bromeaban a menudo en la oficina, pero Carmen estaba convencida de que Álex sólo estaba coqueteando inocentemente con ella, igual que con las demás chicas del trabajo. El problema es que no se daba cuenta de que la atracción era mutua. La verdad es que Álex estaba tan enamorado de Carmen como ella de él. Por desgracia, esa reciprocidad pasaba desapercibida porque ambos reflejaban el lenguaje corporal del otro. El caso es que cuando Álex la observaba,

ella miraba hacia otro lado; entonces él pensaba que le había hecho pasar vergüenza y también optaba por mirar hacia otro lado; así, cuando Carmen volvía a mirarlo, él ya había desviado la vista. Cuando Carmen logró superar su timidez inicial y se decidió a coquetear como es debido con él, los dos percibieron claramente las señales.

Asegúrate de que tu lenguaje corporal es explícito para que la otra persona tenga la oportunidad de reaccionar adecuadamente.

Los siguientes apartados te guiarán en el proceso de convertir una amistad en algo más.

No emitas señales equívocas

Evita emitir mensajes equívocos en cuanto te hayas decidido a ir más allá de la amistad. Si eres constante con tu nuevo comportamiento, lograrás que tu coqueteo tenga éxito. Entre otras cuestiones, debes considerar lo siguiente:

✔ **Si tu comportamiento demuestra que buscas una relación romántica, tu aspecto y tu ropa deben confirmarlo.** Chicas, si por lo general no os maquilláis cuando vais a ver al hombre que os atrae, empezad a hacerlo o cambiad vuestra manera de vestir para que se dé cuenta. Chicos, cuidaos más y utilizad una loción para después del afeitado si hasta ahora no lo hacíais. Y si la elegís para ella, os aseguraréis de que le gustará. En el capítulo 5 hay más información sobre este tema.

✔ **Si tu lenguaje corporal se ha vuelto más provocador y recibes una reacción positiva, debes demostrar que también**

Amigos y nada más

Óscar y Alicia se conocían de la universidad y eran buenos amigos. Un verano se fueron juntos a la granja de la tía de Óscar. Él siempre había estado enamorado de Alicia y decidió aprovechar la oportunidad para ligar con ella. En el campo reinaba un agradable ambiente de compañerismo, y había numerosos estudiantes de diferentes países y todos ayudaban en lo que podían.

Cuando sus compañeros les preguntaban qué relación los unía, Alicia siempre respondía: "Sólo somos amigos". En realidad, sospechaba que Óscar sentía por ella algo más que un afecto amistoso, pero prefería ignorarlo y considerar su amistad como una relación puramente platónica. Al final, las poco sutiles indirectas de Óscar dejaron bien claro que estaba perdidamente enamorado de ella y le dio un ultimátum a Alicia: o novios, o nada. Por desgracia para Óscar, ella optó por "nada". Apreciaba enormemente a Óscar como amigo, pero nunca le había dado a entender que buscase algo más. A partir de entonces, la relación se volvió más tensa hasta que pasó algún tiempo y se reconciliaron como amigos.

Si alguien ignora tus avances para convertir una amistad en algo más, es poco probable que una declaración de amor eterno te ayude a conseguir lo que deseas.

te has esforzado con tu aspecto. Sólo conseguirás desorientar a tu pareja potencial si el día que quedéis te presentas con la ropa que te pones para pasear al perro.

✔ **Si pertenecéis al mismo grupo de amigos, también debe cambiar tu manera de comportarte con tu pareja potencial cuando estáis todos juntos.** Si de repente vuelves a tratar a esa persona como antes (por ejemplo, sentándote lejos y hablando más con otros amigos), sólo conseguirás desconcertar. Debes reducir las distancias, sonreírle más y mantener más contacto visual y físico que con el resto del grupo.

Si te mantienes en la frontera que separa el coqueteo amigable del coqueteo romántico, sólo lograrás confundir a todo el mundo, tanto al grupo al completo como a la persona que te gusta.

No inicies una amistad para después llevarla más allá

Es un error iniciar una amistad con una persona cuando lo que quieres en realidad es acercarte a ella, ya que te encasillará en la categoría de "sólo amigos" y tendrás muchas dificultades para deshacerte de esta etiqueta sin poner en peligro vuestra relación.

Si pretendes coquetear con alguien que no conoces, es mucho mejor que desde el principio enfoques la situación desde el punto de vista sentimental, en lugar de granjearte su amistad para intentar llevarla después más allá. Cuando confíe en ti y te asigne el papel de paño de lágrimas, sobre todo si sale el tema de su ex pareja, será muy difícil que piense en ti para entablar una relación sentimental.

En el caso de que te des cuenta de que está a punto de asignarte el papel de amigo, líbrate de esta carga diciendo algo como: "Debes de estar pasándolo fatal, te entiendo perfectamente, pero creo que te consolará más hablar con X que conmigo. ¿Por qué no vamos a tomar algo, a ver si consigo animarte?".

Muchas personas, cuando hablan de sus amistades, dicen directamente que son "amigos". En cambio, si especifican que son "sólo amigos", están dejando ver que existe la ligera sospecha de que una o ambas partes consideren la relación como algo más.

Coquetear con parejas potenciales

No es lo mismo coquetear con una pareja potencial que con un amigo. En el primer caso, debes partir con una actitud mucho más directa, ya que tienes menos oportunidades para causar impresión a una pareja potencial y te conviene dejar claras tus intenciones desde el principio.

Lo más divertido de ligar es "ir a la caza" de alguien que te interese. Si aún no te has acostumbrado a interpretar los gestos de los demás y lo pasas mal en estos trances, no tardarás en disfrutar de este momento en cuanto aprendas a emitir y descifrar las señales. En el capítulo 11 encontrarás numerosos consejos para interpretar correctamente el lenguaje corporal.

Amor bajo tierra

En el último mes, Alba había visto a Miguel en el metro varias veces a la semana cuando se dirigía al trabajo. Parecía un poco distante y solía refugiarse tras el periódico durante el trayecto. Aunque se bajaban en la misma parada, Alba no conseguía llamar su atención para intentar un acercamiento. Se daba cuenta de que era invisible a sus ojos, pero no quería dejar pasar la oportunidad de descubrir si Miguel tenía novia o no; por lo tanto se decidió a actuar. Al día siguiente, vestida de punta en blanco, Alba se colocó justo enfrente de él y se puso a leer el periódico que tenía Miguel. Cuando lo movió para pasar la página, Miguel se dio cuenta de que lo estaba mirando. Ella desvió la mirada, pero cuando lo miró de nuevo, Miguel seguía observándola. ¡Por fin demostraba interés! Dejó entonces de mirarlo y él se concentró de nuevo en el periódico.

La siguiente vez que lo sorprendió mirándola al pasar la página, Alba sonrió con timidez y, como reacción, Miguel se sentó recto y le sonrió. Dejó de mirarlo y él siguió leyendo el periódico. La siguiente vez, Alba se dio cuenta de que la buscaba con la mirada y le sacó la lengua. Lo inesperado del gesto hizo que Miguel se riese. Cuando Alba se bajó del metro, Miguel la alcanzó, le sonrió de oreja a oreja y la saludó. Esa noche salieron juntos a tomar algo y después cogieron el metro para volver a casa.

Al revelar sus intenciones, Alba no sólo consiguió hacerse notar, sino que demostró tanta seguridad en sí misma que Miguel la invitó a salir sin plantearse siquiera la duda de si aceptaría o no. Si actúas con valentía, tus acciones se verán recompensadas.

Deja bien claras las intenciones

Sería un juego de niños dejar claras las intenciones si pudiéramos llevarlas escritas en una insignia que dijera "me encantas, ¿soy tu tipo?"; nos ahorraríamos tener que deshojar la margarita pensando "le gusto, no le gusto", aunque no sería tan divertido.

Puedes revelar tus intenciones si te vistes con esmero, te perfumas, transmites seguridad, concentras tu atención en la persona que te interesa manteniendo el contacto visual, sonríes en todo momento, reflejas su lenguaje corporal y estableces contacto físico. Consulta el capítulo 11 para obtener más información sobre el lenguaje corporal.

Debes reflexionar acerca del ritmo al que deseas avanzar y prepararte para actuar en consecuencia. Si quieres conocer a alguien, puedes sugerirle que te invite una noche a su casa y así es probable que consigas algo más que una propuesta para tomar un café. En cambio, si dejas que la cortesía te condicione durante meses enteros y esperas a que un día te coja de la mano, ambos os sentiréis frustrados.

Interpreta las reacciones y las intenciones

Antiguamente, las personas que tenían intenciones honestas enviaban un contrato de matrimonio o una carta en la que se declaraban; puede que fueran demasiado formales, pero así se aseguraban de que su propuesta no se pasaba por alto ni se malinterpretaba. En la actualidad, cuando intentas traducir las intenciones de otra persona, corres el riesgo de equivocarte.

Para captar el significado correcto de las reacciones y las intenciones de una persona, debes hacer gala de unas agudas dotes de observación y prestar mucha atención a los siguientes aspectos:

✔ ¿Se comporta de la misma forma contigo cuando estáis a solas y cuando hay otras personas?

✔ Si no te encuentras bien, ¿se preocupa?

✔ Si tu humor cambia, ¿cambia también el suyo?

✔ ¿Utiliza las mismas muletillas que tú, como expresiones y palabras características de tu forma de hablar?

✔ ¿Qué te transmite su lenguaje corporal? (Debes fijarte en estas pistas cuando estés en un grupo de cuatro o más. En el capítulo 11 encontrarás más información sobre el lenguaje corporal.)

Acostúmbrate a pensar en grupos de pistas para interpretar las señales tanto de tus amistades como de parejas potenciales

Los pantalones de la suerte

César había estado coqueteando "a fuego lento" con Sara durante meses en los bares y discotecas a los que solían acudir, pero no conseguía ir más allá. Sara estaba esperando a que César diese el gran paso y ligase abiertamente con ella, porque no estaba segura de si sólo era un amigo o si de verdad le gustaba. Un sábado por la noche, los dos debieron de pensar lo mismo. Sara se maquilló con esmero, se puso su mejor vestido y se roció generosamente con el perfume que le hacía sentir más atractiva. César se puso sus pantalones de la suerte, utilizó la loción para después del afeitado a la que, según su hermana, ninguna mujer podía resistirse y se dirigió al lugar donde habían quedado.

Cuando César la vio, se alegró de haberse puesto los pantalones de la suerte... ella estaba guapísima y no dejaría pasar la oportunidad. Cuando Sara lo miró intensamente, él ignoró a todas las demás mujeres, con las que por lo general habría hablado, y se fue directo a ella. Al final, César y Sara acabaron juntos gracias a que ambos así lo quisieron.

Ya sean tus pantalones de la suerte o tu perfume favorito lo que te hace adoptar una actitud propicia, resulta muy recomendable utilizar un catalizador que te ayude a concentrarte en revelar y materializar tus intenciones.

con el objetivo de reaccionar correctamente. Nunca bases una decisión en un comportamiento aislado, ya que necesitas toda una serie de reacciones a situaciones diferentes para hacerte una idea de las intenciones de alguien.

Coquetear con los compañeros de trabajo

La mayoría de las personas encuentra pareja en el trabajo. Aunque en muchas empresas esto no está bien visto e, incluso, hasta se prohíbe, no puede evitarse que suceda.

Piropo para un hombre, acoso para una mujer

Podríamos describir a Carlos como el baboso de la oficina. Las mujeres que llevaban tiempo trabajando allí estaban acostumbradas a que se les acercara sigilosamente y les soltase piropos. Aunque este comportamiento les molestaba, Carlos era inofensivo y nunca se había pasado de la raya.

Sin embargo, cuando intentó impresionar a una chica nueva, a ella le cayó mal de inmediato y se sintió ofendida. Lo denunció por acoso sexual y puso al corriente al departamento de recursos humanos. Carlos se quedó atónito y se defendió diciendo que no lo decía en serio; de hecho, llevaba años comportándose así con todas sus compañeras. El departamento de recursos humanos le informó de que la intención no es lo que cuenta, sino que es la forma en que la otra persona interpreta su comportamiento lo que define el acoso sexual. Por suerte, Carlos sólo recibió una amonestación y logró conservar su trabajo a cambio de modificar su comportamiento.

Aunque pienses que lo llevas discretamente, los jefes siempre acaban descubriéndolo, a veces sin necesidad de ponerse a investigar.

Coquetear con el despido: acoso sexual

Asegúrate de que conoces bien la normativa legal de la empresa antes de ir a la caza de una persona con la que trabajas. Es fundamental que evites las acusaciones por acoso sexual (es decir, un comportamiento físico, verbal o visual de naturaleza sexual que no se desea ni se busca), pero la situación se presta a la ambigüedad.

Es importante que tengas en cuenta lo siguiente:

✔ **El acoso sexual se define por la forma en que la otra persona interpreta la acción, no por las intenciones de quien**

acosa. Por ejemplo, un hombre puede pensar que al piropear a una compañera de la oficina está siendo agradable, pero ella puede sentirse ofendida por su comportamiento y considerarlo acoso sexual, aunque las demás mujeres de la oficina no lo perciban así cuando él las piropea. También puede considerarse acoso sexual el hecho de que una mujer siempre toque a sus compañeros o los salude dándoles un par de besos, ya que para un hombre podría ser una ofensa o una invasión de su intimidad.

✔ **El desconocimiento de la ley no exime de su cumplimiento.** En Estados Unidos, muchas empresas obligan a sus empleados a realizar cursos sobre acoso sexual; en primer lugar, para que aprendan a evitarlo y, en segundo lugar, para liberarse de la responsabilidad si alguno de los trabajadores que han recibido formación sobre el tema acaba cometiendo acoso sexual.

✔ **El acoso sexual puede limitar tu carrera profesional.** Una condena por acoso sexual suele mandar tu currículum directamente a la papelera en un proceso de selección.

Límites del coqueteo en el trabajo

Cuando coqueteas en el trabajo debes adoptar una estrategia ligeramente diferente a la que adoptas en un bar. Mientras que en este último puedes tantear a todas las personas que te parecen atractivas para descubrir si les interesas o si están disponibles, en la oficina, esta forma de actuar hace que te labres una mala reputación e incluso puede espantar a tu pareja ideal.

Puedes recurrir a dos tácticas:

✔ Dejar claro que estás disponible.

✔ Ser más agradable con todo el mundo.

Si combinas estas tácticas, conseguirás llamar la atención en la oficina y que se fijen en ti quienes más te interesan.

Deja claro que estás disponible

Por lo general, nada pasa desapercibido en la oficina. Puede que no se comente en voz alta, pero todo el mundo está atento a lo que sucede. Si cambias tu forma de vestir, tu peinado, tu maquillaje, tus gafas, tu pose o incluso tu manera de entablar y llevar una conversación, todos se darán cuenta. Un cambio de imagen atraerá la atención de tus compañeros y podría despertar el interés de personas que creías que no se fijaban en ti, lo que te facilitará enormemente el proceso de seducción. En el capítulo 5 encontrarás numerosos consejos para ponerte manos a la obra y llevar a cabo tu propio cambio de imagen.

Sé más agradable

Una buena estrategia para mejorar todos los aspectos de tu vida consiste en ser más agradable. Si sonríes y estableces más contacto visual, desbordarás simpatía a los ojos de los demás. La simpatía llama a la simpatía, y las personas a las que les gustas se comportarán como tú. Si adoptas este enfoque, comprobarás que es mucho más fácil coquetear y harás más amigos, sobre todo con el paso de los años. Además, las oportunidades de entablar amistad harán que te sientas más joven.

Un cambio a mejor

Clara cortó con su novio y decidió anunciarlo con un cambio de imagen radical. Se tiñó el pelo con un tono castaño precioso, pero que por desgracia a ella no le quedaba bien. Aunque no dijeron nada, todos sus compañeros de trabajo se dieron cuenta de que el cambio no la favorecía en absoluto. Por fin, una buena amiga se lo comentó con tacto y consiguió convencerla para que fuera a su peluquería. Al día siguiente, Clara apareció con un tono pelirrojo de fábula.

Gonzalo se había dado cuenta de los dos cambios, pero sólo se atrevió a felicitarla por el segundo. Empezaron a coquetear discretamente en la oficina, hasta que ambos estuvieron seguros de que deseaban mantener una relación con un compañero de trabajo.

Puedes llamar la atención de tus compañeros de trabajo e incluso iniciar un coqueteo si haces comentarios atrevidos que no te comprometan.

Manos a la obra

Jaime e Irene habían estado ligando discretamente en el trabajo. Querían continuar fuera de la oficina pero su empresa no organizaba muchas actividades, aparte de la fiesta de Navidad de cada año, para la que aún quedaban meses.

La abuela de Irene había estado bastante enferma y una organización benéfica fue su tabla de salvación: Irene vio la oportunidad de pasar más tiempo con Jaime y, al mismo tiempo, colaborar con dicha organización. Decidió recaudar fondos celebrando una vuelta ciclista de

veinticuatro horas en la que participasen sus amigos y sus compañeros de trabajo. Para que todo saliera bien, se consagró en cuerpo y alma a preparar los entrenamientos y tuvo que quedar a menudo con Jaime fuera del trabajo. No sólo consiguió mejorar sus habilidades organizativas, sino que además adelgazó (lo cual mejoró su aspecto), conoció a gente nueva y pudo ligar abiertamente con Jaime en terreno neutral.

Si en tu empresa no organizan actividades, encárgate tú de hacerlo.

Es mucho más probable que les caigas bien a otras personas si éstas creen que te caen bien.

Seguir coqueteando fuera de la oficina

No pasa nada si coqueteas discretamente en el trabajo, pero la oficina no es el lugar adecuado si te dedicas a ligar con descaro, insinuaciones sexuales incluidas. Asimismo, si te parece una situación incómoda o si crees que la otra persona se sentiría más relajada sin la molesta presencia de los otros compañeros de trabajo, intenta que los avances se desarrollen en otro ámbito. En caso de que no tengas el valor de pedirle una cita, puedes elegir un acontecimiento que te permita seguir coqueteando con más comodidad y progresar en la relación. La mayoría de las empresas celebran reuniones, actividades informales o conferencias. Puede que, como a muchas personas, no te gusten estos actos, pero es como la lotería, tienes que jugar para ganar.

Si no hay actividades a la vista, puedes hablar con los encargados de organizarlas y hacerles propuestas. En caso de que trabajes por cuenta propia o de que estés en el paro, puedes asociarte a una organización con tus mismos intereses para aumentar las oportunidades de ligar.

Parte II

¡Hazte notar!
Cómo establecer
contacto

The 5ᵗʰ Wave   **Rich Tennant**

*"¡DEJA YA DE COQUETEAR CON ÉL Y PÍDELE
QUE NOS LANCE UNA CUERDA!"*

En esta parte...

*T*e ayudaré a convertirte en el centro de atención por tu rebosante confianza, que hará que todos se vuelvan a mirarte cuando hagas tu entrada estelar, y por tu amena conversación, con la que podrás seducir a quienquiera que te propongas.

Capítulo 5

Aumentar la confianza y cambiar la imagen para seducir

La confianza en uno mismo es atractiva, sexy e irresistible. Para que una persona se sienta segura de sí misma, debe contar con confianza interior (que sólo ella puede percibir) y confianza exterior (que es la que transmite a los que la rodean). En un mundo ideal sería facilísimo aumentar la confianza interior, pero en la vida real hace falta mucho tiempo; tampoco es imprescindible, ya que basta con proyectar al exterior la imagen adecuada. Este capítulo recoge una serie de consejos que te ayudarán a exhibir un porte seguro.

A menudo, cuando mejoramos nuestra confianza exterior nos sorprenden tanto los buenos resultados obtenidos que logramos mejorar nuestra confianza interior, lo que nos hace parecer todavía más seguros. Se trata de un proceso circular con consecuencias mágicas para nuestra confianza interior y exterior. Ya sabes, si quieres mejorar tu confianza, finge que la tienes hasta que la adquieras de verdad.

Cómo llevar a cabo tu propio cambio de imagen

Cuando cambias tu aspecto la gente se da cuenta. Puedes aumentar enormemente tu confianza si optas por adaptar tu *look* a tu personalidad, tus circunstancias y el estilo que deseas transmitir. También tienes la posibilidad de atraer a las personas que te interesan y quitarte años de encima con sólo cambiar tu imagen si no te sientes cómoda con ésta.

Este capítulo se centra en las maneras de cambiar el aspecto, el porte y la imagen en general para crear y proyectar un aura de confianza. Los siguientes apartados te ayudarán a elegir la imagen o el estilo que deseas adoptar y a priorizar los cambios que decidas llevar a cabo.

Crea la imagen que deseas proyectar

Tras colaborar estrechamente con numerosos asesores de imagen, he descubierto que todos están de acuerdo en que antes de cambiar tu aspecto debes saber qué imagen quieres proyectar. Si una mujer quiere que los hombres la consideren una *femme fatale*, no lo conseguirá poniéndose un jersey de cuello alto y unos leotardos viejos, o si un hombre quiere impresionar a las mujeres con un aire sofisticado pero le encanta ir de chándal, acabará decepcionado con los resultados.

No existe un estilo correcto o incorrecto, ya que un mismo peinado, color, estilo o tejido puede quedarle mejor a una persona que a otra. Descubre primero cómo eres para elegir la ropa que mejor se adapte a tu silueta y tu estilo, así como a la imagen que quieres proyectar. Si necesitas la opinión de un experto:

✔ Consulta libros escritos por los gurús de la imagen.

✔ Acude a un asesor de imagen o estilo, o bien visita sitios web dedicados al estilismo y la moda.

✔ Recurre a un *personal shopper*, una especie de asesor de compras que, incluso, puede ir a comprar por ti; este servicio suele ser de pago.

Elige los aspectos en los que debes centrarte

Si analizas los diferentes aspectos de tu imagen y aplicas la regla del 80/20 (como indiqué en el capítulo 2, consiste en utilizar el 20 % de los esfuerzos para mejorar el 80 % del aspecto), podrás determinar qué cambios tendrán una influencia más notable y rápida en tu persona. Si hace tiempo que no piensas en tu imagen, puedes pedir ayuda a unos cuantos amigos, ya que te verán con otros ojos.

En la tabla 5-1 encontrarás diez elementos mejorables. Utilízala para determinar dónde puedes obtener los mejores resultados. Sigue estos pasos:

1. En la primera columna, asigna a cada elemento una puntuación de 1 a 10, considerando que 1 es el más fácil o rápido de cambiar y 10, el más difícil o lento. No debes repetir las puntuaciones.

De compras... y algo más

Lara tenía treinta y pico años. Pesaba unos cuantos kilos más que cuando tenía veinte, y no podía deshacerse de ellos. Cuando la ascendieron, se dio cuenta de que su estilo no era el adecuado ni para su nuevo puesto ni para su figura. Solía llevar ropa ajustada y faldas demasiado cortas, pero tenía la impresión de que esta forma de vestir minaba su credibilidad y la hacía parecer ligeramente ridícula. Como no estaba segura de qué estilo le iba bien, recurrió a la ayuda de un *personal shopper*.

Mientras esperaba su turno, Lara se fijó en Raúl, que también había acudido para un cambio de imagen. Su problema era que se ponía ropa demasiado juvenil para su edad y era el blanco de numerosas bro-

mas, pero no sabía qué debía hacer para no echarse años encima. Lara y Raúl se pusieron a charlar mientras esperaban y, aunque los dos sabían por qué estaban allí, ninguno tocó el tema. Unas horas después, los dos parecían más seguros de sí mismos con sus recientes adquisiciones y se felicitaron mutuamente por su nueva imagen. Raúl la invitó a tomar un café y Lara aceptó, aunque normalmente no lo habría hecho. El café acabó convirtiéndose en una cena y, más tarde, en una sólida relación.

Si cambias en cosas pequeñas, podrás obtener grandes resultados, y ello te permitirá mejorar tu confianza para comportarte de otra manera y asumir más riesgos.

2. Haz lo mismo en la segunda columna, pero en este caso 1 indica el elemento que más influye en tu imagen y 10, el que menos.

3. En la tercera columna, multiplica la puntuación de la primera columna por la de la segunda.

4. Fíjate en los dos elementos con las puntuaciones más bajas. Ésos son los que puedes cambiar más rápidamente y, al mismo tiempo, los que más influyen en tu aspecto general.

5. Una vez que hayas mejorado los dos elementos del punto 4, prosigue con el resto de la lista, hasta la puntuación más alta, y completa así tu puesta a punto.

Tabla 5-1: Herramienta de valoración de la imagen

Elemento mejorable	Facilidad / velocidad con que se mejora	Importancia de la mejora para la imagen	Resultado de multiplicar la primera columna por la segunda columna
Pelo			
Maquillaje			
Piel			
Ojos			
Sonrisa			
Vestuario para el trabajo			
Vestuario para la vida social			
Zapatos			
Voz			
Perfume			

Los siguientes apartados del capítulo te ayudarán a mejorar estos elementos.

Rejuvenece diez años

A menos que tengas 21 años, seguro que no te importará parecer más joven. Nuestra cultura valora enormemente el aspecto juvenil; hace unos años no existían mujeres que, a la edad de Madonna, tuvieran su mismo físico, estilo y energía, pero ahora se ven por todas partes. Cada vez más hombres, y cada vez antes, se someten a operaciones de cirugía estética, y los productos de belleza y antienvejecimiento se venden en cantidades nunca vistas. Un rostro con las marcas del paso del tiempo ya no siempre es señal de sabiduría; por desgracia, las arrugas y las canas a veces se consideran un indicio de dejadez en el cuidado personal.

 En lo que respecta al envejecimiento, más vale prevenir que curar. No fumes, bebe alcohol con moderación y agua en abundancia, duerme bien y utiliza una crema hidratante con un factor de protección solar mínimo de 15 para mantenerte joven por más tiempo.

A pedir de boca

Ángeles rondaba los sesenta años y era viuda. Nunca le habían gustado los dientes que tenía y por eso evitaba sonreír. Por esta razón, todos creían que era infeliz, pero nada más lejos de la realidad.

Un día de suerte le tocó algo de dinero y decidió ponerse ortodoncia para arreglarse los dientes. Un año y medio después, cuando se la quitaron, decidió mejorar el efecto blanqueándose los dientes. El resultado fue impactante. Ángeles por fin tenía seguridad en sí misma para sonreír con total libertad, aunque le habría gustado poder hacerlo antes. Todos reaccionan de manera muy diferente a la ahora sonriente Ángeles, y ella misma se siente mucho más optimista gracias a su nuevo aspecto.

Nunca es demasiado tarde para cambiar algo de tu aspecto. Si te hace sentir mejor, vale la pena.

Si quieres parecer más joven, debes cuidar especialmente los ojos, los dientes, la piel, el color de tu pelo, el peinado, el olor y la ropa.

Los ojos

Una persona entra en contacto por primera vez con otra a través de la mirada. Los ojos dejan ver el interés que se tiene por los demás y son una parte esencial para la comunicación.

Si deseas cambiar el aspecto de tus ojos, céntrate en estos elementos:

- ✔ **Cejas.** Los ojos están enmarcados por las cejas, por lo que tanto hombres como mujeres deben cuidarlas y darles forma. En la actualidad es frecuente que los hombres se las depilen, sobre todo si son cejijuntos. No es necesario que la ceja izquierda y la derecha sean idénticas; considéralas más bien como si fueran hermanas. Lo mejor es que te pongas en manos de un esteticista y que le encargues simplemente que depile lo que en tu opinión sobra. Jamás te afeites las cejas, ya que tendrán un aspecto horrible cuando los pelos vuelvan a crecer. Recurre a la cera o a unas pinzas.

- ✔ **Ojeras.** Parecerás mucho mayor si tienes ojeras. Un corrector normal oculta las zonas más oscuras, mientras que un corrector iluminador hace que tus ojos parezcan mucho más jóvenes. Para aliviar las ojeras utiliza una crema o gel de contorno de ojos, que debes aplicar masajeando ligeramente para eliminar el exceso de líquidos de la zona.

- ✔ **Arrugas.** Utiliza crema antiarrugas para rellenar la piel y reducir el tamaño de las arrugas. Las cremas y los geles de contorno de ojos pueden costar desde 3 euros hasta 100. Dado que una aplicación correcta puede tener un efecto tan beneficioso como el propio producto, no es necesario que te gastes un dineral. Acude a un establecimiento de venta de productos de belleza para que te enseñen a aplicar el contorno de ojos y te recomienden el más adecuado.

No utilices crema hidratante en esta zona, ya que es muy espesa y puede hacer que la piel se hinche. Cuando te pongas el contorno de ojos, no debes extenderlo por la zona, sino aplicarlo a base de pequeños golpecitos.

Si no tienes el blanco de los ojos de color brillante, no bebas ni una gota de alcohol y verás cómo recobra su luminosidad. En caso de que sientas sequedad ocular después de un viaje o de trabajar con el ordenador, utiliza lágrima artificial.

La sonrisa

Hace unos años nadie se preocupaba por el color de sus dientes, pero en la actualidad pensarán que eres mucho mayor si tu dentadura presenta una coloración oscura. Cuida tu limpieza bucal acudiendo al dentista cada seis meses y usa una pasta de dientes blanqueadora para mantener los dientes siempre limpios. Una sonrisa resplandeciente te hará parecer más joven. En caso de que desees someterte a un tratamiento de blanqueamiento dental, acude a un dentista para conseguir un resultado duradero.

Utiliza un bálsamo labial con un factor de protección solar alto para que tus labios tengan siempre un aspecto suave y carnoso y den ganas de besarlos. Para que sean todavía más irresistibles, exfólialos una vez a la semana aplicando un poco de vaselina y frotándolos suavemente con un cepillo de dientes.

La piel

Tu piel te lo agradecerá si bebes mucha agua, la exfolias una vez a la semana, utilizas una crema hidratante acorde con tu edad y evitas las exposiciones prolongadas al sol. Es cierto que la luz del sol es una fuente imprescindible de vitamina D e influye positivamente en el estado de ánimo, pero también puede causar graves daños en la piel y por eso debes protegerte. Valora la posibilidad de utilizar un producto de alta cosmética en lugar de las ofertas del supermercado, ya que los granos exfoliantes son mucho más finos y los resultados, mejores. Por suerte, los exfoliantes no son caros y puedes encontrar buenos productos, de gran durabilidad, por un precio que oscila entre los 6 y los 20 euros.

Un estilista de medio pelo

Elisa por fin había conseguido turno con uno de los estilistas más solicitados de la ciudad. Le pidió a su hermana Silvia que la acompañase, pero la advirtió de que cuando acabara debía decir que había quedado guapísima, independientemente de cómo le dejara el pelo. Después de lo que pareció una eternidad, Elisa se presentó por fin ante su hermana, pero la pobre parecía el hijo oculto de Rod Stewart. Silvia hizo lo que se le había indicado y se deshizo en elogios, pero Elisa le dijo entre dientes que se callara y la arrastró fuera de la peluquería. Tras aguantar una semana de burlas, acudió a otra peluquería para que la aconsejasen sobre el peinado que mejor se adaptaba a su estilo, en vez de dejarse llevar por las últimas tendencias. El corte que le hicieron le iba como anillo al dedo, y todo gracias a un estilista que tenía la fama de dejar guapa a la gente.

Si deseas someterte a un cambio radical, asegúrate de elegir un estilista que te haga lo que tú quieres, no lo que él quiere.

En la actualidad, hay líneas de productos destinadas a los hombres. Muchas veces, la publicidad es lo único que diferencia la versión para mujeres de la dirigida a hombres, ya que el producto es el mismo, sobre todo en el caso del contorno de ojos y otros productos sin fragancia. Chicos, aprovechad para probar los de vuestras amigas y familiares para aseguraros de que os convencen antes de comprarlos. Chicas, a veces los que venden para hombres son más baratos, no os olvidéis de indagar discretamente antes de comprar la versión para mujeres.

El pelo

El pelo siempre se ha considerado el culmen de la belleza. Un pelo atractivo es señal de vitalidad, fertilidad y salud, algunos de los puntos clave que despiertan nuestros instintos primarios a la hora de elegir pareja. Una cabellera descuidada puede minar tu confianza, pero con los productos de hoy en día, incluso quienes sufren de caída del pelo pueden mejorar su aspecto y aumentar su seguridad.

Si tienes la suerte de disfrutar de una fabulosa melena, sácale todo el partido que puedas. Cuando veas que alguien se arregla el pelo delante de ti, te encuentras ante una de las principales señales de seducción. Lleva el pelo suelto y sin productos de fijación para poder juguetear con él cuando estés con la persona que deseas. De este modo, llamarás la atención sobre tu cara y conseguirás que te mire a los ojos y a la boca, lo que dejará bien claras los signos de seducción que emites.

Color

Los tintes para el pelo te permiten aumentar tu confianza, pero recuerda que a medida que envejeces, el tono del pelo se aclarará y desentonará con el color original de tu pelo. Elige un tono más claro al color original de tu pelo si han empezado a salirte canas o si estás a punto de cumplir los cuarenta. Sométete al mejor tratamiento que te puedas permitir para teñirte el pelo y di claramente lo que buscas, aunque sin desoír los consejos de los profesionales. Si decides teñirte las canas en casa, asegúrate de que eliges un producto adecuado. Los tintes para hombres suelen ser más baratos que sus equivalentes para mujeres.

Volumen

El pelo fino, lacio o frágil puede transformarse si usas champús voluminizadores y otros productos de belleza. Lávate el pelo con frecuencia con champú y agua caliente, pero aclárarlo con agua fría para que quede más brillante. Recuerda que el pelo limpio parece más voluminoso y el pelo sucio, más lacio. Si lo secas con la cabeza hacia abajo, aumentarás el volumen desde la raíz, y también puedes fijarlo con una buena laca.

Cantidad

Cada vez más personas de ambos sexos sufren caída del pelo y calvicie; de hecho, se estima que el 30 % de las mujeres se verán afectadas. Todos los tricólogos (especialistas del pelo y el cuero cabelludo) coinciden en que más vale prevenir que curar, ya que es mucho más fácil conservar el pelo que hacerlo crecer si ya se ha caído.

Si la caída del pelo no es hereditaria, en ocasiones puede evitarse o corregirse con una dieta rica en minerales y proteínas, que, además, consigue mejorar su aspecto. En los casos en que sea hereditaria, pueden utilizarse productos con minoxidil (de venta en establecimientos comerciales o en las consultas de los tricólogos), que frenan la caída del pelo y a veces pueden invertir el proceso.

No es recomendable que te informes en peluquerías, ya que suelen centrarse en los productos voluminizadores y no tienen personal cualificado. Si deseas informarte sobre tu caso en particular, puedes recurrir a una clínica especializada o visitar páginas web en las que se traten estos asuntos de manera rigurosa.

También puedes visitar lugares donde es posible adquirir nanofibras, unas fibras minúsculas que se unen electrostáticamente a una zona en la que el pelo escasea o es inexistente, para disimular de forma estética el problema capilar. Estas nanofibras son resistentes a la lluvia y al sudor, por lo que puedes tener la seguridad de que, en cuanto las apliques, se mantendrán unidas al pelo hasta que decidas eliminarlas con un lavado. Si necesitas una solución temporal (por ejemplo, en el caso de las mujeres que después de dar a luz sufren una caída del cabello pasajera), las nanofibras son justo lo que buscas. Muchas personas utilizan a diario este método, aunque no es más que una solución estética que disimula el problema sin curarlo.

El olor

El sentido del olfato es el único que el cerebro procesa directamente, lo que le confiere un poder increíble. Todos los olores evocan algo; piensa en el café recién hecho, en el pan que se está horneando, en la hierba recién cortada, en los hospitales, en el mal aliento...: todos despiertan sentimientos, ya sean positivos o negativos. Un perfume seductor puede hacerte irresistible, del mismo modo que un olor corporal desagradable puede hacerte repugnante.

Sin embargo, si utilizas siempre el mismo perfume o loción para después del afeitado, estarás desperdiciando su potencial. Procura crearte un "muestrario de fragancias" para poder elegir el aroma en función de tu estado de ánimo. Evita los perfumes baratos, pero si tu presupuesto es escaso, opta por los aromas frescos y limpios. Pruébalos antes de comprar para no gastar el dinero inútilmente, ya que los perfumes huelen distinto en cada persona debido a las diferencias químicas de la piel.

Para acertar con los aromas, asócialos a tus recuerdos. Si te sientes sexy, utiliza el perfume o loción para después del afeitado para estas ocasiones. La próxima vez que lo uses, lo asociarás con una sensación sexy y tu estado de ánimo cambiará de inmediato. Otra ventaja de los olores es que también influyen en las personas con las que coqueteas, por eso debes elegir un perfume o una loción que se identifiquen contigo, no con las últimas tendencias.

 Cuando compres este tipo de productos, no pruebes más de unos pocos, de lo contrario tu olfato se saturará. Es aconsejable que los rocíes sobre los probadores de cartón que los comercios suelen poner a disposición del cliente para no salir oliendo a demasiados perfumes.

La ropa

Es muy importante que sientas que la ropa que llevas te queda bien y es apropiada para la ocasión, ya que así la lucirás más y aumentarás tu confianza:

- ✔ **Corte, estilo y color de la ropa.** Si no quieres que te ignoren al hacer vida social, no te pongas ropa ordinaria, que te quede mal o sea aburrida (consulta las figuras 5-1 y 5-2). Es mejor que inviertas en prendas de calidad, en lugar de comprar mucha ropa barata.

- ✔ **Adecuación de la ropa.** Para que se fijen en ti en las veladas sociales, compra ropa que impresione y destaque positivamente en el entorno en el que te mueves. Por ejemplo, las mujeres que llevan tacones no sólo parecen más altas, sino que tienen unas piernas más bonitas. Elige lo que le queda bien a tu silueta y a tu estilo. Es importante que decidas primero qué imagen deseas proyectar y que te vistas de acuerdo con ésta.

Figura 5-1: Modelo poco apropiado para actos sociales

Vístete de acuerdo al trabajo que deseas tener, no para el que ya tienes, o para la persona a la que deseas atraer.

Consigue el corte adecuado

Los hombres que llevan los pantalones demasiado ajustados acaban encajándolos debajo de la barriga, lo cual no resulta una imagen muy seductora. Por esta razón, es mejor aceptar la realidad y comprar pantalones más grandes mientras no se pierdan esos kilos de más.

Las mujeres que se sienten incómodas con prendas de vestir muy ajustadas o cortas no dejan de estirarlas para intentar cubrirse mejor. Si te das cuenta de que este tipo de ropa no está hecha para ti, opta por modelos con los que te sientas más cómoda o utiliza ropa interior reductora.

Figura 5-2: Modelo seductor para actos sociales

Es una buena idea ir de compras con una persona de confianza que te diga sinceramente lo que te queda bien y lo que no. En ocasiones, quienes trabajan en el establecimiento te dirán cualquier cosa con tal de conseguir una venta, pero no sólo te interesa que la ropa sea de tu talla, sino además que realce tu figura y tu estilo. Tu objetivo es encontrar la ropa que mejor te represente.

Complementos

Muchas veces, los pequeños detalles marcan la diferencia. Complementa tus modelos con accesorios personales que reflejen tu forma de ser. Te sentirás más interesante si muestras parte de tu personalidad y les das a los demás la oportunidad de halagarte, con lo que estarás fortaleciendo la relación y también tu confianza. Para las mujeres es mucho más fácil encontrar complementos, ya que hay una enorme variedad. Los hombres, en cambio, debéis evitar el exceso de joyas (a menos que queráis pareceros a Mister T, el del Equipo A...).

Podéis utilizar complementos poco usuales o de gran calidad, desde relojes o bufandas hasta zapatos o corbatas, para conseguir transmitir un aire de seguridad. El tipo de cuello de la camisa, la forma del nudo de la corbata o un estampado también pueden considerarse un accesorio.

Transmite confianza con el aspecto y la voz

Transmitir confianza es un gran paso adelante, incluso si no la sientes. Una imagen segura te ayudará a tener más éxito al intentar seducir a alguien. Para ello, piensa en las ocasiones en las que sentiste una enorme seguridad y procura descubrir qué era lo que te transmitía esta sensación. Lo más probable es que fuera la mezcla de tu aspecto físico y tu estado de ánimo. Puedes aumentar tu confianza en situaciones cotidianas, y sobre todo cuando más lo necesites, si intentas recordar cómo te sentías entonces. De este modo, aprenderás de la experiencia y te convencerás de que puedes transmitir y tener seguridad.

Una manera de proyectar instantáneamente una imagen de seguridad consiste en adoptar la pose adecuada, irguiéndote con la espalda recta, la cabeza bien alta y los ojos mirando al frente. Cuando suscitas una reacción positiva en los demás, tu confianza interior aumenta y comienza entonces el proceso de fortalecimiento de la seguridad.

A todo el mundo le gusta tener cerca personas que muestran confianza en sí mismas, porque así aumentan la suya propia. Seguramente disfrutarás más relacionándote, coqueteando o trabajando con personas en las que confías y te fiarás más si parecen seguras. La confianza no sólo te permite atraer más amigos, sino también éxitos profesionales y satisfacciones.

Sin embargo, de la confianza a la arrogancia sólo hay un paso, y debes tener mucho cuidado para no darlo. Una actitud jactanciosa hace que las personas se alejen y dejen de interesarse por ti. En el extremo opuesto, la falta de confianza y reafirmación personal puede hacerles perder la fe no sólo en ti, sino también en tus capacidades.

Las personas seguras están dispuestas a asumir riesgos, mientras que las arrogantes los evitan, o si los asumen no dudan en culpar a los demás en caso de que fracasen. Si confías en tus capacidades, superarás los fracasos y los valorarás en su justa medida, y no dejarás que un pequeño tropiezo estropee un día que de otro modo habría sido radiante.

Supera la anulación de la confianza

No debes caer en el hábito de anular tu propia confianza, aunque la mayoría de nosotros lo hacemos sin querer de vez en cuando. Si identificas el problema y lo solucionas, invertirás el proceso y tu confianza aumentará en un abrir y cerrar de ojos.

Dos elementos pueden anular tu confianza:

✔ **Tu propia mente.** Cuando alguien te piropea, ¿lo aceptas, te sonrojas, lo ignoras o le quitas importancia? Lo que debes hacer es aceptarlo; las demás reacciones revelan que no

Mentes peligrosas

Andrea acababa de empezar las clases en un instituto nuevo. Para su desgracia, el chico que se sentaba a su lado se reía de ella cada vez que se equivocaba al responder las preguntas del profesor, y siempre que levantaba la mano para contestar le decía que la bajara porque seguro que no sabía la respuesta. Esta actitud empezó a minar gradualmente la confianza de Andrea, y sus padres decidieron hablar con los profesores para que lo cambiaran de sitio. El pobre chico no era malo, pero se había criado en una atmósfera tan negativa que pensaba que lo normal era comportarse como él lo hacía. A partir de ese momento su comportamiento mejoró y, además, logró tener más autoconfianza; mientras que Andrea recuperó poco a poco la seguridad que tenía antes de sufrir los ataques de su compañero.

cumples el protocolo aplicable a los halagos (al respecto, consulta el capítulo 9) o que intentas minar tu propia confianza. Si analizas tus conversaciones, ¿añades comentarios negativos sobre tu persona al final de cada frase, como "qué tontería acabo de decir", "sólo podía pasarme a mí" o "soy un desastre"? En caso de que así sea, pídele a un amigo que te interrumpa cada vez que lo detecte para poner fin a esa costumbre.

✔ **Las personas que te rodean.** ¿Tienes algún amigo, familiar o compañero de trabajo que se mete contigo, aunque sea en broma? Pues tienes que saber que tu subconsciente no tiene sentido del humor y lo procesa todo como si fueran hechos, por lo que poco a poco te convence de que es cierto lo que te dicen. Las personas negativas son vampiros emocionales, porque consumen toda la vitalidad y confianza de los otros. La única manera de tratar con ellas consiste en mantener las distancias o persuadirlas para que hablen y se comporten de forma más positiva. Si por causalidad la persona en cuestión es tu mejor amigo o amiga, quizás ha llegado el momento de que pongas en práctica tus dotes de seducción para buscar la amistad en otra parte. No es cierto que los mejores amigos duren toda la vida.

Transmite confianza con el lenguaje corporal

Puedes transmitir confianza con la forma en que dispones tu cuerpo, es decir, con tu presencia. Cuando te sientes vulnerable, lo habitual es que te encojas y cubras las partes más frágiles del cuerpo, como la garganta o los genitales, con lo que transmites falta de confianza (observa la figura 5-3).

En cambio, si quieres rebosar confianza, debes erguirte con la cabeza bien alta, los hombros echados hacia atrás, el abdomen hacia dentro, las nalgas bien prietas y la vista al frente (observa la figura 5-4).

El contacto visual también es muy importante para transmitir seguridad. Si evitas mirar a los demás, no sólo transmitirás suspicacia o desconfianza, sino que además te perderás lo que

Figura 5-3: Falta de confianza

está pasando. Mantén el contacto visual para transmitir y sentir confianza.

Transmite confianza con la voz

Después del aspecto, el otro gran factor que influye en la primera impresión que causas es la tonalidad, es decir, el sonido de tu voz. Su influencia es determinante en la idea que los demás se formen de ti. Si tienes un aspecto impecable pero hablas con una voz aguda y nasal, no causarás buena impresión y tu confianza se resentirá. Afortunadamente, desconocemos el sonido y el impacto de nuestra voz, ya que no la escuchamos de forma activa.

Figura 5-4: Confianza desbordante

Si hablas en voz muy baja cuando conoces a alguien, demostrarás poca o ninguna confianza; en cambio, si te pasas con el volumen, pensará que eres arrogante y que quieres ser el centro de atención. Lo importante es que seas capaz de regular tu tono para adaptarlo a la ocasión.

Fíjate en las respuestas que recibes cuando mantienes una conversación. Si te piden varias veces que repitas lo que has dicho o si no reaccionan como esperas cuando cuentas algo triste o divertido, lo más probable es que hables demasiado bajo. Por otra parte, si se alejan de ti y la conversación no es recíproca, es decir, si eres tú quien la domina, seguramente no la están siguiendo porque gritas demasiado. Presta mucha atención a los matices de la conversación y adapta el volumen, la cercanía y la posición adecuada.

En el caso de que suelas hablar en voz baja, practica cantando canciones infantiles en voz muy alta y después habla con un tono ligeramente más alto del habitual. De este modo, acabarás acostumbrándote a un volumen más alto. También puedes jugar con el volumen de tu voz para comprobar cómo reacciona la gente. Por ejemplo, si durante una discusión estás gritando, baja el volumen de repente y verás que, más que de enfado, tu voz suena amenazadora.

Consigue que te escuchen

La voz es una herramienta muy poderosa; y cuando hablas quieres que te escuchen. En realidad, no es tan importante lo que dices, sino cómo lo dices, y te basta la voz para crear una amplia variedad de atmósferas.

Para captar la atención de los demás en una conversación no hace falta gritar, sólo tienes que utilizar la cercanía y el contacto visual:

- ✔ **Baja ligeramente el tono de voz** para que se vean obligados a callarse e inclinarse hacia delante para escucharte, y en cuanto hayas captado toda su atención vuelve al volumen normal.

- ✔ **Mantén el contacto visual mientras hablas.** La persona que habla suele establecer menos contacto visual, pero conseguirás conectar mejor si mantienes dicho contacto. Elige cuidadosamente el tema de conversación; si mencionas un asunto controvertido, los que te rodean podrían pensar que te gusta levantar polémica. En cambio, si relatas una experiencia íntima parecerás muy sexy.

- ✔ **Acércate a los demás mientras hablas** para aumentar el contacto durante la conversación y cautivar al grupo.

Aumenta el atractivo de la voz

Una voz bien modulada y equilibrada es muy atractiva para los oídos. Nos gastamos un dineral en cosméticos y perfumes, pero

¿a cuántas personas conoces que hayan invertido en mejorar el sonido de su voz?

La voz, uno de nuestros rasgos más importantes, se produce por el movimiento de determinados músculos, que, al igual que todos los demás, deben ejercitarse para mantenerse fuertes. A continuación te sugiero algunas ideas:

✔ **Grábate leyendo algo en voz alta.** Después analiza la grabación, pero evita hacer comentarios como "qué horror", "mi voz suena fatal" o "menudo acento tengo"; más bien, pregúntate "¿cómo puedo mejorar mi voz?". ¿Crees que podrías mejorar tu dicción (la claridad con la que pronuncias las palabras) o tu forma de respirar?

La voz de las personas que respiran superficialmente suena áspera o precipitada en las frases largas. Además, su respiración se acelera si están nerviosas o agobiadas, lo que las hace parecer más inseguras o ansiosas. Puedes practicar inspirando con más profundidad y manteniendo la respiración para controlar mejor la longitud de las frases que puedes decir y que tu voz suene más equilibrada.

✔ **Participa en una emisora de radio local.** La experiencia puede resultar muy beneficiosa, ya que te ayudará a mejorar la calidad de tu voz y tu discurso, y también a aumentar tu confianza al hablar en público. Además, tendrás la oportunidad de conocer a gente nueva ¡e incluso de ligar!

¡Y no fumes! No sólo es malo para la salud y para el aliento, sino que además perjudica enormemente la voz.

Repasa tu película romántica favorita y fíjate en la forma en la que los actores hablan en los momentos íntimos o cuando intentan captar la atención de una persona.

El diafragma controla la intensidad de la voz. Para que tu voz suene segura y se proyecte bien (no necesariamente con un volumen alto) debes adoptar una postura correcta. En el momento en que el volumen de tu voz descienda marcadamente, tu imagen de confianza se desvanecerá. Si quieres sonar a las mil maravillas, mantén una postura con la que transmitas confianza (observa la figura 5-4), y no sólo cuando estés de pie.

Suena bien

Juan tenía que escribir una carta para un cliente importante y le pidió a Isabel que lo ayudara con la redacción. A falta de diccionario, Isabel le indicó, según creía, cómo se escribían algunas palabras, aunque nunca había hecho ningún comentario sobre sus conocimientos lingüísticos. Cuando Juan se reunió con el cliente, éste le hizo notar sus errores ortográficos. Juan le echó la culpa de todo a Isabel, pero ella, desconcertada, se defendió diciendo que nunca había dicho que fuera una experta en la materia. "Pero cuando hablabas parecías tan segura de ti misma que sonaba como si realmente lo fueras", dijo Juan echando chispas.

Todos confiarán mucho más en ti, en tus capacidades y en tu credibilidad si tu voz suena segura.

 Para mejorar el control del diafragma, túmbate boca arriba y coloca un libro grande sobre el abdomen. Cuando inspires, haz que el aire llegue hasta los pulmones y el estómago, de modo que éste se hinche y levante el libro; a continuación, espira lentamente emitiendo una nota larga y continua. Procura que el timbre de la nota se mantenga constante mientras exhalas el aire.

Capítulo 6

Detectar quién está disponible

● ●

En este capítulo

▶ Encuentra personas solteras

▶ Considera opciones de calidad probada

▶ Descubre qué se ofrece

● ●

*¿Q*uieres saber cómo aumentar tu porcentaje de éxito en la seducción y, al mismo tiempo, tu confianza con respecto al sexo opuesto? Evita el error común de ir detrás de las personas que te gustan antes de descubrir si están disponibles. La clave del éxito de la seducción consiste en adoptar un enfoque estratégico.

Si acudes a los lugares típicos para ligar y exploras otros diferentes, e incluso si te lanzas a la aventura, dispondrás de numerosas oportunidades con las que disfrutar y mejorar tus dotes de seducción.

Dónde encontrar personas disponibles

Para ligar, hacen falta como mínimo dos personas. Está muy bien que aprendas la teoría con este libro, pero tienes que ponerla en práctica en la vida real. No vale que pongas excusas

Fuego en el cuerpo

Un día, Susana se fijó en un hombre bastante atractivo que estaba comprobando los extintores de las oficinas. Llamó a recepción y la informaron de que se trataba de un bombero que llevaba a cabo una inspección. No pudo resistirse a la idea explosiva que suponía la combinación de su atractivo con la profesión de bombero, y se inventó una excusa para abordarlo, aunque no reunió el valor necesario para hablarle. Sus amigas se reían de ella por haber desaprovechado la oportunidad, y la más atrevida de todas pensó que sería una buena estrategia conectar la alarma contra incendios para obligarlo a volver. Por desgracia, la alarma estaba conectada directamente con la estación de bomberos y se presentó todo el equipo. El bombero macizo que le gustaba a Susana no acudió, pero hubo otro que le llamó la atención y, mientras esperaban a que les permitieran volver a acceder al edificio, aprovechó para entablar conversación con él y consiguió una cita. En cuanto a su amiga, se enfrentó a una corrección disciplinaria por hacer saltar la alarma.

No dejes pasar las oportunidades y actúa de inmediato, ¡a menos que tengas un amigo dispuesto a poner en peligro su carrera por ti!

como que no hay nadie con quien te gustaría coquetear, o que nunca conoces gente nueva. En los siguientes apartados te sugiero varios lugares en los que puedes encontrar personas dispuestas a coquetear.

Busca el amor en el trabajo

Si tu empresa es pequeña o si trabajas por cuenta propia, no te preocupes: siempre puedes coquetear con los clientes, los proveedores, etcétera. En cambio, si trabajas en un edificio grande o que alberga varias empresas, los mejores lugares para encontrar personas disponibles son las máquinas expendedoras, la cocina, el comedor, la sala de descanso y la entrada del edificio.

También en los corrillos de fumadores se hacen negocios y se coquetea a menudo. Aunque no fumes, puedes tomarte un descanso y relacionarte con este grupo; quizá consigues mejorar algo más que tu vida sentimental.

En el capítulo 4 hay más información sobre cómo coquetear con los compañeros de trabajo.

Los bares son un lugar idóneo

Es mucho más fácil ligar en un bar que en un supermercado, ya que todos esperamos que se nos acerque alguien en este entorno socialmente interactivo.

Ten en cuenta los siguientes puntos:

✔ El primer paso para encontrar personas disponibles afines a tu carácter es elegir el bar adecuado. Si no te gusta el fútbol, debes evitar los bares en los que retransmiten partidos en directo. Busca un lugar con una clientela variada, de edad cercana a la tuya, y que tenga fama de ser seguro. Si no conoces bien la ciudad, puedes pedir consejo a personas de tu estilo.

✔ El coqueteo resulta mucho más fluido en un bar que en cualquier otro entorno (con la excepción de internet, cuestión que trataré en este capítulo, en el apartado "Ligar por internet"), por lo que debes perder tu timidez y dejarte llevar. Si una persona no desea que te acerques a ella, lo dejará bien claro desde el principio al no mostrarse receptiva a tus miradas, sonrisas o conversación. Incluso podría girarse o darte la espalda para que no te quepa duda de que no le interesa coquetear contigo.

Cuando estudiaba en Newcastle-upon-Tyne tuve la magnífica oportunidad de mejorar mi técnica de seducción en los bares, ya que en ellos tiene lugar una parte muy importante de su vida cultural. Si vives en una ciudad en la que el juego de la seducción es parte de la diversión nocturna, te resultará mucho más fácil ligar en bares. ¡Por algo Newcastle se considera una de las diez ciudades con más marcha de Europa!

En el capítulo 19 encontrarás consejos para ligar sin riesgos.

Una vez que hayas elegido el lugar donde actuarás, sigue los consejos del capítulo 7 para hacer una entrada triunfal y sacar ventaja a tus posibles rivales.

Aprovecha las oportunidades inesperadas

Cualquier lugar donde se reúnan personas te ofrece oportunidades potenciales para ligar, por lo que no debes limitar tu actuación sólo a los más evidentes, como el trabajo o los bares. Otros ambientes en los que también puedes poner en práctica tus dotes de seducción son:

✔ En supermercados, con los empleados de la caja o con otros clientes.

✔ En hoteles, con empleados del bar y del restaurante o con otros clientes.

✔ En aviones, trenes y transportes públicos, con otros viajeros y personas de camino del trabajo.

Al contrario de lo que suele creerse, puedes coquetear con alguien cuando te diriges al trabajo, pero sólo si no habéis coincidido antes en esa ruta. Muchas personas evitan hablar con los rostros que les son familiares de camino al trabajo, porque podrían descubrir que no les interesan y entonces se verían obligadas a hablarles o a evitarlas de por vida. Existen casos de parejas que se conocen en su trayecto hacia el trabajo y acaban casándose, pero para ello hace falta tener la seguridad de que el interés es mutuo.

✔ En parques, con aquellos que pasean a sus niños o a sus perros.

✔ En gimnasios, con otros socios.

✔ En cualquier lugar en el que se forme una cola o una congregación de personas, como una manifestación, una reunión, los ensayos de una banda de música o un coro, acontecimientos deportivos o la playa.

Al contrario que en los bares, donde los acercamientos son lo habitual, tus intentos de seducción pueden pasar desapercibi-

De espaldas a la diversión

Adrián estaba cansado de intentar ligar en los bares; a primera vista siempre le parecía que no había mujeres dispuestas a coquetear, pero luego se daba cuenta de que todas estaban "ocupadas". El problema de Adrián era su forma de situarse en el bar: sentado en una esquina, dándole la espalda a toda la diversión. No sólo se perdía ver las mujeres que parecían disponibles, sino que además se volvía invisible a los ojos de ellas. En cuanto se acercó un poco al meollo, consiguió integrarse a la perfección en un grupo interesado en ligar. De hecho, enseguida detectó algunas mujeres dispuestas a coquetear y unas cuantas se le acercaron para darle conversación.

Si hasta ahora no has tenido éxito al intentar ligar en bares, fíjate bien en cómo te colocas por si ello te impide unirte a la diversión.

dos en situaciones inesperadas, por lo que es posible que tardes más en captar la atención de la persona que te interesa. En este caso, te corresponde a ti actuar. Si utilizas el contacto visual y las demás estrategias indicadas en el capítulo 5, se te presentarán numerosas oportunidades.

Nunca sabes a dónde te llevará un coqueteo amigable o a quién podría presentarte la persona con la que estás hablando. Probablemente ya te habrán comentado que sólo hay seis grados de separación entre tú y cualquier otra persona del planeta. Esto quiere decir que si estás a un paso de tus amigos y a dos de las personas que ellos conocen, el planeta al completo está a sólo seis pasos de ti. En consecuencia, tienes que andar muy poco para encontrar a tu pareja ideal.

Ligar por internet

internet ofrece un sinfín de oportunidades para conocer personas de todo el mundo. Todo es mucho más rápido y atrevido a través del ciberespacio que cara a cara, por tres razones:

Una noche salvaje

Eva y sus amigas decidieron pasar un fin de semana de chicas en una ciudad cercana. Como no conocían el lugar, le pidieron al taxista que las llevara a un bar. Hicieron su entrada triunfal en el bar vestidas con unos modelos que quitaban el hipo… pero se lo encontraron lleno de viejos desdentados que se morían de ganas de invitarlas a una copa. En cuanto pudieron, huyeron de allí y acabaron en una discoteca en la que los hombres iban más arreglados que ellas. El portero fue muy amable al informarlas de que se trataba de una discoteca gay, y les recomendó un local frecuentado por el tipo de hombres que ellas querían conocer. Todas acabaron pasándoselo de miedo.

Si no quieres llevarte una decepción, prepara bien tu salida nocturna y busca sitios que te gusten.

✔ No te arriesgas a sufrir un rechazo en directo.

✔ La atracción física es irrelevante.

✔ Al utilizar la palabra escrita en lugar del lenguaje corporal puedes decir las cosas de forma más directa y explícita, con lo que dejas claras tus intenciones.

Dónde buscar

Puedes recurrir a sitios web reconocidos, por ejemplo, `www.meetic.es` o `es.match.com`, para buscar pareja por internet. Si perteneces a una red social como Facebook o MySpace, puedes pedirle a un amigo que te presente por internet a alguien que te parezca atractivo por lo que ves en su perfil.

Los foros y los chats son tan variados que no tendrás problemas para encontrar alguno en el que te interese coquetear. Los hay relacionados con un determinado ámbito laboral o profesional, por lugares de residencia o por intereses. El foro `www.linkedin.es` pone en contacto entre sí a diversos profesionales. Ten en cuenta que no sólo estás estableciendo una red de contactos virtuales, sino una relación con personas que comparten tus intereses. Encontrarás foros y chats en `www.msn.es`, www.yahoo.es y otros sitios web que permiten hacer búsquedas por ubicación o intereses para conocer a otras personas.

A diferencia de los sitios web de contactos, nada te garantiza que las personas que conozcas en chats o foros estén disponibles, pero encontrarás un montón de gente con tus mismos intereses.

Cómo comunicarte

Cuando se trata de ligar por internet, es fundamental que utilices un lenguaje adecuado. Ten en cuenta lo siguiente:

✔ Las faltas de ortografía y los errores gramaticales pueden disuadir a muchas personas, ya que pensarán que no eres muy culto. Si escribes con mucha rapidez, acuérdate siempre de leer sus mensajes antes de enviarlos.

✔ Si demuestras impaciencia, parecerá que sólo buscas acostarte con alguien en la primera cita. Coquetea siempre con simpatía y viveza. Si quieres convencer a la otra persona para que quede contigo, debes ser capaz de mantener su interés.

El humor es tu gran aliado para ligar por internet. Para muchas personas es más fácil ser graciosas por escrito, porque no sienten la presión del tiempo y no se tienen que enfrentar a un silencio sepulcral ni a una sonrisa de compromiso si lo que dicen no es ingenioso.

✔ No te preocupes si no escribes mensajes muy largos; no hace falta para que alguien decida si le gusta o no tu estilo. Los halagos sobre la foto o la forma de escribir del otro pueden ser tan eficaces como si los hicieras en persona.

✔ Muestra siempre una imagen reciente y utiliza un sobrenombre sexy sólo en caso de que desees conocer a personas que buscan relaciones sexuales.

Familiarízate con los consejos del capítulo 19 para evitar riesgos antes de iniciar una campaña de seducción por internet.

Detecta qué personas están disponibles e interesadas

Antes de lanzarte a algo más que a un coqueteo amigable, debes centrarte en descubrir la disponibilidad de una persona para no desperdiciar tiempo y esfuerzo. Si coqueteas con personas disponibles, tu porcentaje de éxito aumentará enormemente. No obstante, esto no será un problema si has conocido a alguien a través de un sitio web para solteros, ya que lo más probable es que ése sea su estado civil.

En cuanto descubras que una persona que te gusta está disponible, deberás analizar cuánto esfuerzo deseas invertir en seducirla. Para ello, te conviene saber cuánto interés siente por ti.

Cómo abordar las diferentes posturas

Cuando alguien coquetea contigo, lo habitual es adoptar una de las cuatro posturas siguientes. Además de describir las características asociadas a cada postura, te detallo las estrategias que puedes utilizar cuando las detectes en otra persona. Si sigues estos consejos, tendrás mucho más éxito al intentar seducir.

El tímido

La persona tímida prefiere retirarse a los extremos de la sala o a la parte posterior del grupo; allí se limita a contemplar lo que sucede y espera que los demás la hagan partícipe de la diversión.

No cabe duda de que es más fácil coquetear con otras personas, pero si no te queda otro remedio puedes hacer lo siguiente: prepárate para tomar las riendas de la situación y no abandones tras el primer contacto visual. Si detectas que no es una persona que mantenga mucho el contacto visual, anímala a hacerlo con tu propio lenguaje facial. Para ello, sonríele, cambia tu expresión, asiente con la cabeza, inclínate, etcétera. Hace falta tiempo para ligar con una persona tímida, ya que necesita que tus palabras y tus gestos le ofrezcan un apoyo y una garantía de que te gusta.

El indeciso

La persona indecisa se mantiene en la periferia de los acontecimientos sociales para participar únicamente cuando se siente cómoda para hacerlo. A menos que tenga la seguridad de que te gusta, jamás declarará sus intenciones.

Es fácil coquetear con una persona indecisa, pero debes tener en cuenta lo siguiente si quieres llegar a algo más: no tardarás en saber si tenéis futuro, pero sólo si eres tú quien da el primer paso y le dejas claro que te gusta. En cuanto hagas evidente tu interés, pasará directamente al ataque. Por esta razón, debes utilizar el lenguaje facial y piropos sutiles si quieres que capte la indirecta.

El egoísta

La persona egoísta disfruta siendo el centro de atención, así como cuando te tiene pendiente de cada palabra suya y percibe que reaccionas positivamente a los avances de su lenguaje corporal. Éste es el carácter con el que te resultará más fácil coquetear y entablar conversación.

Para ligar con una persona egoísta, sólo tienes que establecer contacto visual. A partir de ese momento, deja que lleve la conversación, ya que disfruta con el sonido de su propia voz, ríete de sus chistes y sonríele mucho. El único inconveniente es que te resultará difícil descubrir si sólo te considera un coqueteo más o si eres especial, ya que intentará ligar con todo el mundo. En caso de que le gustes de verdad, te permitirá llevar la voz cantante.

El comprometido

Esta persona ya está saliendo con alguien y no coquetea con los demás, o si lo hace es con fines amistosos. No es extraño que alguien que ya tiene pareja coquetee contigo, siempre y cuando busque una relación de amistad sin más aspiraciones. Esto se debe a que a cambio recibirá reconocimiento, afecto, estímulos, etcétera. Lo mejor que puedes hacer es mantener una conversación educada y demostrar interés, pero procura que no piense que buscas algo más.

Te parecerá extraño que haya incluido en esta lista a esta persona, pero, tras años de observar a individuos que intentaban ligar en vano con una persona comprometida, he descubierto que ésta a menudo es quien acaba presentando a otra que sí puede convertirse en tu pareja.

Detecta la disponibilidad desde lejos

Deducir si alguien está disponible no es tan difícil como parece. Puedes basarte en ciertas pistas, como la ropa o la pose, para descubrir dónde serán bienvenidos tus avances. Lo ideal es llegar a una conclusión desde lejos.

Ropa para impresionar

El hecho de que una persona se vista bien o mejor de lo habitual (en caso de que la conozcas) puede tomarse como un indicio fiable de sus intenciones. Si no la conoces, ¿te parece que está mejor vestida que quienes la rodean en su entorno social inmediato? Una respuesta afirmativa demuestra que se ha esforzado para sentirse bien consigo misma y para impresionar al resto de los presentes.

Pose

La pose de una persona puede decirte mucho sobre lo receptiva que se siente con respecto a tu acercamiento. Si te interesa una mujer, fíjate en si destaca las curvas de su silueta. Cuando una mujer siente interés por otra persona, cruza las piernas de forma que la punta del zapato se dirija hacia su objetivo, o bien hace oscilar el zapato en la punta del pie, como muestra la figura 6-1. En caso de que esté parada, reposará más sobre una pierna para que su figura parezca curvilínea. En el caso de los hombres, se erguirán cuan altos son y con las piernas separadas, probablemente dirigiendo los pulgares hacia la entrepierna, como indica la figura 6-1. Tanto los hombres como las mujeres echan los hombros hacia atrás para sacar pecho. Asimismo, pueden levantar la cabeza de forma que la garganta quede a la vista, ya que mostrar las partes vulnerables del cuerpo se considera provocativo.

Figura 6-1: Indicios de disponibilidad en un hombre y una mujer

Presumir

Una señal de disponibilidad consiste en juguetear con el pelo, como cuando los hombres se lo atusan y las mujeres lo ahuecan o se lo acarician. También son gestos muy sexuales: colocarse bien la ropa mirando a la otra persona, humedecerse los labios, mordérselos o pasarles la lengua, introducir un objeto o dedo en la boca o tocarse alguna parte del cuerpo (observa la figura 6-2). Al tratarse de un lenguaje corporal poco usual, consigue llamar la atención.

Exploración visual

Las personas disponibles suelen explorar el lugar en el que se encuentran para descubrir quién está disponible y quién está mirando. Para ello, observan todo con bastante detenimiento. En cambio, si ves que alguien recorre el lugar rápidamente con la mirada, lo más probable es que esté buscando a un conocido.

Figura 6-2: Gesto femenino con la boca

Descubre si alguien está interesado

Si has deducido que una persona está disponible, a continuación deberás asegurarte de que le interesas. Lo ideal es tantear el terreno a distancia para evitar un rechazo cara a cara.

Probablemente ya habrás establecido contacto visual y levantado las cejas (como explica el capítulo 7), por lo que ha llegado el momento de ir un poco más lejos. Capta su mirada, mantén el contacto visual durante cuatro segundos, lo suficiente para que la persona se asegure de que la estás mirando, desvía los ojos un instante y vuelve a mirar. Repite este proceso, pero ahora levanta las cejas y sonríe. Si la otra persona hace lo mismo, has tenido éxito.

Si la persona con la que coqueteas se coloca bien la ropa o juguetea con un collar o con el pelo (como en la figura 6-3), por poner un ejemplo, está indicándote su interés. Ahora ya puedes

Figura 6-3: Hombre arreglándose

iniciar tu acercamiento sin temer un rechazo. En el capítulo 7 encontrarás más información sobre cómo dar el primer paso.

La vía de las agencias o los anuncios de contactos

El sector de los contactos es un negocio en continua expansión que mueve millones de euros. En nuestra sociedad actual, en la que el tiempo libre escasea y las expectativas sentimentales son cada vez mayores, las agencias de contactos sacan partido del hecho de que a muchos no les apetece perder tiempo analizando a cada persona que conocen para descubrir si es lo que buscan. La ventaja de las agencias de contactos es que llevan a cabo una criba inicial y te ofrecen una selección de los candidatos que mejor se adaptan a tus aspiraciones.

Lee con atención los consejos del capítulo 19 para no correr riesgos.

Simple pero eficaz

En una ocasión colaboré en un programa de televisión en el que la presentadora y los participantes hablaban sobre el lenguaje corporal que se utiliza para ligar. Los participantes, un grupo de gente más bien joven, no creían que las miradas fueran la manera más eficaz de establecer contacto con la persona que te atrae.

En cambio, la presentadora, que había recuperado recientemente su soltería, les confesó que había seguido todos mis consejos y que, aunque sostener la mirada durante cuatro segundos podía parecer una estrategia barata, jamás le había fallado; por el contrario, le había dado muy buenos resultados.

Anuncios de contactos

Algunos periódicos todavía tienen una sección para entablar relaciones, que es ideal para quienes no desean invertir mucho dinero, y que quieren ir directamente a encontrar personas disponibles.

Analiza primero el tipo de lectores que compran cada publicación para hacerte una idea de los perfiles con los que te toparás. Si eliges uno que se adapte a tus intereses y valores, es más probable que conozcas a personas con las que tengas algo en común.

Responder a un anuncio

Muchos periódicos te permiten grabar gratis tu anuncio si llamas al número de teléfono que indican; pero te cobran si deseas responder a otros anuncios o si quieres consultar las respuestas al tuyo.

Ten en cuenta que un anuncio puede seguir publicándose aunque la persona que lo haya grabado ya no busque pareja. Por esta razón no debes preocuparte si le respondes pero no se pone en contacto contigo, ya que no puedes saber cuándo publicó su anuncio y si todavía consulta las respuestas.

La rana de sus sueños

Ernesto trabajaba en la universidad y, aunque lo había probado todo, desde las citas rápidas hasta las citas a ciegas, ninguna chica le parecía atractiva. Se quejó a la persona encargada de organizar las citas rápidas, que le ofreció una sesión gratis. Antes de comentar, los organizadores estudiaron a las participantes para asegurarse de que todas fueran atractivas y diferentes; pero ninguna de ellas pareció interesar remotamente a Ernesto. Por fin descubrieron que él no se esforzaba por coquetear con ninguna mujer a menos que tuviese la seguridad de que sería su pareja ideal. El organizador le explicó que tenía que besar a unas cuantas ranas hasta que alguna se convirtiera en la princesa de sus sueños, y que coquetear amigablemente es la mejor manera de conocer bien a una rana antes de ir más lejos. Ernesto decidió seguir su consejo y, en un abrir y cerrar de ojos, se vio rodeado de oportunidades para ligar. Además, su trabajo le permitía elegir entre numerosas profesoras y empleadas de la universidad. Se convirtió en todo un experto en el arte de seducir y no tardó en encontrar a la rana de sus sueños.

Mantén los ojos bien abiertos y aprovecha las oportunidades que se te ofrecen para demostrar tus dotes de seducción.

Cuando grabes tu mensaje o respondas a otro, intenta que tu voz suene atractiva. Puedes grabarlo dándole una entonación monótona para mejorar el sonido dinámico de tu voz. Aunque parezca ridículo, la calidad de estas grabaciones es tan baja que este tono hará que tu voz suene más normal.

Escribir un anuncio

Algunos periódicos ofrecen la posibilidad de publicar anuncios escritos, pero este servicio es de pago. Tú decides si te compensa o no. Además, ten cuidado de no confundirte con el apartado de los anuncios de prostitución.

Si te decides a escribir un anuncio, no intentes reinventar la rueda. Puedes inspirarte en el que te llame más la atención para redactar el tuyo.

Citas rápidas, resultados instantáneos

Las citas rápidas aparecieron por primera vez a principios del siglo XXI, lo que las convierte en un método para ligar relativamente reciente. Consiste en tener varias citas cortas, seguidas y en un breve lapso de tiempo, tras lo cual señalas en una tabla a las personas a las que te gustaría volver a ver. A continuación, el organizador de la sesión se pone en contacto contigo para comunicarte tus resultados. Las citas rápidas son una forma económica de tener muchas de éstas y en poco tiempo. En internet podrás encontrar información sobre el próximo encuentro de citas rápidas que se organice en tu ciudad.

Existen también encuentros de citas rápidas para destinatarios con características concretas y selectivas, como religión, orientación sexual, edad, ubicación geográfica, profesión y aficiones. Puedes tener la seguridad de que existe un grupo ideal para ti.

El principal atractivo de esta clase de citas es que te permite ir al grano. Otras ventajas son las siguientes:

- ✔ Te permite comprobar si os atraéis mutuamente.
- ✔ Puedes buscar cosas en común.
- ✔ Las reuniones de este tipo son económicas.
- ✔ Es poco probable que te rechacen de plano.
- ✔ No te comprometes a nada.
- ✔ Si una persona no te atrae, sólo debes pasar unos minutos con ella.
- ✔ El número de respuestas que recibas (es decir, el número de personas que correspondan a tu interés) será un indicio de tu poder de atracción.

Las citas rápidas se parecen a las entrevistas de trabajo en el sentido de que cuantas más hagas, más mejorarás.

Hace falta algo de preparación previa para aprovechar al máximo las citas rápidas. Infórmate sobre el tipo de ropa que debes llevar para no desentonar con la situación y dispone de algunas

¿A la segunda va la vencida?

Ángel quería recurrir a los servicios de una agencia, pero no conocía muy bien las opciones y optó por una que organizaba distintas actividades sociales. Cuando llegó, se dio cuenta de que había muchísimas más mujeres que hombres y todas parecían deseosas de conocerlo. Tuvo que soportar una sesión agotadora por la enorme competencia que había entre las mujeres y se sintió aliviado cuando por fin pudo marcharse. Ángel no tenía ni tiempo ni ganas de repetir aquel proceso, pero sí disponía del dinero suficiente para contratar a alguien que le buscara una pareja compatible.

Decidió que era mejor no precipitarse y pidió información a varias agencias sobre el perfil de mujeres que tenían en sus bases de datos y sobre el proceso que seguían para concertar citas. Le pusieron entonces en contacto con una cuidada selección de mujeres solteras para que quedase con ellas a un ritmo más relajado.

No te lances a la primera agencia de contactos con la que te topes. Encontrarás una solución más adecuada para ti, y para tu cartera, si estudias primero todas las opciones.

frases para romper el hielo (consulta el capítulo 8). Si sonríes mucho, mantienes el contacto visual y te comportas como eres realmente, la velada será inolvidable.

Agencias de contactos

Si hace algunos años ya recurriste a una agencia de contactos pero no tuviste suerte, vuelve a intentarlo, ya que el sector está cambiando constantemente. La evolución imparable de la tecnología y el aumento de la clientela de estos servicios han hecho que ahora sean otras empresas las que ostentan la mejor reputación y las que dirigen el mercado.

Si eliges una agencia adecuada, ahorrarás tiempo y dinero a largo plazo. Ten en cuenta que cuantos más servicios te ofrezca, más cara resultará. La siguiente lista recoge los servicios que puede incluir, desde los más caros hasta los más económicos. Estas prestaciones se organizan en torno a diferentes áreas:

✔ **Servicios de búsqueda de pareja.** Un agente personalizado encuentra la pareja ideal para ti.

✔ **Presentaciones personalizadas.** Un miembro de la agencia te presenta parejas potenciales.

✔ **Actos y actividades.** La agencia organiza reuniones sociales para solteros.

✔ **Comparaciones por ordenador.** Tus datos se introducen en una base de datos y un programa te empareja con una persona que presenta características e intereses similares.

✔ **Listas.** Recibes una lista con todos los clientes, o con algunos seleccionados, tanto cuando te das de alta como a intervalos regulares (mientras sigas perteneciendo a la agencia).

Puedes obtener más información en el sitio web de la Asociación de Agencias Matrimoniales de España (`www.anerema.es`) o en las páginas de las agencias particulares.

Capítulo 7

Hacer una entrada triunfal

- -

- -

Uno de los trucos más infravalorados pero eficaces que te enseñará este libro es la forma de hacer una entrada triunfal en un lugar. De este modo, en vez de encargarte tú de todo, permitirás que quienes estén alerta te contemplen en tu mejor momento y aumentarás así las probabilidades de atraer a más personas. Este capítulo te lo explica en detalle.

¡Tachán!

Las estrellas hacen entradas triunfales con una intención: captar la atención de todos los que están cerca. Si haces una entrada fabulosa, conseguirás que la persona a la que deseas impresionar se fije en ti y que todos los demás te miren. Puedes utilizar tu entrada para mejorar los resultados de tus intentos de seducción, pero también con fines profesionales. Una entrada con confianza impresionará a los clientes y a los compañeros de trabajo, por eso no dudes en utilizar esta estrategia siempre que puedas. Tu objetivo principal es destacar entre la multitud desde el mismo momento en que entras en un lugar.

Los siguientes pasos te serán de gran utilidad para hacer una entrada fulgurante, tanto si quieres ligar, como si buscas contactos laborales, puesto que es la forma más sencilla de atraer a otras personas:

✔ Comienza tu entrada con una pausa. No es muy elegante entrar dando golpes o tropezando.

✔ Utiliza esa pausa para erguirte con la espalda recta, echar los hombros hacia atrás, sacar pecho, meter estómago, levantar la cabeza y mirar hacia delante.

✔ Dirige tu mirada hacia la parte más concurrida de la sala y sonríe, aunque no conozcas a nadie. Si te ven sonriendo, pensarán que eres una persona popular y accesible, lo que provocará que te consideren alguien interesante con quien hablar.

✔ Avanza lentamente y con actitud escultural hacia la parte más concurrida de la sala, dando a todos la posibilidad de que te contemplen con todo detalle.

✔ Mantén contacto visual mientras recorres la sala. Las personas que te miran son las que sienten curiosidad o están disponibles.

Llama la atención con el lenguaje corporal

¿Crees que los *paparazzi* perseguirían a Brad Pitt y Angelina Jolie por la alfombra roja si se movieran como Homer y Marge Simpson? Es probable que no. Sólo llama la atención el lenguaje corporal que se sale de lo habitual. Los movimientos enérgicos y firmes demuestran confianza, lo que funciona como un afrodisíaco y un imán para atraer a otras personas (en el capítulo 5 encontrarás más información sobre la confianza). Entre la multitud siempre destacan las personas que transmiten un lenguaje corporal seguro y movimientos distintivos, así como aquellas que se mueven de manera diferente como consecuencia de una discapacidad.

Si hojeas una revista, te darás cuenta de que todos los famosos exhiben el mismo lenguaje corporal. Jamás verás a uno con los hombros caídos o la cabeza gacha, a menos que esté en horas bajas o lo hayan cazado los *paparazzi*. Tu lenguaje corporal parecerá el de una estrella si haces lo siguiente:

✔ **Mantén siempre la cabeza bien alta, con el cuello estirado y la vista al frente.** Esta pose transmite un aura de control, autoridad y sexualidad.

✔ **Echa los hombros hacia atrás y saca pecho.** Al exponer la zona del pecho (una parte vulnerable del cuerpo), estás invitando a la gente a que se acerque a ti. La imagen de tu pecho ejerce una poderosa atracción sobre los demás.

La ropa interior reductora puede mejorar la pose de hombres y mujeres. Estas prendas milagrosas reducen y resaltan la silueta al producir una figura firme, atlética y sexualmente atractiva. Además, eliminan los michelines, forman un culo respingón e incluso dan más elegancia al pecho en el caso de los hombres que utilicen camiseta interior. En internet encontrarás información sobre los efectos de la ropa interior reductora y las marcas que existen en el mercado.

✔ **Explora detenidamente la sala y no desvíes la mirada si te observan.** Si estudias cuidadosamente la sala demostrarás confianza y autocontrol al detenerte para explorar el entorno antes de elegir a la persona o grupo al que te dirigirás.

En las figuras 7-1 y 7-2 podrás ver las diferencias entre un lenguaje corporal normal y el lenguaje corporal de una estrella.

Cómo subir escaleras

No consideres las escaleras como un simple medio para llegar de un lugar a otro, sino como una fantástica oportunidad para deslumbrar a todos los presentes.

1. **Detente para serenarte antes de dar el primer paso.** Esta pausa es especialmente importante para las mujeres que lleven tacones.

2. **Calcula la distancia que separa cada escalón para asegurarte de que bajarás con soltura.**

3. **Apoya primero los dedos y luego la parte del talón.**

Figura 7-1: Lenguaje corporal normal

Figura 7-2: Lenguaje corporal de una estrella

¡Dejadme entrar!

Julio participaba en un congreso. Aunque se esforzaba por captar la atención de una asistente, no estaba teniendo nada de éxito. El primer día, mientras forcejeaba con la puerta del restaurante a la hora de comer, alguien la abrió desde dentro y Julio se cayó de cabeza, lo que provocó algunas risas disimuladas en las mesas. Para no llamar la atención, evitó pasar por el centro de la sala y se deslizó sigilosamente pegado a la pared, hasta que golpeó sin querer un carrito y todo lo que éste tenía encima cayó al suelo con gran estrépito. En aquel momento todos los presentes se pusieron a reír a carcajadas y, para humillación de Julio, empezaron a aplaudirle.

Decidido a no volver a pasar por la misma situación, Julio realizó un curso sobre lenguaje corporal; y en la siguiente conferencia tuvo una entrada más digna. Siempre que tenía ocasión de hacer una entrada triunfal, se detenía y se serenaba para conseguirlo. "¿Nos conocemos de algo?", le preguntó una mujer con una sonrisa coqueta. "Claro que sí", pensó Julio, pero no pensaba mencionarle su desastrosa entrada en el restaurante unos meses atrás. Además, de conseguir que la mujer que le había gustado en el congreso anterior se interesase por él varias personas se volvieron para mirarlo y jamás le faltó compañía.

No dejes pasar nunca una ocasión para hacer una entrada triunfal, ya que así aumentarás tus oportunidades para ligar.

4. **Mantén la cabeza bien alta (¡no mires hacia los escalones mientras bajas!).** Debes mantener la visión periférica alerta para vigilar lo que hay debajo de tus pies y detectar los posibles peligros, como alfombras, suelos resbaladizos, escalones irregulares, etcétera.

Antes de practicar lo que has aprendido, puedes ver una película antigua y fijarte en la forma en que Marilyn Monroe o los actores que encarnan el personaje de James Bond bajan las escaleras con una elegancia natural que deslumbra a los presentes. Sería perfecto que un amigo te grabe mientras bajas las escaleras, ya que así podrías analizar tus errores y perfeccionar tu estilo hasta parecer una estrella.

El secreto de Sandra

Sandra debía asistir a una cena de Navidad y, para sentirse más segura de sí misma, decidió ponerse un *body* que le cubría desde el busto hasta las rodillas. No era la ropa interior más sexy del mundo, pero realzaba su figura y aumentaba su confianza. Bajó elegantemente las escaleras del vestíbulo del hotel, dirigiendo la vista al frente y emanando confianza por todos los poros. A lo largo de la velada se le acercaron varias personas, y todas ellas la abordaron con la misma frase: "No pude evitar fijarme en ti cuando bajabas las escaleras…". Estaba claro que no le faltarían hombres entre los que elegir.

No olvides que incluso Marilyn Monroe usaba faja. Si utilizas ropa interior que te transmita seguridad y la combinas con una pose estudiada al bajar las escaleras, conseguirás atraer la atención de todo el mundo y que se deshagan en halagos.

Sitúate en los lugares más eficaces

Con tu lenguaje corporal de estrella (lee el apartado "Llama la atención con el lenguaje corporal", en este mismo capítulo) conseguirás llamar la atención, pero si te sitúas en los lugares correctos lograrás maximizar el efecto y convertirte en un imán para las personas que estén disponibles.

Las grandes estrellas no se mimetizan con la pared ni se ocultan detrás de una columna, sino que se colocan deliberadamente en los puntos centrales para mostrar su mejor perfil y ser visibles para todo el mundo. Por alguna razón los actores siempre se disputan el centro del escenario, ya que ese lugar les garantiza la atención de los focos y del público. Si quieres conocer el mayor número posible de personas, debes situarte en el lugar adecuado del espacio en el que te encuentres.

Elegir los puntos calientes

Un punto caliente es el lugar que te permite controlar lo que pasa y ser visible para el mayor número de personas.

Puntos desde donde se ven las puertas y otros lugares de paso

Cuando se hacen negocios, el mejor lugar de una sala es el más alejado de la puerta, pero desde el que ésta se ve bien; mientras que la posición menos ventajosa es justo detrás de la puerta, dándole la espalda. Numerosos estudios demuestran que las personas que se sientan de espaldas a la puerta (en reuniones de trabajo, en la oficina o en restaurantes) tienen la respiración más acelerada y sienten más ansiedad que las que se sitúan frente a la puerta.

En bares y discotecas, las personas solteras vigilan con un ojo la entrada y con el otro los aseos, ya que son las zonas con más actividad, de esta manera pueden observar a la gente en plena acción sin ser vistas. Las escaleras son también puntos calientes que hay que tener bajo control.

El origen de nuestra necesidad de mirar hacia la puerta se remonta a nuestro instinto de protección primitivo. Los habitantes de las cavernas solían sentarse de espaldas a la pared de la cueva, observando el fuego y la entrada para evitar los peligros. En la actualidad ya no debemos temer que nos ataque un tigre de dientes de sable, pero nos interesa informarnos sobre las idas y venidas de la gente.

Otros puntos calientes

Puedes encontrar un lugar privilegiado para casi cualquier situación. Veamos algunos ejemplos:

- ✔ **Siéntate junto al anfitrión en una cena.** Así demuestras tu posición privilegiada.

- ✔ **Sitúate al lado del invitado de honor.** Dado que los demás querrán captar la atención del invitado de honor, si te sitúas a su lado entrarás en el campo visual del resto y conseguirás que también te admiren a ti, ya que te reflejas en el poder de la otra persona.

✔ **Siéntate en la cabecera de la mesa.** Si ocupas este lugar de honor dejarás claro que tu estatus supera el de los demás y resultarás más interesante.

✔ **Colócate de espaldas a la ventana.** Si el sol entra por detrás de ti, te sumirás en la sombra y así podrás estudiar las expresiones de la persona que se sienta frente a ti, sin que ésta pueda ver la tuya. Esta ubicación es sumamente útil si deseas observar a alguien sin revelar demasiado sobre tu persona.

Lugares que debes evitar

Según donde te sitúes, puedes ser invisible o convertirte en el centro de atención. Debes evitar a toda costa los siguientes lugares:

✔ **Cerca de la pared de la sala.** De esta manera te mimetizas con la pared y te vuelves invisible para la multitud.

✔ **Detrás de la puerta.** En este lugar no puedes ver quién entra o sale; tampoco te verá nadie, ya que desaparecerás cada vez que se abra la puerta.

✔ **De espaldas al punto más concurrido de la sala.** El lugar más concurrido de la sala es donde se concentra la diversión. Si no ves lo que pasa allí y la gente no te ve, te perderás numerosas oportunidades para poner en práctica tus dotes de seducción.

✔ **En las esquinas.** A nadie le gusta que le arrinconen ni acercarse a una persona que esté en una esquina, por eso te conviene evitar estos lugares.

Saber cambiar de lugar

El punto caliente de un lugar a las ocho de la tarde puede ser diferente del de las once de la noche. Esto se debe a varios factores:

✔ **Cambios en la iluminación.** Cuanto más tenue sea la luz, más seductor resultará el ambiente. La luz de las velas, por ejemplo, es muy acogedora y favorece las relaciones sentimentales.

✔ **Menos cantidad de personas.** No te conviene quedarte en un espacio tranquilo, por lo que debes dirigirte a los puntos con más actividad.

✔ **Lugares de congregación.** Al entrar en un local, lo primero que hace la gente es dirigirse al guardarropa, después a la barra y, por último, al centro de la sala, tras lo cual se establece un movimiento constante. Prepárate para ubicarte estratégicamente y seguir este movimiento a fin de mantenerte en primer plano.

✔ **Niveles de ruido.** Un ruido de fondo con un volumen óptimo facilita las relaciones entre las personas y la conversación. Cuando hay demasiado barullo, es difícil hablar con alguien sin invadir su espacio. En cambio, un ambiente demasiado silencioso disuade a la gente de entablar conversación.

Si has salido con un grupo que sabe de antemano que te apetece ligar, te bastará asentir ligeramente con la cabeza para indicar que es hora de cambiar de lugar para seguir estando en el meollo de la diversión. En caso de que no puedas decírselo a tus amigos porque prefieres actuar con discreción, pon como excusa que quieres ir a los aseos para reubicarte. Utiliza tu radar para detectar a las personas interesadas en conocer a otra gente, para haceros compañía mientras exploráis el lugar en busca de posibles parejas.

Dar el primer paso

A estas alturas ya habrás perfeccionado tu pose de estrella y ya habrás encontrado los puntos calientes de la sala. Ahora podrías esperar a que alguien se fijara en ti, pero si quieres aumentar tus probabilidades de éxito, puedes tomar la iniciativa y dar el primer paso. De este modo, no sólo conseguirás que la persona a la que te acerques se sienta halagada, sino que serás tú quien lleve la voz cantante, ya que podrías perder la oportunidad si esperas a que los demás den el primer paso.

Utiliza las cejas

Las cejas son muy útiles para dejarle claro a una persona que te has fijado en ella a lo lejos, generalmente cuando te encuentras en una posición inmóvil en la zona social (1,2-1,8 metros, o algo más allá), o cuando pasas a su lado. El hecho de levantar las cejas puede interpretarse como un acercamiento de carácter no sexual que funciona para hombres y mujeres. Además, es un saludo que entiende todo el mundo, como un "hola" no verbal, y por eso puedes utilizarlo tranquilamente (excepto en Japón, donde sí tiene connotaciones sexuales).

Lo maravilloso de levantar las cejas es que la otra persona suele responder a este gesto (si lo detecta) y en su subconsciente quedarás registrada como una persona amigable y accesible. Como preámbulo a una sonrisa puedes levantar las cejas, ya que no es tan arriesgado como sonreír de oreja a oreja a alguien esperando a ver si te responde.

Si no obtienes respuesta cuando le levantas las cejas a una persona, puede que se deba a que estás demasiado lejos para que vea el gesto. Intenta acercarte un poco más, y si sigue sin responder, lo más probable es que no le intereses o que sea muy miope.

Si sólo levantas una ceja, en lugar de las dos al mismo tiempo, tu mirada podría parecer desde lasciva hasta crítica o recelosa. Para asegurarte de que causas una buena primera impresión, levanta ambas cejas.

Habla en el momento oportuno

Para aumentar al máximo tus probabilidades de éxito cuando intentes seducir a una persona, debes superar una serie de etapas antes de hablar con ella:

1. **Levantar las cejas.** Debes esperar a que la otra persona te responda.

2. **Sostener la mirada durante cuatro segundos.** Mantén contacto visual unos cuatro segundos, después desvía la mirada y vuelve a mirar. Si la otra persona sigue mirándote, es que está

interesada en ti. Puedes omitir este paso si estás intentando hacer nuevos amigos, en lugar de conseguir una cita.

3. **Sonreír.** Nadie puede resistirse a una sonrisa, y si la otra persona ha respondido favorablemente a los pasos anteriores, es muy probable que también lo haga a tu sonrisa.

Sólo después de haber completado este saludo no verbal puedes acercarte a la otra persona con una seguridad casi absoluta de que su reacción será positiva. Si te diriges a ella sin haber preparado el terreno, te arriesgas a que te rechace sin contemplaciones. En cambio, si no te responde favorablemente cuando le levantas las cejas o le sonríes, no corres ningún peligro, ya que no te estás jugando nada, y no tendrás que enfrentarte a un rechazo público.

Rompe el hielo

Muchas personas se preocupan exageradamente por lo que deben decir para romper el hielo cuando desean coquetear con alguien, ya que buscan frases inteligentes o enrevesadas que les hagan parecer más interesantes. De hecho, el momento de entablar una conversación es la fase del proceso de seducción que da más quebraderos de cabeza y que entraña un mayor riesgo de rechazo o de hacer el ridículo. Sin embargo, es posible reducir al mínimo este riesgo.

Cuando se habla de una "frase para romper el hielo" se hace referencia a la expresión que se utiliza para entablar conversación por primera vez con alguien. Si previamente le has dirigido un saludo no verbal con éxito, descubrirás que esta etapa es un mero trámite y empezar a charlar será como coser y cantar. En cuanto te mentalices de que debes centrarte en la etapa anterior al momento de romper el hielo, considerarás este trance desde otra perspectiva, liberándote de tu nerviosismo y tus temores, y te parecerá una fase más dentro de un proceso lógico, en lugar de un aterrador paso de gigante.

Existen tres tipos diferentes de frases para romper el hielo. Puedes elegir la que mejor se adapte a tu personalidad:

✔ **Frases del momento para romper el hielo (para la persona creativa).** Puedes utilizar estas frases si quieres inventarte una situación como excusa para romper el hielo. Por ejemplo, "hola, he quedado aquí con una amiga pero no la encuentro. ¿Por casualidad has visto a una chica rubia bajita con un vestido rosa?". Este enfoque es muy útil, ya que no se considera amenazador y le da una excusa a la otra persona para hablar contigo mientras esperáis a tu amiga (tanto si existe y se ha ido a los aseos como si te la has inventado).

✔ **Frases halagadoras para romper el hielo (para la persona segura de sí misma).** Si tu saludo no verbal ha recibido una respuesta muy favorable, puedes lanzarte a la aventura y atreverte con un piropo, como "me encanta tu sonrisa; permíteme que me presente". Este enfoque funciona cuando la otra persona ha demostrado una reacción calurosa a tu saludo no verbal. Además, con tu halago le estás confirmando que te parece atractiva.

✔ **Frases de presentación para romper el hielo (para la persona convencional).** Este enfoque es muy directo, quizás algo formal, pero en absoluto amenazador. Basta con que te acerques a la otra persona y le digas "hola, me llamo Maite; encantada de conocerte". Lo habitual será que la otra persona reaccione de forma educada.

Si tu trabajo te obliga a establecer redes de contactos, puedes practicar los pasos del apartado "Habla en el momento oportuno" y, a continuación, presentarte simplemente diciendo algo como "hola, me llamo Víctor; ¿te importa si me siento aquí?". Te sorprenderá descubrir lo fácil que es romper el hielo con un desconocido. Si estás de compras y ves a una persona que te atrae, puedes romper el hielo diciéndole "¿me puedes recomendar algún sitio por aquí cerca donde sirvan buen café?".

Las frases para romper el hielo son simples pretextos para empezar a hablar con alguien. Debes intentar que sean lo más sencillas posible para transmitir seguridad y para no infringir las convenciones indicadas en el capítulo 8; de este modo te asegurarás de que la conversación comienza y se desarrolla con naturalidad. También puedes practicar cuando coquetees amigablemente con alguien para mejorar la forma en que rompes el hielo, y aumentar tu confianza de cara a tus futuros acercamientos amorosos. En el capítulo 16 encontrarás más frases para romper el hielo.

Capítulo 8

Entablar conversación con absolutamente todo el mundo

En este capítulo

▶ Domina el arte de la conversación

▶ Da el primer paso

▶ Deduce si otras personas disfrutan con la conversación

ay quien se siente intimidado ante la idea de entablar conversación, sobre todo con una persona desconocida, y mucho más si le atrae. No te preocupes. Puedes conseguir que la mente en blanco, los balbuceos y las dudas sobre si tu conversación es amena o no sean cosas del pasado. Este capítulo te ofrece todas las herramientas necesarias para entablar conversación con todo el mundo, desde los vecinos con los que nunca has hablado hasta personas desconocidas que te encuentras por la calle o los compañeros de trabajo que te atraen. No reserves tu amena conversación sólo para coquetear, intégrala en tu vida y verás que nunca te faltarán amigos ni compañía.

Las convenciones de una conversación

Una conversación es simplemente la forma de conocer mejor a una persona y de que ésta te conozca mejor a ti. Tanto los psicólogos sociales como los antropólogos han estudiado nuestra

Una vida de perros

Lucía llevaba años viviendo en la misma calle, pero nunca había hablado con sus vecinos. Cuando un amigo le pidió que cuidara a su perro, descubrió de inmediato un círculo social a la puerta de su casa que jamás había creído que existiera. El protocolo aplicado al ámbito canino establece que debes saludar a todas las personas que veas con un perro y, después de cruzártelas varias veces, empezar a intercambiar información sobre la mascota, para acabar manteniendo una conversación más general. Lucía se dio cuenta de que también las personas mayores que paseaban sin perro participaban en este ritual. Tras dos semanas así, cada día deseaba que llegara el momento de saludar a las personas que tenían perro, y se dio cuenta de que cuanto más efusivo era su saludo, más risueña sería la respuesta de la gente. Cuando llegaba a casa después del paseo, se sentía contenta y animada y tenía una sonrisa en los labios.

Estos contactos aumentaron la confianza de Lucía y la ayudaron a entablar conversación de forma más espontánea con personas con las que normalmente nunca habría hablado, como vecinos y algunos compañeros de trabajo. En la actualidad, tiene un perro y también un novio bastante apuesto que conoció durante uno de sus paseos.

En todas partes puedes encontrar oportunidades para iniciar una conversación con un desconocido, aprovéchalas para aumentar tu confianza y ampliar tu círculo social.

forma de conversar, y aunque quizá tú opinas que te conviene causar sensación desplegando todo tu ingenio y tu vasta cultura, sus estudios demuestran que debes seguir las convenciones de una conversación cuando hablas con alguien por primera vez para que la relación empiece con buen pie.

Frases para entablar conversación

"Aquí me tienes, ¿cuáles son tus otros dos deseos?", me soltó un día un fogoso desconocido cuando menos me lo esperaba. No es la mejor frase para iniciar una conversación, pero por extraño que parezca tampoco es una de las peores. El objetivo de este tipo de frases consiste en que la otra persona se dé cuenta de que se trata de un intento de empezar a charlar. No hace falta que busques algo enrevesado; de hecho, es mejor que evites las frases típicas para entrarle a alguien hasta que tengas la experiencia suficiente. La mejor estrategia para iniciar cualquier tipo de conversación es hacer uso de la sencillez.

Evita utilizar expresiones negativas cuando hables con alguien por primera vez. Una actitud positiva resulta muy atractiva, empléala en tu provecho.

Usa frases sencillas

Después de dirigir tu saludo no verbal (mantener contacto visual, levantar las cejas y sonreír), debes optar por una frase sencilla como "hola, ¿te importa que me siente aquí?", que funciona tanto en una conferencia como en un bar. Esta frase puede parecer algo anticuada y sosa, pero obliga a la otra persona a hablarte, ya que estás haciéndole una pregunta. Muchas personas serán demasiado educadas para decirte que no, y tampoco lo harán si previamente te han levantado las cejas. Al verbalizar el "sí", están aceptándote también en un nivel subconsciente. En el capítulo 7 puedes obtener más información sobre cómo dirigir saludos no verbales y levantar las cejas.

Habla sobre el tiempo

Las conversaciones sobre el tiempo son habituales en todo el mundo, sobre todo en regiones desapacibles, pero también en lugares donde el tiempo es maravilloso, donde se adaptan los comentarios al clima. Si sacas este tema puedes parecer previsible, pero las mejores frases son aquellas a las que todos saben responder y que se interpretan sin lugar a dudas como un intento de charlar. Además, la otra persona no se siente presionada para dar una respuesta inteligente, por lo que es mucho más fácil conversar.

Cuando hace buen tiempo, es fácil empezar a hablar. Frases como "qué día tan bueno hace, ¿verdad?" o "¡estamos teniendo un tiempo espléndido!" son perfectas, positivas y en absoluto amenazadoras, y todo el mundo sabe instintivamente cómo responder. En caso de que haga mal tiempo, procura dar un giro a tu frase para no transmitir negatividad. Por ejemplo, sustituye "¡qué horror, no deja de llover!" por "¡los patos estarán encantados con este tiempo!".

En realidad, da igual qué frase elijas, lo importante es que has iniciado la conversación. Cuando sea la otra persona quien ha tomado la iniciativa, no olvides que debes seguir las convenciones y estar de acuerdo con lo que diga. Si respondes "preferiría que refrescara un poco" cuando te dicen "¿verdad que hace un día buenísimo?" sólo conseguirás desentonar. Es mejor que contestes "es cierto, tenemos un tiempo inmejorable, aunque no nos vendría nada mal un descanso de tanto calor", ya que así muestras tu acuerdo, y a su vez añades algo de información sobre tus preferencias.

Cuando se habla sobre el tiempo, la conversación puede derivar en innumerables temas, entre ellos las vacaciones: "Durante mis vacaciones en Nueva York hizo un tiempo buenísimo / malísimo. Me dediqué a la actividad tal y cual". Las conversaciones de este tipo no sólo te ofrecen la oportunidad de hablar sobre tu vida, sino que además atraen la atención de la otra persona, ya que a todos nos gusta oír hablar sobre las vacaciones.

Utiliza una sencilla frase sobre el tiempo todos los días para entablar conversación con alguien que no conozcas y verás como aumenta tu confianza para tomar la iniciativa.

Utiliza bien el humor

Muchas veces se cree que para mantener una conversación amena hace falta contar chistes; todos nos hemos visto en una situación en la que hemos tenido que aguantar a una persona que no paraba de contarlos sin dejar apenas tiempo para responder. En realidad, cuando cuentas un chiste, estás impidiendo que la conversación siga su curso natural. Además, si desperdicias ese valioso intervalo, de entre tres y cinco minutos, durante el que una persona se forma una opinión sobre ti, estarás perdiendo la oportunidad de descubrir lo que tenéis en común. No todo el mundo está dotado para la comedia, e incluso los cómicos profesionales practican durante horas. Aunque sus frases más divertidas suenen naturales y espontáneas, se han pasado horas ensayando. A menos que puedas llegar a ese grado de dedicación, evita contar chistes cuando acabes de conocer a alguien.

Una persona puede divertirse sin necesidad de reírse a carcajadas. Simplemente debes procurar que tu conversación sea interesante y verse sobre temas que permitan participar (hallarás más ideas en el capítulo 9).

 Si cuentas historias sobre experiencias personales que tengan un final gracioso o entretenido y que estén relacionadas con los temas que tratáis, conseguirás conectar de inmediato con la otra persona. No está mal contar algún que otro chiste cuando la conversación ya se ha animado, pero debe guardar relación con el tema y jamás debe ser vulgar o irreverente.

Evita las referencias a ex parejas

No cabe duda de que hay una buena razón para que ya no estés con tu ex pareja, de lo contrario seguiríais juntos. Si alguien se identifica contigo con motivo de tu ruptura, probablemente te aburrirá con su historia tanto como tú le aburres con la tuya. Hay un momento y un lugar para las historias de las ex parejas, pero definitivamente no es cuando estás intentando entablar conversación o coquetear.

 Huye de las personas que se ponen a hablar de su ex pareja justo cuando te conocen, porque esto significa que todavía no lo han superado o que se sienten atraídas por los malos rollos. Considera esta advertencia un golpe de suerte y busca a otra persona con la que coquetear.

Si alguien pretende que escuches la historia de su ex pareja, presta mucha atención para no caer en la trampa de convertirte en su paño de lágrimas. En cuanto te asigne el papel de mejor amigo o amiga, será prácticamente imposible que contemple la posibilidad de cambiar la relación que ha establecido contigo. Consulta en el capítulo 4 las razones por las que te conviene huir de una situación así.

Evita temas polémicos en la conversación

Procura evitar temas como el sexo, la religión y la política (a menos que seas monja, sacerdote o miembro de un partido político). Recuerda que cuando acabas de conocer a alguien, el objetivo de la conversación es conseguir que fluya y que os permita descubrir las cosas que tenéis en común. Los debates sobre temas polémicos pueden ofrecerte la ocasión de demostrar tus dotes oratorias, pero debes preguntarte si la otra persona querrá seguir hablando contigo después de que la hayas abrumado con tu interpretación de las razones socioeconómicas que subyacen a la recesión.

Evita los temas polémicos con una frase sencilla como "me parece muy interesante, pero nunca hablo de sexo / religión /

¿Cita o interrogatorio?

José Manuel se inscribió en una agencia de contactos, pero no conseguía superar la primera cita con las mujeres que le presentaban. El personal de la agencia intentó ayudarle a perfeccionar su técnica. Aparentemente lo hacía todo bien, pues recurría a temas de conversación interesantes y bien estudiados, pero se dieron cuenta de que el problema era la forma en que los abordaba. Había memorizado las cosas sobre las que pensaba hablar para no quedarse en blanco e introducía los temas con una serie de preguntas cerradas. Como resultado, las mujeres con las que salía se sentían como en un interrogatorio.

Al descubrirlo, José Manuel decidió cambiar su enfoque. Siguió manteniendo los mismos temas de conversación, pero recurrió a preguntas abiertas para plantearlos. En lugar de provocar respuestas monosilábicas y una actitud defensiva en su acompañante, estas preguntas daban lugar a que surgieran otros temas relacionados. Cada vez se sentía más seguro de sí mismo al conversar con mujeres y pronto consiguió una segunda cita. Empezó a utilizar también las preguntas abiertas en el trabajo y descubrió que así era mucho más fácil relacionarse con sus compañeros.

Utiliza preguntas abiertas siempre que sea posible para entablar una buena comunicación.

política antes de medianoche". Puedes aderezar esta estrategia con un poco de humor, por ejemplo recurriendo a una noticia que hayas visto en el telediario: "Hablando de temas de actualidad, ¿qué opinas de la rinoplastia de Tony Blair?".

Favorecer la comunicación

Para consolidar el proceso de seducción, es fundamental que facilites la comunicación aportando información personal e interesándote por las preferencias de la otra persona.

Domina el arte de las preguntas abiertas

Es muy importante que intentes conocer a la otra persona para que la comunicación fluya y, en general, para mejorar tus relaciones personales y profesionales. Si bombardeas a la otra persona con preguntas que requieren como respuesta "sí" o "no" (es decir, preguntas cerradas), no podrás hablarle sobre tu vida, algo crucial para que la otra persona descubra lo que tenéis en común. A todos nos gustan las personas con las que compartimos algo.

Si haces preguntas abiertas, conseguirás que la comunicación fluya con naturalidad. En lugar de recurrir a una pregunta cerrada como "¿verdad que hace frío?", opta por una pregunta abierta que requiera una respuesta más larga, como "¿qué te parece el tiempo que estamos teniendo?".

Las preguntas abiertas empiezan por "quién", "cuándo", "qué", "dónde", "por qué" y "cómo".

Pídele a un amigo o compañero de trabajo que cuente el número de preguntas abiertas y cerradas que formulas en una conversación normal. Proponte entonces el objetivo de hacer más preguntas abiertas cuando hables con alguien.

Elige un tema que interese a los demás

La comunicación resulta mucho más fluida si ofreces a los interlocutores la posibilidad de hablar sobre un tema que les interese. En lugar de dominar la conversación con tus gustos, presta atención a lo que dicen y tantea sus preferencias. El truco consiste en que te guardes unos ases en la manga basándote en los consejos que te doy a continuación.

Adapta tu conversación a las necesidades de la otra persona. El hecho de que a ti te interese la serie que está de moda o la alineación de tu equipo de fútbol no quiere decir que los demás lo encuentren tan apasionante como tú.

Se han llevado a cabo estudios que demuestran que las mujeres dicen más palabras al día que los hombres, lo que explica por qué les resulta tan fácil charlar sobre temas triviales. En teoría, parece que los hombres se interesan más por los hechos, y las mujeres, por los sentimientos. A continuación encontrarás una lista con temas corrientes que puedes investigar y utilizar para mantener una conversación fluida con un hombre o una mujer:

✔ Hechos de actualidad (desde las noticias de los informativos hasta un programa de entretenimiento de la tele).

✔ Temas, intereses y acontecimientos de la red social a la que pertenezcas (como Facebook, LinkedIn, MySpace, etcétera).

✔ El ámbito profesional.

✔ Destinos de vacaciones pasados o futuros.

✔ Gustos musicales.

✔ Intereses y aficiones.

Evita que la conversación se agote

Hace falta mucha práctica para saber cómo evitar que las conversaciones se agoten, pero en cuanto domines la técnica, nunca volverá a pasarte. Además de ser fundamental para tomar la iniciativa de la seducción, la estrategia de mantener viva una conversación es una forma excelente para tener ventaja sobre otros candidatos a un puesto de trabajo, ya que te permite informar al entrevistador sobre todo lo que debe saber de ti.

Aprovecha todas las oportunidades que se te presenten para hablar sobre tu vida, en función de la información que la otra persona haya compartido contigo; de este modo, la comunicación será más fluida y, además, ayudarás a que descubran todas las cosas que tenéis en común. Cuando a alguien se le da bien facilitar información sobre su persona, el otro tiene la sensación de que "hace años que se conocen".

Da respuestas detalladas

Analiza el siguiente diálogo: "¿Verdad que hace un tiempo buenísimo?", "sí, me encanta que haga calor. Hace poco fui por negocios a Denver, en Estados Unidos, donde el clima es ideal: calor en verano y frío en invierno. Además, el paisaje es impresionante". Esta respuesta detallada a la pregunta inicial no sólo revela que te gusta el calor, sino que tu trabajo conlleva viajar al extranjero. Así dejas la puerta abierta para que la otra persona te pregunte sobre tu profesión y los países que visitas. A cambio, tú puedes preguntarle a qué se dedica y si también viaja al extranjero. De este modo, os estaréis contando cosas personales y al mismo tiempo descubriréis lo que os une.

Si respondéis aportando información relevante (pero sin acaparar la conversación) y acabáis con una pregunta, la comunicación fluirá con naturalidad y no dejaréis de charlar.

Inspírate en el entorno

Inspírate en todo lo que te rodea para iniciar una conversación y mantenerla viva. Por ejemplo, si se oye música de fondo, puedes decir: "Me encanta esta canción. Estuve en un concierto de este grupo hace un par de años y fue increíble. ¿Has ido a algún concierto últimamente?". Si estás bebiendo algo, puedes utilizarlo como excusa: "Me encanta cómo huele este café. En mi opinión, no hay nada como una taza de café recién hecho. Por la mañana no me activo hasta que me tomo el segundo. ¿A ti qué es lo que más te gusta del café?". En cambio, si oyes el ruido de una cortacésped, puedes comentar: "El olor a hierba recién cortada me hace pensar en mi infancia, ¿no te pasa lo mismo? Durante una época viví en una granja, en Escocia, y este olor me recuerda mis vacaciones de verano". Fíjate bien en tu entorno y encontrarás a tu alcance innumerables temas de conversación.

Valorar las respuestas

Para saber si la persona con la que estás hablando siente interés por ti, debes analizar las respuestas que te da fijándote en la combinación de su lenguaje oral y su lenguaje corporal.

Sigue las pistas del lenguaje oral

Una buena estrategia para descubrir si alguien desea conversar o coquetear contigo consiste en estudiar su forma de expresarse, ya sea en el entorno laboral como en el social. Te resultará especialmente práctico analizar las pistas lingüísticas si todavía no sabes interpretar correctamente el lenguaje corporal o si necesitas otro indicador que lo confirme. La extensión, la personalización y la reciprocidad te darán todas las pistas que necesitas.

Analiza la extensión

La primera pista lingüística de la que dispones es la extensión de la respuesta que recibes. Si la respuesta es más corta que la pregunta, puede que la persona no esté interesada en seguir charlando, o bien tú debes esforzarte más para encontrar un tema sobre el que le apetezca hablar.

Por ejemplo, si le preguntas "¿has tenido un buen día hoy?", y te responde directamente "no", está dándote a entender que no debes seguir por ahí y que te conviene encontrar otro tema de conversación. Al hacer preguntas abiertas, evitas las respuestas demasiado cortas y facilitas la conversación.

Si la respuesta es igual de extensa que la pregunta, por ejemplo "podía haber sido mejor", está dispuesta a hablar contigo pero deberás encargarte tú de llevar la conversación.

En cambio, si la respuesta es más larga que la pregunta, estás en el grado superior de la escala de interés: "He tenido un día horroroso; lo mejor que me ha pasado ha sido verte a ti".

Intenta siempre que tus respuestas sean más largas que las preguntas para demostrar que te interesa mantener una conversación.

Análiza la personalización

La siguiente pista que debes buscar en una respuesta es la personalización. Las referencias como "yo", "a mí", "nosotros", etcétera, son ejemplos de personalización de una respuesta.

En el apartado anterior, la respuesta "podía haber sido mejor" no presenta ningún rasgo de personalización y no permite deducir fácilmente el grado de interés de la persona en proseguir la conversación. En cambio, si responde "he tenido un día horroroso; lo mejor que me ha pasado ha sido verte a ti", puedes percibir de forma muy clara que le apetece seguir hablando contigo.

En la dirección correcta

Gloria conoció a Julián en un acto social para crear redes de contactos profesionales. Su seguridad en sí mismo fue lo que la atrajo de inmediato. De hecho, se alegraba de haberse atrevido a hablar con él porque creía que su compañía era muy agradable y le encantaba la actitud tan positiva que Julián mostraba hacia todo. Esto le hizo darse cuenta de que no dejaba de menospreciarse a sí misma y que su actitud hacia el trabajo era muy negativa. Mientras estaba hablando con él, tomó la decisión de cambiar de actitud y dejar de ser negativa o demasiado modesta. Tuvo que concentrarse enormemente para conseguirlo, pero en cuanto modificó su forma de hablar se dio cuenta de que Julián demostraba mucho más interés por ella y por la conversación que mantenían, que no decayó en el resto del día. Julián le pidió su tarjeta y un par de semanas después la invitó a otro evento, en el que se dedicaron a trabajar incansablemente para establecer nuevos contactos profesionales, pero también a coquetear cuando nadie miraba.

Análiza la reciprocidad

Ésta es la última pista que estabas buscando. Si la reciprocidad, o el hecho de que también a ti te hagan preguntas, aparece combinada con una respuesta extensa y personalizada, no cabe duda de que has tenido éxito. Por ejemplo, "he tenido un día horroroso; lo mejor que me ha pasado ha sido verte a ti. ¿A ti te ha ido mejor?".

Tus preguntas no sólo te permitirán avivar la conversación, sino que indicarán a la otra persona que te interesa seguir charlando.

Reacción de espejo

Tus sospechas se verán confirmadas si la otra persona refleja tu comportamiento. La reacción de espejo consiste simplemente en copiar el lenguaje oral o corporal de otra persona. Si le interesas a alguien, probablemente reflejará tu forma de hablar, ya sean tus palabras, expresiones o entonación. Fíjate bien en sus respuestas para comprobar si su lenguaje imita el tuyo de alguna manera.

Reflejar el lenguaje oral de una persona es tan eficaz como copiar su lenguaje corporal y, además, influye en el subconsciente. Si no se te da muy bien el lenguaje corporal, puedes utilizar como arma secreta la estrategia de la reacción de espejo. Al emplear en tus respuestas las mismas palabras y expresiones de la otra persona, potenciarás la comunicación.

Sigue las pistas del lenguaje corporal

El lenguaje corporal que se emplea cuando se habla con una persona es diferente al que se utiliza en los pasos previos a entablar conversación. Este tipo de lenguaje, aplicable al entorno laboral y social, te revelará cuánto interés siente la otra persona por ti.

Analiza el contacto visual

El lenguaje facial es muy importante en distancias cortas (en el capítulo 10 hay más información al respecto). Uno de sus principales componentes es el contacto visual, que puede resultar muy revelador. Cuando una persona te escucha, también debería mirarte. El hecho de que mantenga contacto visual contigo o que lo aumente gradualmente es buena señal.

Cuando atraes a una persona, sus ojos se humedecen y parecen más brillantes o resplandecientes.

Los estudios demuestran que las pupilas se dilatan cuando se siente atracción por alguien. Sin embargo, no puedes basarte únicamente en este indicio, ya que las luces intensas hacen que las pupilas se contraigan, y que se dilaten en la oscuridad.

Ten en cuenta que, cuando una persona está hablando, reduce el contacto visual, por lo que no debes considerarlo como una señal negativa.

Analiza el movimiento de las manos

El contacto físico es una forma de hacer hincapié en un mensaje. Cuando una persona se siente atraída por ti, suele tocarse a sí misma para llamar tu atención sobre sus zonas más vulnerables (que tendemos a proteger), por ejemplo, jugueteando con un collar; o para demostrar que le gustaría que la tocases, por ejemplo, frotándose el brazo o el muslo, o bien tocándose la cara o los labios. La pareja de la figura 8-1 ilustra esta idea a la perfección, pues la mujer intenta llamar la atención sobre su escote y su muslo, mientras que el hombre se ha colocado la mano cerca de la entrepierna.

Figura 8-1: Las manos dirigen la atención

Perdona, ¿puedes repetir?

No hace falta que abandones una conversación simplemente porque no oyes bien. Basta con que te sirvas del lenguaje corporal y la cercanía para demostrar tu interés, ya que en ocasiones resulta mucho más sencillo y eficaz que esforzarse por hacer comentarios deslumbrantes.

Álvaro se encontraba en una boda y se esforzaba por oír lo que le decían, pero se lo impedía el ruido de fondo. No dejaba de pedirle a la mujer con la que hablaba que repitiera lo que había dicho, pero seguía sin entenderla. La conversación se hacía cada vez más difícil, por lo que decidió inclinarse para escucharla, aunque no fuera capaz de entender palabra, y deducir si se trataba de algo positivo o negativo según sus gestos y el tono de voz. Así consiguió reírse cuando era necesario y dar la impresión de que seguía su discurso. Al final, le preguntó si le apetecía ir a tomar una copa al bar y, para su alivio, comprobó que era un lugar más tranquilo y que podía oírla. Se sentaron juntos en un sofá y, esta vez, fue ella la que se inclinó hacia él. ¡Por fin comprendía a la perfección sus palabras y sus intenciones!

Analiza la postura del cuerpo

La postura de una persona puede revelarte si la conversación le interesa o no. Si se recuesta hacia atrás en el asiento y no te mira, es evidente que se aburre. En cambio, si se inclina hacia ti, está dejando patente su interés.

La próxima vez que te encuentres en un restaurante o un bar, fíjate en la postura de las personas que están conversando. Los amigos reflejan sus posturas cuando se inclinan para escuchar. ¿Eres capaz de distinguir sólo por su postura a dos personas que se hayan peleado o que no sientan interés la una por la otra?

La figura 8-2 ilustra una mala postura durante la conversación en el caso del hombre, que dificulta la comunicación, y una buena postura en el caso de la mujer, que transmite interés en escuchar al interlocutor.

Figura 8-2: Postura inadecuada del hombre y adecuada de la mujer para la conversación

Controlar los cambios de expresión

Aunque siempre hay personas más comunicativas que otras, es casi imposible sentir interés por una conversación y no cambiar la expresión. Si estás hablando con alguien que no se pierde una palabra de lo que dices, sus expresiones faciales reflejarán las tuyas, por lo que debes evitar fruncir el ceño. Puedes asentir e inclinar la cabeza, sonreír, mover las cejas, mantener contacto visual y pestañear para seguir los comentarios sin interrumpir el flujo de la conversación.

Si analizas a las personas con las que te gusta charlar, seguramente descubrirás que utilizan con eficacia las expresiones faciales. Piensa ahora en las personas con las que te incomoda o te cuesta trabajo conversar; lo más probable es que utilicen pocas expresiones faciales y que no se inclinen para escuchar. Por ello, debes ser consciente de tus cambios de expresión durante una conversación.

Una cara con ángel

Inma no entendía por qué la gente nueva que conocía era tan rara. A pesar de que era atractiva y simpática, las personas normales no querían relacionarse con ella. El problema de Inma era que nadie le había dicho que siempre ponía cara de pocos amigos. Esto se debía a que de pequeña era muy tímida y se había acostumbrado a mirar a los desconocidos frunciendo el ceño; y aunque habían pasado veinte años, seguía teniendo la misma costumbre. Muchas personas preferían no hablar con ella porque no cambiaba su expresión hasta que decidía si le caían bien o no. Sólo los bichos raros parecían no sentirse molestos cuando Inma los miraba así, y por eso se acercaban a ella. Inma se propuso esforzarse por sonreír cuando hablaba con desconocidos. Al principio le costó trabajo, pero cuando se dio cuenta del efecto instantáneo que tenía sobre la gente, logró que su sonrisa fuera más natural.

Las expresiones y el lenguaje facial positivos aumentan la variedad de personas con las que puedes hablar y te permiten mantener conversaciones más interesantes.

Capítulo 9

Ser interesante
y mostrar interés

¿Sientes un poquito de envidia cuando ves que a otras personas no les cuesta ningún trabajo ponerse a conversar animadamente con desconocidos? ¿A quién no le gustaría ser un hacha de la conversación? La presión que te impones para parecer interesante y charlar de forma estimulante puede ser enorme, tanto en el entorno laboral como en el social. Sin embargo, es posible invertir esta presión si te centras en mostrar interés por la otra persona. Sólo necesitas unas cuantas ideas, algo de investigación y una sutil dosis de halagos para que tu conversación brille con luz propia.

Mostrar interés

¿Alguna vez has mantenido una conversación con una persona que no paraba de hablar, sin dejarte otra opción que asentir y sonreír educadamente, y que al final te dijo que le encantaba tu compañía y tu conversación? En este caso, aunque casi no

La vida como un libro abierto

Alberto estaba buscando en Google el nombre de la chica con la que tenía una cita para obtener algo de información sobre ella y poder sacar algún tema de su interés en caso de que la conversación decayera. Por simple curiosidad, buscó también su nombre y se horrorizó al descubrir que el número de su tarjeta de crédito y su dirección aparecían en un sitio web fraudulento y que alguien se estaba haciendo pasar por él en Facebook. Además encontró las entradas que publicó en un foro sobre informática, lo que no le molestó en absoluto, pero también un comentario en un blog que no le hacía quedar muy bien y que prefería que nadie viera. Alberto dio parte del fraude de su tarjeta de crédito y de la usurpación de su identidad en Facebook y pidió al *bloguero* que eliminara su comentario. Después del susto inicial, logró encontrar información sobre la chica con la que había quedado, los lugares que había visitado en vacaciones, la música que le gustaba e incluso una entrada en un sitio web que le permitió deducir sus ingresos.

Si quieres conservar tu privacidad, ten mucho cuidado con lo que publicas en internet. Sin embargo, un poco de información sobre tus gustos puede atraer personas con ideas afines a las tuyas.

pudieras hablar, mostrabas un interés sincero por lo que te decía, lo que a su vez te hacía parecer interesante.

Investiga un poco

Si te informas de antemano sobre las personas con las que vas a hablar, tendrás una gran ventaja. Independientemente de que las conozcas en el ámbito laboral o social, hay muchos datos disponibles sobre la mayoría de las personas y las empresas para las que trabajan.

internet es fundamental para obtener esta información rápidamente y verificar las fuentes. Introduce en Google el nombre de una persona para ver si encuentras algo. Los motores de búsqueda son muy útiles para los negocios, ya que permiten descubrir todo lo que sea digno de mención sobre una persona o los cambios que se producen en su empresa. Las redes sociales como Facebook o LinkedIn, que reciben incluso más visitas que Google, rebosan información sobre sus usuarios. Te sorprendería descubrir todas las cosas y personas que tienes en común con cualquier otro habitante del planeta, del que sólo te alejan seis grados de separación.

Hay quien opina que llevar a cabo estas investigaciones es una especie de acoso, pero no pasa nada si indagas sobre una persona, siempre y cuando no se te escapen datos en su presencia que no te ha revelado.

Del mismo modo que tú puedes buscar información sobre otras personas, también la pueden buscar sobre ti. Cada vez se producen más suplantaciones de identidad en las redes sociales. Aunque no pueden introducirse en tu cuenta bancaria, es muy desagradable que se hagan pasar por ti, por ejemplo porque no controlas lo que les dicen a tus amigos. Si todavía no estás en Facebook o MySpace, plantéate al menos crear una cuenta, aunque sólo sea para evitar que suplanten tu identidad.

¡Alto el fuego!

Iñaki había quedado con Emma para tomar un café. Se había informado sobre la empresa para la que trabajaba y la organización benéfica en la que colaboraba, por lo que se deduce que mostraba interés por ella. Cuando Emma todavía estaba respondiendo a su primera pregunta, Iñaki se lanzó a hacerle la segunda. Por educación, interrumpió lo que estaba diciendo y empezó a contestar a su segunda pregunta. Iñaki siguió haciendo lo mismo una y otra vez, lo que molestó enormemente a Emma y le hizo pensar que no sentía ningún interés por lo que

le estaba contando, ya que no dejaba de cambiar de tema. Al final Emma acabó enfadándose, e Iñaki, que no tenía ni idea de que estaba causando esa impresión, se deshizo en disculpas. Cuando volvieron a quedar, Iñaki cumplió a rajatabla las tres sencillas convenciones de una conversación y todo fue de maravilla.

No se trata de bombardear a la otra persona con preguntas para que la conversación sea interesante, sino de facilitar la fluidez del diálogo. Sigue las tres normas básicas para charlar con naturalidad.

Una de las cosas que más nos gusta a todos es hablar sobre nosotros mismos. Utiliza la información que has recabado para dirigir la conversación cómodamente en la dirección adecuada y conseguir así que la comunicación sea fluida.

Cumple las convenciones

Debes respetar una serie de normas para que parezca que la conversación te interesa. Si sigues estas tres sencillas convenciones en cualquier conversación, ya sea al tratar con un cliente o al ligar en una fiesta, conseguirás que tus relaciones mejoren:

✔ **No hagas más de una pregunta a la vez.** No sólo desperdiciarás tu material, sino que confundirás a la otra persona y, como resultado, la conversación acabará antes.

✔ **Espera a que la otra persona conteste a tu pregunta.** No hay nada más molesto que una persona que responde por sí misma a la pregunta que hace o que intenta poner sus palabras en boca de los demás.

Mientras escuches la respuesta, fíjate también en la expresión de la cara. Si la respuesta es larga y percibes una expresión animada, te conviene seguir hablando de ese tema, sobre todo si puedes añadir una anécdota pertinente de tu cosecha. En el capítulo 8 se trata el asunto de cómo facilitar información personal.

Cuando le cuentes a tu interlocutor una experiencia similar a la suya, procura no machacar su historia, a menos que quieras malograr la comunicación. En caso de que no puedas compartir ninguna experiencia, pídele más detalles sobre lo que te ha relatado para añadirle intensidad y realismo.

✔ **No te salgas por la tangente.** Cuando sigues el tema de conversación, muestras interés; cuando te sales por la tangente, parece que no eres capaz de mantener una conversación o que no te interesa lo que te están diciendo.

La buena educación y el respeto de las convenciones mejoran enormemente la fluidez de la conversación. Es mucho mejor mantener una conversación larga y agradable que soltar unas cuantas frases ingeniosas que no van más allá. En el capítulo 8 encontrarás numerosos consejos para charlar con naturalidad.

Escucha más y habla menos

Muchas veces los profesores les dicen a sus alumnos que tienen dos orejas y una sola boca y que deben usarlas en esta misma proporción. Este consejo también se aplica a una conversación. Si no escuchas lo que te dice la otra persona, no sabrás qué responder o cómo hacerla avanzar.

En ocasiones, los presentadores de televisión con poca experiencia se limitan a hacer las preguntas establecidas sin explotar las respuestas de los entrevistados. En cambio, los que tienen larga trayectoria enlazan con naturalidad un tema con el siguiente porque prestan atención a las respuestas.

Si cuando estás conociendo a alguien hablas más de lo que escuchas, quiere decir que hablas demasiado.

Adapta las respuestas

Diversas investigaciones demuestran que los hombres se orientan más hacia los hechos y las mujeres, hacia los sentimientos. El departamento de ventas de cualquier empresa es consciente de esto, y por ello utiliza estrategias diferentes según el sexo para vender el mismo producto. Cuando busques temas de conversación, debes tener en cuenta que una persona interpreta el papel de vendedor y la otra, de comprador. Si sabes en qué suelen centrarse los hombres y las mujeres, podrás adaptar tu discurso a la persona con la que estás hablando.

Para mantener una conversación hacen falta dos personas, por lo que no debes asumir toda la responsabilidad. Sin embargo, si preparas algún tema, sentirás más seguridad y no te quedarás en blanco, una garantía de que la conversación se mantendrá a flote. Consulta los temas de conversación propuestos en el capítulo 8.

Ser más interesante

Quizá piensas que para ser más interesante debes hacer gala de un ingenio deslumbrante, pero no es así, ya que simplemente puedes parecerlo si te centras en los demás, tanto en sus palabras como en su lenguaje corporal. La clave para que te consideren interesante radica en mostrar curiosidad por lo que dice la otra persona. De este modo, no sólo parecerás simpática, atenta y agradable, sino que además aumentarás el interés que siente por ti, y conseguirás que desee saber más cosas sobre tu persona.

La mejor manera de halagar a alguien es imitándola, lo que además te permite aumentar su interés por ti sin que tengas que esforzarte demasiado.

Distingue los patrones de conversación

Todas las conversaciones tienen un patrón, que depende de la persona con la que hables. Por ejemplo, si hablas con tu abuela, sabes que la conversación será bastante lenta y que no habrá forma de interrumpirla cuando empiece a contarte una de sus historias. Con tu mejor amigo o amiga, la conversación será rápida y fluida, y con tu jefe, tranquila y comedida.

Sigue el progreso de la conversación

Cuando empiezas a hablar con alguien y todo va bien, la conversación pasa por varias fases. En realidad, charlar con una persona a la que intentas conocer se parece bastante a bailar al compás de la música que suena en una boda. En primer lugar, se oyen las canciones de siempre, que ya conoces, y que te ayudan a sentirte a gusto. A continuación, cuando la atmósfera se anima, descubres a qué personas les gustan las mismas canciones que a ti y te relacionas con ellas. Por último, comienzan la música romántica y la persona con la que llevas charlando toda la tarde se acerca más a ti con una actitud íntima. Si la ambientación pasase de la música clásica al jazz y después al hip hop, reinaría la confusión y la pista de baile se quedaría vacía. Lo mismo sucede con los temas de conversación.

Transmite una actitud positiva

El lenguaje puede cambiar la imagen que se tiene de alguien. Elige cuidadosamente tus palabras para parecer más interesante a los ojos de las personas a las que quieres impresionar. Para tener éxito, debes transmitir un pensamiento positivo.

Con una actitud positiva, mantendrás una postura abierta, un tono de voz agradable y una expresión atractiva y comunicativa (mira la figura 9-1). En cambio, un lenguaje negativo cerrará tu postura (es decir, cruzarás los brazos o las piernas) y tu voz se resentirá. A partir de entonces, la conversación empezará a apagarse.

Figura 9-1: Postura positiva

El lenguaje positivo influye profundamente en las personas con las que hablas, ya que reciben la energía que emanas y sienten deseos de proseguir la conversación. Además, así atraerás a otras personas de tu alrededor, que querrán hablar contigo.

Haz una lista de todas las palabras y expresiones negativas que sueles utilizar y busca frases positivas con las que sustituir-las. Tras un par de días sin negatividad, verás como te sientes mucho mejor. En la tabla 9-1 encontrarás algunas alternativas positivas a diversas expresiones negativas.

Intenta no menospreciarte al final de cada frase; de lo contrario, perderás todo tu atractivo y aburrirás a las personas con las que hablas.

Tabla 9-1: Alternativas positivas

Sustituye esto	Por esto
Temo el momento en que...	No puedo esperar a que llegue el momento de...
Fue un viaje horrible.	Fue un viaje muy peculiar pero lleno de acontecimientos.
Lo hice fatal.	La próxima vez lo haré mejor.
Me aburro.	Vamos a hacer algo divertido.
Odio...	Poco a poco me estoy aficionando a...
Tengo un problema.	Me enfrento a un reto.

Hacer que los demás se sientan importantes

A todos nos gusta sentirnos especiales. Por esta razón te conviene lograr que las personas se sientan importantes, sobre todo a la hora de coquetear, consolidar nuevas amistades y tener éxito

No hay problema

Hace poco firmé un contrato de *leasing* de un coche y todo lo que podía salir mal, salió mal. Cada vez que llamaba por teléfono a la agencia, el encantador encargado me respondía que todo se solucionaría enseguida. Tras un par de llamadas, me di cuenta de que nunca utilizaba la palabra "problema", a pesar de que yo los tenía a manos llenas gracias a su empresa. En lugar de eso, hablaba de "retos". Al final, cada vez que me decía "es todo un reto, pero lo arreglaremos", no podía evitar reírme. Me gustó su enfoque positivo y, desde entonces, he eliminado la palabra "problema" de mi vocabulario. Ahora, mi vida está llena de retos, y es mucho más agradable enfrentarse a ellos que resolver problemas.

en el trabajo. Afortunadamente, en todos estos contextos se utilizan las mismas habilidades, aunque en mayor o menor medida. Los tres siguientes apartados te sugieren estrategias para lograr que cualquier persona se sienta importante; el último de ellos te explica cómo conseguir que tus compañeros de trabajo, amigos y las personas que te atraen se sientan importantes.

Refleja el lenguaje de los demás

Una buena manera de facilitar la comunicación consiste en copiar el lenguaje de la persona con la que hablas. Basta con que te fijes en las palabras o expresiones más características de su discurso y que las uses. Si habla de su perro llamándolo "perrito" y tú utilizas esta palabra en tu respuesta, lo identificará como algo familiar y te tomará más cariño que si te refieres a su querida mascota como "el perro".

Si es el tipo de persona que "adora" hacer esto y "adora" hacer aquello, está claro que es muy apasionada. Adopta la misma actitud, o un enfoque similar, al elegir tus palabras para establecer un lazo afectivo con más rapidez.

Para obtener más información sobre la forma en que el lenguaje revela el interés que una persona siente por ti, lee el capítulo 8.

Reacción en cadena

Carolina y Miriam paseaban por la playa en un ventoso día que, considerando el desastroso verano que habían tenido hasta entonces, resultaba excepcional. En cierto momento de la conversación, Carolina hizo un comentario acerca del buen tiempo, a lo que su amiga respondió: "Esas nubes parecen cargadas de lluvia, probablemente caiga un chaparrón". A Carolina le molestó un poco esta reacción. "Qué negativa eres, ¿no puedes decir algo positivo, aunque sólo sea por una vez?", le reprochó. Miriam no pretendía ser negativa, simplemente se fijó en las nubes justo cuando Carolina expresaba su parecer acerca del tiempo y no hacía otra cosa que pensar en voz alta. A partir de entonces, Miriam se esforzó en evitar cualquier expresión que pudiera interpretarse como negativa.

Para lograr que la comunicación sea óptima, utiliza el mismo tono y forma de expresarse de la persona con la que hablas.

La próxima vez que hables con un buen amigo o amiga, fíjate en las palabras y expresiones que suele utilizar. Es probable que durante vuestras conversaciones adoptes su misma actitud, ya sea positiva, negativa o incluso indecisa.

Cede la palabra

Por lo general, a casi todas las personas les encanta el sonido de su voz y hablar sobre sí mismas; al fin y al cabo, es un tema que conocen al dedillo.

Si a una persona le das el espacio suficiente, encontrará las palabras necesarias para llenarlo. Esta estrategia cumple dos objetivos: obtienes muchísima información sobre ella, con lo que consigues una comunicación más fluida, y muestras tu interés, algo que resulta muy halagador.

Además de ser útil en el ámbito social, la estrategia de dejar hablar a los demás funciona a la perfección en el trabajo.

El ojito derecho del jefe

Cada vez que a Gema le apetecía escurrir el bulto en el trabajo, dejaba caer en la conversación uno de los temas favoritos de su jefe. Comenzaba así un monólogo de dos horas, acompañado de un café con galletas de chocolate, en el que el jefe tenía la oportunidad de hablar sobre su juventud en Noruega y su época como futbolista profesional. A Gema le interesaba bastante su jefe, pero también le gustaba pasarse alguna que otra tarde mano sobre mano.

Por mucho que lo intentara, Guillermo, un compañero de trabajo, no era capaz de descubrir el secreto de Gema para escurrir el bulto, pero el caso es que a él nunca se le había dado bien escuchar o dejar hablar a los demás.

Si buscas una conversación fácil, descubre la pasión de la otra persona y deja que hable sobre ella.

Cuando mantengas una conversación, no tengas miedo de dejar un hueco a los demás para contestar; cuanta más libertad les des, más información personal revelarán.

Pon en práctica tus habilidades

Si quieres sacar provecho de tus habilidades, debes ponerlas en práctica, ya sea para tener más éxito en el trabajo, hacer nuevos amigos o conseguir una cita. En este apartado aprenderás a hacerlo.

Mejora tu trayectoria profesional

Es aconsejable que hagas la prueba de afinar tus habilidades en el trabajo antes de ponerlas en práctica con la persona de tus sueños. Te sorprenderán los resultados, e incluso podrías conseguir de paso un aumento o un ascenso.

Para lograr que los demás se sientan importantes, utiliza las siguientes estrategias:

✔ Proponte tomar la iniciativa, ya que la otra persona se sentirá halagada si piensa que te has esforzado por acercarte a ella.

✔ Saluda siempre con efusividad para forjarte la reputación de persona simpática.

✔ Cuando alguien hable, asiente mientras escuchas, ya que así hablará el triple de tiempo.

✔ Sonríe mucho.

✔ Si en una reunión detectas que una persona está callada, pídele su opinión; así parecerá que te gusta consultar e incluir a los demás.

Pasarse de listo

Iván era muy inteligente y no toleraba la estupidez. Por desgracia, consideraba que la mayoría de las personas con las que trabajaba se caracterizaban por este rasgo. En las reuniones, transmitía una imagen severa al inclinarse hacia atrás en su silla y mirar por encima del hombro a los demás cuando hablaban. Si alguien ponía en duda lo que decía, les hacía morder el polvo. En realidad, el problema de Iván no era lo que decía, sino cómo lo decía, porque conseguía que sus compañeros se sintieran como unos idiotas.

Finalmente, su jefe lo llamó aparte y le dijo que cambiara su comportamiento. En lugar de interrumpirlos para decirles que estaban equivocados, debía dejarles hablar y, después, responder sin agresividad. Al principio, a Iván le molestaba tener que proceder de esta manera, ya que las reuniones se eternizaban. No obstante, se dio cuenta de que conseguía los resulta-dos que buscaba, aunque su popularidad seguía por los suelos. Su jefe lo animó a no abandonar este nuevo enfoque, porque los cambios tardan en hacer efecto. Poco a poco, los compañeros de Iván empezaron a verlo con otros ojos: lo escuchaban cuando intentaba persuadirlos de que su método era más eficaz y solían estar de acuerdo con él. Su jefe constató que Iván había aprendido a respetar a los demás y le ofreció un ascenso.

En ocasiones, puedes pensar que es inútil hacer las cosas de otra manera para conseguir los mismos resultados. Sin embargo, si logras que los demás se sientan bien, dejando ver que los escuchas y los aprecias, mejorarás tu reputación. Ten paciencia, ya que los cambios de actitud tardan en hacer efecto. No abandones los cambios que has hecho en tu comportamiento hasta obtener la respuesta que buscas.

✔ Cuando alguien diga algo con lo que estás de acuerdo, házselo saber.

✔ Halaga con sinceridad a los demás tantas veces como desees.

✔ Agradece a tu superior su ayuda y consejo.

✔ Ofrécete para hacer las cosas que los demás no quieran hacer, pero no siempre.

Cultiva las amistades

A medida que pasan los años, cada vez es más difícil hacer nuevos amigos, pues no se presentan las mismas oportunidades que en el instituto o la universidad. Las personas que practican deportes grupales tienen más ocasiones de conocer gente

Más sola que la una

Los dos hijos de Victoria ya iban a la escuela, y muchas madres con las que se topaba a diario en el colegio habían empezado a trabajar de nuevo. Se sentía bastante sola y tenía la impresión de que no se le presentaba la ocasión de conocer a gente nueva. En realidad, estaba equivocada, ya que se encontraba con numerosas personas a lo largo del día, (dueños de perros, compañeros del gimnasio y otras madres a la entrada de la escuela). Victoria decidió entonces tomar la iniciativa y poner en práctica su estrategia para cultivar amistades. Empezó a hablar con las personas de más edad que paseaban tranquilamente al perro y descubrió que también eran buena compañía, y que la diferencia de edad no tenía ninguna importancia. En el gimnasio, le sonrió a una mujer y, cuando

ésta hizo lo mismo, se pusieron a charlar. Tras un par de semanas, empezaron a quedar con frecuencia para tomar café. Habló con algunas madres de la escuela y les propuso reunirse para tomar algo una vez a la semana. Poco a poco los niños se fueron haciendo amigos y las madres, acompañadas de sus hijos, quedaban también los fines de semana. Al tener tantos nuevos amigos, Victoria dejó de depender tanto de sus amistades más antiguas, e incluso pudo cortar la relación con una amiga con la que ya no se llevaba bien.

En un primer momento, puede resultarte difícil tomar la iniciativa para conocer a otras personas y mostrar interés por ellas, pero en cuanto te acostumbres, nunca perderás la práctica y te resultará mucho más sencillo de lo que habías pensado.

nueva, pero si tienen un hijo, trabajan o acaban de trasladarte a otra ciudad, la vida puede ser muy solitaria. Si utilizas tus dotes de seducción con las personas nuevas que conozcas, no sólo conseguirás ganártelas, sino que te prepararás para deslumbrar a tu pareja. Únicamente debes tener en cuenta una regla básica cuando busques amistades: si respira, puede convertirse en tu amigo o amiga.

Sigue estos consejos para cultivar nuevas amistades:

✔ Aprovecha cualquier oportunidad para hablar con desconocidos, saludando con una sonrisa y transmitiendo una actitud positiva.

✔ Muestra interés por lo que te digan y pregúntales su opinión, aunque el tema no te apasione.

✔ Asiente para demostrar que estás de acuerdo cuando te hablan.

✔ Halágales.

✔ No aproveches la primera ocasión que se te presente para escabullirte y hazles saber que te encantaría que os volvieseis a encontrar.

Mejora tus dotes de seducción

Es muy fácil conseguir que otra persona se sienta importante cuando coqueteas con ella, sobre todo si le atraes. Si sigues los consejos de este apartado, alimentarás tanto su ego y le harás sentir tan especial que te demostrará un afecto espontáneo, incluso si todavía no se ha dado cuenta de que le atraes.

Hacer que alguien se sienta el centro de tu universo, aunque sólo sea mientras dure la conversación, es una estrategia muy poderosa. Para ello, debes permanecer en silencio mientras hable, evitar las interrupciones y responder siempre con una experiencia personal sobre el tema que acaba de mencionar. Asimismo, recuerda que debes:

✔ Sonreír.

✔ Mirar a los ojos.

✔ Asentir mientras habla.

✔ Estar de acuerdo con lo que dice.

✔ Halagar, halagar y halagar.

Quizá te parecerá una estrategia demasiado evidente, pero funciona.

Si te tocas la cara con una mano estarás mostrando interés, pero si apoyas por completo la cabeza sobre la mano parecerá que te aburres y que el tema no te interesa. Mira la figura 9-2 para comprender la diferencia. Las mujeres adoptan esta pose con más frecuencia que los hombres, quienes suelen meterse en el territorio de una mujer extendiendo el brazo por encima de la mesa o apoyándolo sobre el respaldo de su silla.

Si sonríes obtendrás una reacción muy positiva, pero no es necesario que imites al gato de Cheshire. Una ligera sonrisa con los labios cerrados, con las comisuras de los labios orientadas hacia arriba de forma que las mejillas se alcen un poco y se formen unas pequeñas arrugas en los ojos, hará que parezcas una persona que sabe escuchar.

Usar bien los halagos

Los halagos son una forma, aceptada en todo el mundo, de demostrar que te gusta una persona o un aspecto concreto de su carácter. No hay nada más tranquilizador y reconfortante para la confianza que un piropo sincero. A muchas personas no

Figura 9-2: Mujer cautivada (izquierda); mujer aburrida (derecha)

Los amores reñidos no son los más queridos

Un día que estaba de visita en casa de unos amigos, Mario conoció a Inés. Al principio se comportó con mucha educación, pero a medida que se sentía más cómodo, empezó a soltarle piropos que rozaban lo soez. Inés no tenía ni idea de qué había hecho para ofenderlo. En un momento en que se fue al baño, los amigos de Mario aprovecharon para preguntarle por qué se estaba comportando como un idiota. El caso es que creía que lo estaba haciendo bastante bien y no se había dado cuenta de que sus bromas ofendían a Inés. "A lo mejor así consigues impresionar a los jugadores de un equipo de rugby, pero no funciona con las mujeres", le reprochó la anfitriona. Mario cambió de actitud y se comportó correctamente con Inés durante el resto de la velada: la escuchaba con atención cuando hablaba, expresaba su acuerdo con sus comentarios y la halagaba cuando correspondía. Aunque al principio esto desconcertó a Inés, acabó sucumbiendo a sus encantos.

No impresionarás a nadie si adoptas una actitud despreciativa, aunque sea en broma. Sé agradable e intenta que la persona con la que hablas se sienta importante si quieres ganártela.

les gusta halagar a los demás, ya que creen que de este modo descubren sus intenciones y son más vulnerables al rechazo. Un halago no debilita tu posición, más bien al contrario; de hecho, con una sola frase halagadora, puedes consolidarla.

Si todos nos propusiéramos lanzar un par de halagos al día, el mundo sería un lugar más acogedor y feliz. Piensa en todas las veces que te habías formado una opinión negativa de alguien, pero cambiaste el concepto que tenías en cuanto oíste que te elogiaba.

Cualquier cosa puede ser objeto de halago, desde la forma de trabajar de una persona, hasta la manera en que te trata o su aspecto, por eso no tienes excusa para no adoptar el hábito de halagar.

También es un arte saber recibir un halago. Si sólo mascullas un agradecimiento, lo más probable es que no vuelvas a recibir

La viuda alegre

Lidia era viuda y no tenía previsto volver a casarse, pero no le faltaban pretendientes, ya que todos los hombres la adoraban. Sus amigas se fijaron en lo que hacía y se dieron cuenta de que no podía ser más sencillo. Su táctica consistía en mirar a los ojos a la persona con la que hablaba y sonreír de oreja a oreja cuando decía algo gracioso. Tampoco escatimaba halagos y salpicaba la conversación con comentarios del tipo "qué inteligente eres" o "siempre me haces reír". Esta estrategia sencilla, pero brillante y espontánea, era la prueba de que Lidia poseía unas dotes de seducción innatas.

Las soluciones más simples, las más intuitivas, suelen ser las mejores. Si muestras simpatía e interés por los demás y procuras que se sientan especiales, lograrás mejorar tus habilidades con un esfuerzo mínimo.

otro de esa persona; mientras que si lo rechazas, demostrarás poca educación e insultarás a quien te alaba. En cambio, con una actitud tímida y modesta parecerá que te falta confianza; acepta el halago con elegancia para conseguir el mejor efecto posible.

Pronuncia el halago perfecto

Del mismo modo que las frases para entablar conversación no deben ser rebuscadas, tampoco los halagos deben serlo. Si no tienes la costumbre de halagar, lo mejor es que recurras a una frase sencilla.

Según parece, los halagos más habituales suelen incluir el verbo "gustar" o el adjetivo "bonito", por lo que una frase como "me gusta tu reloj" o "qué vestido tan bonito" funciona a la perfección.

Es muy importante que tus lisonjas sean sinceras. Si no crees en lo que dices, la otra persona se dará cuenta. Por otra parte, si te da vergüenza halagar, evita gestos jocosos como levantar una ceja, asentir con la cabeza o guiñar un ojo, ya que podrían

considerarse una muestra de cinismo y provocar el efecto
opuesto al que buscabas.

Dirigidos a las mujeres

Por lo general, las mujeres invierten mucho tiempo en su aspecto, pues se esmeran en el peinado, el maquillaje y la ropa.
Si adviertes que una mujer ha hecho un esfuerzo especial o ha
cambiado su aspecto, tendrás mucho más éxito si la halagas
por esto en particular que por cualquier otra cosa más general.
Pero los reconocimientos no deben limitarse necesariamente
al sexo opuesto. Si constatas una mejora en tu superior, alguien
del barrio, tus amistades o cualquier persona con la que sueles
encontrarte por la calle, no dudes en decírselo.

Dirigidos a los hombres

Los hombres aceptan los halagos mucho mejor que las mujeres,
pero no reciben tantos. Por esta razón, si lisonjeas a un hombre,
es mucho más probable que se fije en ti. Puedes centrar tus
halagos en infinidad de cosas, como sus objetos personales, su
equipo favorito o su aspecto físico. Procura adularlos sobre algo
que a ti también te interese para poder iniciar una conversación.

Por ejemplo, yo siempre alabo a los hombres que huelen especialmente bien, lo que les sorprende muchísimo. Puedes recurrir
a una frase como "me encanta tu loción para después del afeitado, ¿qué marca es?" para comenzar un debate sobre vuestros
aromas preferidos.

Dirigidos a los compañeros de trabajo

En la oficina se te presentan innumerables oportunidades
que seguramente todavía no has explotado. En lugar de fijarte
tanto en el aspecto de tus compañeros, puedes centrarte en
la profesionalidad de alguien o en las relaciones que se han
establecido en la oficina. No hay persona a la que no le guste
saber que ha hecho un buen trabajo y que es apreciada, independientemente de si te atrae o si la consideras como alguien
más de la oficina. Procura comenzar tus frases con los reconocimientos indicados a continuación para dar más chispa
a las relaciones que mantienes con tus superiores, compañeros, proveedores y clientes:

Al rojo vivo

Teresa llevaba poco tiempo trabajando en una empresa. Era un poco tímida, pero procuraba transmitir seguridad y parecía que esto funcionaba. Las cosas se torcieron cuando el compañero que le gustaba la felicitó por su nuevo corte de pelo. En ese mismo instante, se puso a mirar al suelo y, temblando y balbuceando, respondió (roja como un tomate) que no era nada del otro mundo, aunque en realidad estaba muy orgullosa de cómo le quedaba. La conversación llegó entonces a punto muerto. "Lo siento mucho, no pretendía hacerte sentir incómoda", se disculpó su compañero antes de desaparecer, abochornado por haberla molestado.

Teresa sintió tanta rabia por su propia reacción que practicó cómo lanzar halagos y cómo recibirlos, sencillamente dando las gracias. Poco después se sintió preparada para recibir piropos, pero pasaron varias semanas y su compañero no le había vuelto a dirigir la palabra. Entonces, cuando él se cortó el pelo, Teresa pensó que podía aprovechar la ocasión para devolverle el halago. Su compañero lo aceptó con una sonrisa, charlaron un poco y la invitó a tomar un café.

✔ "Me encanta la forma en que consigues…"

✔ "Qué sería de nosotros sin tu ayuda para…"

✔ "Valoro sinceramente tu opinión sobre…"

Dirigidos a los amigos

Los amigos son las mejores personas con las que puedes practicar los halagos, ya que apreciarán tu gesto porque saben que no vas con segundas. Los halagos que recibes de tus amistades son mucho más importantes que los que recibes de desconocidos. Proponte halagar a tus amigos sobre algo diferente cada vez que los veas. Puedes utilizar frases como "me alegra que nos hayamos encontrado" o "hablar contigo me pone de buen humor".

Acepta los halagos con elegancia

Para tener éxito en el juego de la seducción, es crucial que aprendas a aceptar los halagos. Si los ignoras o si te mueres de vergüenza cada vez que alguien te alaba, es poco probable que la situación se repita, e incluso podrías hacer que los demás se sintieran incómodos. Para aceptar con elegancia un halago, basta con dar las gracias mirando a los ojos.

Por ejemplo, si alguien alaba el modelo que llevas puesto y respondes "es viejísimo, lo he rescatado del fondo del armario", sólo conseguirás echar por tierra su intento de ser agradable contigo. Como resultado, tendrás que doble trabajo para que la conversación vuelva a la normalidad.

Tampoco es buena idea mostrar timidez al recibir un halago, ya que parecerá que no sientes seguridad, y si tienes tendencia a ruborizarte acabarás como un tomate.

Nunca rechaces un halago, pues podría parecer que estás rechazando a la persona que te lo propicia. Si quieres coquetear con tranquilidad, te conviene tener una respuesta preparada y aceptar los halagos sonriendo sin dejar de mirar a los ojos.

Parte III

Comunicarse bien con el lenguaje corporal

"NO SOY EXPERTA EN LENGUAJE CORPORAL, PERO DIRÍA QUE AQUEL TIPO QUIERE QUE TE FIJES EN ÉL."

En esta parte...

Estos capítulos te ayudarán a comprender a la perfección el lenguaje corporal. Aprenderás a emitir
las señales correctas para que se fijen en ti y a interpretar las que recibes. También hallarás los trucos secretos que utilizan los hombres y las mujeres, y así podrás
mejorar tus dotes de seducción.

Capítulo 10

Emitir las señales correctas

En este capítulo

▶ Conoce a fondo el lenguaje corporal

▶ Comprende el espacio personal

▶ Domina el lenguaje facial

▶ Utiliza las manos para seducir

▶ Adopta una pose provocativa

*L*a seducción suele ser un proceso no verbal, ya que es el cuerpo el que expresa las intenciones. Aunque te parezca extraño, el lenguaje corporal, el aspecto y el tono de voz influyen mucho más en la impresión que causas que las palabras que pronuncias. La cuestión es: ¿eres consciente de tus habilidades no verbales? ¿Qué imagen transmites en tus procesos de comunicación cotidianos, como reuniones, conversaciones personales, presentaciones y coqueteos? ¿Tu comunicación no verbal mejora tu mensaje o lo desluce?

Este capítulo trata sobre el modo de emitir las señales correctas a cualquier persona a la que desees seducir. En el capítulo 11 encontrarás todo lo necesario para seguir progresando, así como indicaciones para detectar las pistas en la otra persona que te animarán a llevar adelante tus coqueteos. Para conocer mejor las diferencias entre los hombres y las mujeres en el arte de seducir, consulta el capítulo 12.

Comprender la importancia del lenguaje corporal

Una vez que hayas dicho y hecho lo correcto, tu lenguaje facial y corporal se encargará del resto. Además, te dará las pistas necesarias para descubrir si están intentando ligar contigo o para revelar lo que sientes por una persona sin tener que decir ni una palabra.

El lenguaje corporal y la primera impresión

Como muestra la figura 10-1, el lenguaje corporal, el aspecto y el tono de voz determinan más del 90 % de la primera impresión. Las palabras sólo constituyen un escaso 7 % del impacto que causas. Sin embargo, si eres como la mayoría de las personas, lo más probable es que te preocupes enormemente por tus palabras, en lugar de centrarte en la manera en que las dices o en la comunicación no verbal.

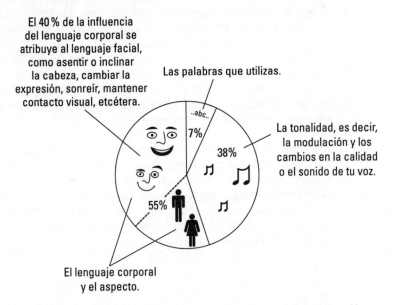

El 40 % de la influencia del lenguaje corporal se atribuye al lenguaje facial, como asentir o inclinar la cabeza, cambiar la expresión, sonreír, mantener contacto visual, etcétera.

Las palabras que utilizas.

La tonalidad, es decir, la modulación y los cambios en la calidad o el sonido de tu voz.

El lenguaje corporal y el aspecto.

Figura 10-1: Análisis de los elementos que determinan la primera impresión

La figura 10-1 muestra que los aspectos presentes en mayor proporción requieren toda tu atención para lograr una influencia óptima. Por esta razón, resulta evidente que necesitas un cambio radical para mejorar tus dotes de seducción.

Para que una persona cambie la primera impresión que se formó de ti, hacen falta hasta 21 encuentros. Puesto que podrías no tener la ocasión de encontrarte 21 veces con alguien, debes causar la mejor impresión posible desde el primer momento.

La influencia del lenguaje corporal

Para causar buena impresión, no sólo debes ser capaz de emitir las señales correctas (contacto visual, pose atractiva, cercanía, sonrisas, etcétera), sino que es imprescindible que sepas interpretar el lenguaje corporal. Si quieres mejorar tus relaciones sociales, laborales y sentimentales, te conviene aprender a interpretar el lenguaje corporal de los demás.

¿Crees que dominas el lenguaje corporal? Para descubrirlo, aprovecha un día que estés en una reunión o en una cena y observa a las personas que te rodean. Intenta descubrir quién le cae bien y mal a cada persona, quién tiene una aventura, quién es el más y el menos dominante de la sala y quién tiene más y menos probabilidades de que lo interrumpan. Si te interesas por las personas y por su comportamiento, tendrás a tu alcance numerosas pistas de gran utilidad.

Lee el capítulo 11 para obtener más información sobre cómo leer e interpretar el lenguaje corporal.

Las distancias apropiadas

Una habilidad fundamental consiste en saber situarse con respecto a los demás, puesto que la cercanía puede facilitar o frustrar un encuentro. Si estás demasiado lejos, perderán el interés en ti por la falta de conexión; en cambio, si te acercas demasiado, los asustarás al invadir su espacio.

La estrategia del avestruz

Ricardo trabajaba en un departamento informático en el que predominaban los hombres. No se le daba muy bien el sexo femenino, por lo que compró un libro, escrito por un conocido donjuán, se lo aprendió al pie de la letra y empezó a aplicar las reglas meticulosamente. A su porcentaje de éxito nulo se añadió la humillación de recibir alguna que otra bofetada y la expulsión de una discoteca. El problema era que Ricardo no se daba cuenta de que para ligar hacen falta dos personas; no basta con ponerse a coquetear y esperar que funcione. Afortunadamente, un día encontró un libro sobre lenguaje corporal que no sólo le descubrió que era posible deducir lo que pensaba una persona, sino que podía influir en la situación adaptando su propio lenguaje corporal. Empezó a practicar entonces con sus compañeros de trabajo. Dejó de comunicarse con ellos por correo electrónico y optó por hablarles en persona, para así analizar sus respuestas basándose en sus reacciones. Finalmente utilizó con las mujeres sus nuevos conocimientos sobre el lenguaje corporal y descubrió que no le hacía falta recurrir a frases manidas para hablar con ellas.

Si quieres tener éxito a la hora de ligar, asegúrate de que utilizas el lenguaje corporal correcto y presta atención a las reacciones de tus interlocutores.

En el proceso de seducción, el uso del lenguaje corporal correcto, pero con la cercanía incorrecta o en el momento equivocado del proceso de seducción puede ser fatídico. El siguiente apartado te explicará cómo alcanzar el lugar en el que deseas estar y qué hacer una vez que llegues allí.

Mantén la cercanía correcta

Cada uno de nosotros se mueve en su territorio o espacio personal, que se puede definir como la burbuja de aire que estamos acostumbrados a tener entre nosotros mismos y los demás. Aunque existen estudios que aportan una idea general de la extensión de los diferentes espacios (detallados en la siguiente lista y en la figura 10-2), debes observar con atención las indicaciones sutiles que emita la persona con la que deseas conectar para comprobar si difiere de la norma. Ten en cuenta que estas distancias tienden a aumentar entre dos hombres y a reducirse entre dos mujeres:

- ✔ **El espacio público.** Más de 3,6 metros. Ésta es la distancia adecuada para dirigirse a un grupo grande de personas.

- ✔ **El espacio social.** Entre 1,22 y 3,6 metros. Esta distancia se mantiene con desconocidos, técnicos que hacen reparaciones en tu hogar, personas que no conoces bien o compañeros nuevos de trabajo.

- ✔ **El espacio personal.** Entre 0,46 y 1,22 metros. Mantienes esta distancia con las personas que acuden a las fiestas de la empresa, actos sociales y encuentros familiares.

- ✔ **El espacio íntimo.** Entre 15 y 45 centímetros. Debes tener mucho cuidado al adentrarte en este espacio, ya que se considera una propiedad privada. Solamente aquellos a los que te une una relación afectiva, como niños, padres, pareja, amigos íntimos, amantes y mascotas, pueden aproximarse tanto.

- ✔ **El espacio íntimo inmediato.** A 15 centímetros del cuerpo. Sólo se puede acceder a este espacio durante el contacto físico íntimo.

La amplitud de tu espacio personal depende de la densidad de población del lugar en el que te has criado y en el que vives actualmente. Las personas procedentes de países como Japón están acostumbradas a las aglomeraciones, y por esta razón no ven ningún problema en colocarse justo al lado de alguien en una estación de tren vacía. En cambio, quienes han crecido en el campo están más acostumbrados a disfrutar de un espacio personal mucho mayor.

Se plantea otra excepción en las normas sobre la distancia y la intimidad cuando entra en juego el estatus social. Por ejemplo, puedes llevarte de maravilla con tu superior, y jugar juntos al fútbol o relacionaros dentro de vuestro espacio personal o íntimo, pero cuando volváis a encontraros en la oficina, tu superior mantendrá la distancia del espacio social para respetar las normas tácitas sobre la jerarquía.

Te darás cuenta de que estás demasiado cerca de alguien si percibes que inclina la cabeza o el cuerpo hacia atrás cuando te introduces en su espacio. Se trata de un movimiento sutil, pero debes estar alerta para detectarlo. Podría tolerarte en su espacio,

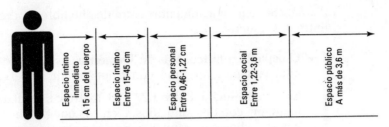

Figura 10-2: Distancias de los diferentes espacios

aunque también es posible que se separe de ti, en cuyo caso debes alejarte hasta que se sienta a gusto de nuevo.

Acorta distancias

Para que el proceso de seducción evolucione, debes acercarte a quien te atrae. Esto no significa que tengas que plantarte justo al lado de la persona que te atrae, sino orientar o inclinar tu cuerpo hacia ella. La figura 10-3 muestra una pareja que ha reducido la distancia que los separaba, inclinándose simplemente hacia adelante. Sus caderas están mucho más lejos que sus hombros, pero es evidente que están disfrutando por la postura de sus torsos.

Este movimiento también funciona al hacer nuevos amigos, ya que si acortas las distancias se sentirán más unidos a ti.

Estrecha la relación

La distancia entre las caderas de dos personas cuando se abrazan revela la relación que tienen. Si abrazas a un pariente cercano o a un amigo, las caderas se separan unos 15 centímetros. En cambio, cuando abrazas a una persona con la que mantienes una relación sentimental, los torsos entran en contacto y te introduces en el espacio íntimo inmediato.

Para intimar, sólo tienes que invitar a la otra persona a tu espacio o empezar a invadir el suyo. Consulta el capítulo 11 para saber cómo invitar a alguien a tu espacio.

Figura 10-3: La distancia se acorta

Como puedes ver en la figura 10-4, las dos personas han situado las copas en el extremo de su territorio, pero ella se ha adentrado en el territorio de él, un avance que es bienvenido, mientras ambos sonríen y mantienen contacto visual. Si él no se sintiera cómodo por el avance, se habría inclinado hacia atrás para aumentar la distancia que los separa. Sus caderas siguen estando

Figura 10-4: La relación se estrecha

Peligrosamente cerca

Begoña estaba intentando hacer amistades nuevas en el gimnasio. Empezó a llevarse bien con una de las monitoras, pero le molestaba que, a medida que intimaban, su nueva amiga se le acercaba cada vez más. En ocasiones, Begoña se veía obligada a inclinarse hacia atrás e incluso a retroceder un paso cuando la tenía demasiado cerca; por desgracia, la monitora daba un paso adelante para mantener su cercanía con ella. Al final, sólo se sentía cómoda con ella cuando había una mesa de por medio que le impidiera acercarse, por lo que tuvo que renunciar a salir de marcha con ella y a la vida social que tanto anhelaba. Begoña intentó entonces ajustar su espacio personal para no sentirse tan incómoda cuando estaba con su monitora, y cuando la conoció un poco mejor le preguntó por qué se le acercaba tanto. La monitora no era consciente de estar invadiendo su espacio personal, ya que estaba acostumbrada a trabajar en salas de aeróbic abarrotadas y lo habitual para ella era situarse muy cerca de las personas. Llegaron amistosamente al acuerdo de que la monitora se separaría un poco en cuanto se diera cuenta de que Begoña se inclinaba hacia atrás y que ésta le daría un golpecito si no captaba el mensaje. Esta nueva amiga de Begoña le abrió las puertas a muchas otras amistades, a las que jamás habría tenido acceso si no hubiera solucionado su problema con la cercanía.

Familiarízate con los límites de tu espacio personal y respeta el de los demás para que tus relaciones vayan sobre ruedas.

lejos, pero tienen sus cabezas lo más cerca posible, teniendo en cuenta que los separa una mesa, y se están tocando, lo que demuestra que sus coqueteos progresan como es debido.

Descifrar el código del lenguaje facial

Si no tienes la costumbre de interpretar el lenguaje corporal, podría parecerte una tarea casi imposible. Por ello, lo mejor que puedes hacer es partir del lenguaje facial, ya que la cara es la parte del cuerpo a la que se le presta más atención durante una conversación.

El lenguaje facial consiste en asentir, inclinar la cabeza, parpadear, guiñar los ojos, cambiar la expresión, sonreír y mantener contacto visual. Cuanto más animada sea tu expresión, más fácil será interpretar tu estado de ánimo y tus intenciones.

Diversos estudios demuestran que al lenguaje facial se le debe cerca del 40 % del impacto del lenguaje corporal. Cuanto más alejada esté del cerebro una parte del cuerpo, más difícil será de controlar; sin embargo, la cara está en primer plano, por lo tanto deberías ser capaz de ejercer sobre ella un control considerable para transmitir la impresión que desees.

Las siete expresiones

Las expresiones faciales permiten obtener información sobre el estado emocional. Las actitudes que transmitas, o que los demás te transmitan a ti, pueden verse reflejadas claramente en el rostro.

Aunque existen docenas de descripciones (como entusiasmo, euforia, abatimiento, etcétera), en realidad sólo pueden identificarse con precisión siete expresiones faciales. Todo lo demás es mera interpretación y puede llevar a equívoco.

Las siete emociones que pueden expresarse con el rostro son:

- ✔ Miedo.
- ✔ Enfado.
- ✔ Interés.
- ✔ Desprecio.
- ✔ Desagrado.
- ✔ Felicidad.
- ✔ Tristeza.

La cara suele ser la primera parte del cuerpo que miramos. Si adoptas una expresión positiva, mantienes contacto visual y sonríes, establecerás una comunicación óptima con la persona que te gusta y con tus compañeros de trabajo. No olvides que si alguien percibe que te gusta, es mucho más probable que a cambio tú también le gustes.

Diversas investigaciones demuestran que suele considerarse que las personas con una cara atractiva poseen además otros atributos, como honradez e inteligencia, de los que en realidad podrían carecer. Por eso, no debes dar por supuesto que una persona atractiva es perfecta.

Sé consciente de los movimientos de tu cara cuando estás trabajando (para practicar) y cuando desarrollas vida social para dominar las distintas expresiones faciales. Procura asentir mientras alguien está hablando, así parecerá que te interesa lo que dice y que participas más, con lo que conseguirás que hable el triple de tiempo.

El poder de la mirada

Se dice que los ojos no mienten y que se puede saber lo que alguien piensa analizando hacia dónde y cómo mira. Los humanos son los únicos primates que utilizan el blanco de los ojos como ayuda para la comunicación, ya que permite saber hacia dónde estás mirando; y la dirección hacia la que diriges la vista está asociada a tu estado emocional. Si miras hacia abajo y hacia la derecha, es probable que estés recordando un sentimiento; en cambio, si miras hacia abajo y hacia la izquierda, lo más seguro es que estés hablando para tus adentros.

Numerosos estudios demuestran que para mantener una buena comunicación con una persona, debes sostenerle la mirada durante el 60 o el 70 % del tiempo de la conversación. Si alguien se da cuenta de que lo miras mucho, pensará que te gusta y será más probable que a cambio tú le gustes.

Un dato interesante: las investigaciones revelan que ambos sexos tienen mayor capacidad para interpretar las señales que emiten los ojos que las que emanan del lenguaje corporal, pero que a las mujeres se les da mejor.

Puedes utilizar los ojos para transmitir diversos mensajes y provocar otras reacciones:

Figura 10-5: Expresión recatada y sumisa

✔ Chicas, haced que vuestros ojos parezcan más grandes levantando las cejas y los párpados para poner una cara infantil. Esta expresión ejerce un poderoso efecto sobre los hombres, ya que les hace liberar hormonas y a la vez estimula su deseo de proteger y defender a las mujeres.

La princesa Diana elevó a la categoría de arte su expresión recatada, que le permitía despertar afecto en el público. El gesto de bajar la cabeza y mirar hacia arriba no indica sólo sumisión, sino también ingenuidad y vulnerabilidad, lo que atrae enormemente a los hombres. En la figura 10-5 puedes ver a una mujer que inclina la cabeza y mira hacia un lado en pose sumisa, algo que los hombres encuentran muy atractivo.

✔ Chicos, si os depiláis las cejas, hacedlo desde la parte de arriba de la ceja hacia abajo para que los ojos parezcan más estrechos y den la idea de autoridad.

La mirada de cuatro segundos

Se dice rápido, pero cuatro segundos te parecerán una eternidad la primera vez que intentes sostener la mirada a alguien durante tanto tiempo. La mirada de cuatro segundos es:

Seducidos en cuatro segundos

Una presentadora de televisión que acababa de recuperar la soltería se había propuesto encontrar pareja, pero con escaso éxito por el momento. En broma, empezó a utilizar la regla de sostener la mirada durante cuatro segundos, y se quedó pasmada cuando comprobó lo bien que funcionaba. No sólo era una táctica sencilla y sin riesgo de rechazo, sino que hacía que muchos hombres se le acercaran sin que ella tuviera que mover un dedo. Aunque la primera vez se sintió como si estuviera recurriendo a una estrategia barata, después de un par de intentos la convenció su simplicidad y eficacia.

En cuanto surja la ocasión, aprovecha este consejo obvio y sencillo. Te sorprenderá lo fácil que es sostener la mirada durante cuatro segundos, y ya verás cómo se convierte en el arma preferida de tu arsenal de seducción.

✔ Muy fácil de poner en práctica.

✔ Altamente eficaz para dejar claro a alguien que ha captado tu atención.

✔ El primer paso para dirigir un saludo no verbal.

✔ Una estrategia prácticamente sin posibilidad de rechazo.

El lenguaje corporal que se sale de lo normal es el que más llama la atención. Cuando estás echando un vistazo a tu alrededor, ¿cómo puedes hacerle ver a alguien que ha captado tu atención y que te atrae sin decir palabra?

La mirada de cuatro segundos es tan directa como parece:

1. Mira a la persona que te atrae durante cuatro segundos.

2. Desvía la mirada.

3. Vuelve a mirar.

   Si todavía te mira, quiere decir que se ha fijado en tu mirada de cuatro segundos y que te está inspeccionando.

Una mirada de cuatro segundos es lo suficientemente larga para dejarle claro a una persona que te ha llamado la atención. Evita superar este tiempo, ya que si la miras durante diez segundos podría pensar que buscas pelea... o acostarte con ella.

Los beneficios de sonreír

Es muy importante que sonrías, ya que así no sólo demuestras a los demás que te gustan, sino que estás haciendo un gesto que se interpreta en todo el mundo como señal de felicidad. Sonreír es también un indicio de sumisión que significa que nadie se debe sentir amenazado por ti cuando lo hagas. Procura que las sonrisas sean el pilar de tus estrategias de seducción.

Sonríe a menudo, incluso si no te apetece, pues de este modo influirás en la actitud de los demás y en sus modos de reaccionar ante ti. Además, es un gesto contagioso y lograrás que otra persona te sonría, aunque tu sonrisa y la suya sean fingidas.

¿Sincera o fingida? Valora la sonrisa

Las sonrisas están controladas por dos conjuntos de músculos, uno que se extiende por el lado de la cara y conecta con la boca y otro que tira de los ojos hacia atrás. Puedes mover conscientemente los músculos de la boca y, por lo tanto, fingir una sonrisa, pero los músculos que controlan los ojos son autónomos y es imposible fingir el resultado de su acción. De este modo, si te fijas en las arrugas que se forman alrededor de los ojos, podrás comprobar si una sonrisa es sincera o no. De esto se deduce que las personas poco sinceras sonríen sólo con la boca, algo muy frustrante para el destinatario de la sonrisa. En la figura 10-6 encontrarás una sonrisa fingida y una sincera.

Para distinguir las sonrisas reales de las de cortesía, puedes llevar a cabo la siguiente comprobación: Hay personas que pueden simular una sonrisa provocando la aparición de arrugas alrededor de los ojos, pero este efecto suele estar causado por la elevación de las mejillas. Si quieres asegurarte, comprueba que el pliegue del ojo (la parte situada entre el párpado y la ceja) se inclina hacia abajo y los extremos de las cejas descienden ligeramente, como en una sonrisa sincera.

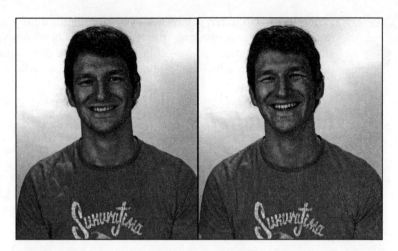

Figura 10-6: Sonrisa fingida (izquierda); sonrisa sincera (derecha)

Tipos de sonrisa habituales

Además de la sonrisa directa en la que se enseñan los dientes, y que todos interpretamos como un gesto amistoso y cordial, debes conocer los otros tipos de sonrisa que existen:

✔ **Sonrisa con los labios cerrados.** Los labios se extienden a lo largo de la cara formando una línea recta y los dientes permanecen ocultos. Esta sonrisa es habitual en las personas que no quieren dejar ver que alguien no les gusta o que están ocultando sus sentimientos.

✔ **Sonrisa torcida.** Esta sonrisa no es simétrica. La expresión es deliberada y pretende transmitir sarcasmo.

✔ **Sonrisa con la mandíbula caída.** Da la impresión de que la persona que sonríe es traviesa o se está riendo.

✔ **Sonrisa recatada.** Además de sonreír, se mira desde un lado, como hacía la princesa Diana. De este modo, la persona que sonríe parece más seductora y juguetona y demuestra claramente su interés.

Familiarízate con estas categorías para descubrir qué reacciones provocan tus sonrisas y descubrir quién coquetea contigo.

El invasor del espacio

Rocío y Antonio tenían una cita a ciegas y estaban sentados cara a cara en la pequeña mesa de un restaurante. El camarero les dio la carta y los dejó para que meditaran el menú. Mientras ella elegía, Antonio puso a un lado el cuchillo y el tenedor, adelantó la copa y colocó la sal y la pimienta en el lado de Rocío, que acabó arrinconada por los objetos en un espacio reducido y, al sentirse invadida, intentó recuperar su mitad de la mesa. Aunque Antonio la piropeaba, ella estaba demasiado distraída para darse cuenta. El terrible error de Antonio fue dominar agresivamente la mesa antes de conocer bien a Rocío, lo que la obligó a ponerse a la defensiva.

En broma, Rocío le echó en cara su intento de dominar la mitad de la mesa que no era de él. Antonio se rio porque ni siquiera se había dado cuenta, lo que explicaba por qué otras chicas no habían querido tener una segunda cita con él.

La siguiente vez que quedaron, Antonio evitó tocar los objetos de la mesa y la cena empezó con buen pie; de hecho, los dos hicieron muy buenas migas. Después del plato principal, Rocío retiró los condimentos del centro de la mesa y puso a un lado su copa para que quedara un espacio libre entre los dos. Antonio extendió el brazo sobre la mesa y le acercó la mano para que se la cogiera. Al final, ambos disfrutaron de una agradable cena romántica aderezada con alguna que otra caricia.

Utiliza los objetos situados sobre la mesa, o cualquier cosa que tengas a mano, para abrir un espacio e invitar a la otra persona a adentrarse en tu territorio a fin de que vuestra relación avance sin necesidad de decir ninguna palabra.

Que hablen las manos

Puedes decir muchas cosas sin pronunciar una sola palabra. Aunque en la actualidad dependemos en gran medida de los mensajes de texto y los correos electrónicos para comunicarnos, si un día estás tomando algo con una persona y le mandas un mensaje de texto que diga "Tócame", sólo lograrás que se sienta desconcertada, asustada y probablemente poco dispuesta a cooperar. A veces son tus manos las únicas que pueden expresar lo que sientes.

Domina tu espacio y el de los demás

Cuando empiezas a coquetear con alguien, cada uno se encuentra en su pequeño territorio, pero a medida que vayáis intimando tendrás que invadir el espacio de la otra persona, en el buen sentido de la palabra, o invitarla a que acceda al tuyo.

Puedes utilizar cualquier objeto que esté cerca como invitación no verbal. Si retiras todos los obstáculos, estarás literalmente abriendo un camino hacia ti. En cambio, al empujar tus objetos (el vaso, el bolso, la servilleta) dentro de su espacio, valorarás la receptividad de la otra persona y si está preparada para el siguiente paso.

Fíjate en la figura 10-7, ¿quién está invadiendo el espacio? Los dos se han juntado en el centro con las copas; él afirma su posición al sujetar la copa y utiliza el brazo como barrera, mientras que ella ha tomado la iniciativa adentrándose en el espacio de su acompañante, al que tranquiliza tocándolo deliberadamente en el brazo. Por la sonrisa de él, es evidente que recibe con agrado su avance y que los coqueteos han pasado a un nivel superior.

Cuando te hayas reunido con tus amigos, familiares o compañeros de trabajo para comer, experimenta con la posición de los

Figura 10-7: Ella está adentrándose en el espacio de él

objetos de la mesa para redefinir tu territorio y ver cómo reaccionan. Probablemente, a tu superior no le gustará que invadas su espacio y a tu mejor amigo o amiga no le importará.

Tocarse a uno mismo

Cuando te tocas, estás dejando claro de forma sutil que te interesa la otra persona y que te gustaría invitarla a que coqueteara más contigo. En realidad, al tocarte atraes la atención sobre tu cuerpo y las partes que te gustaría que te tocara.

Si te encuentras en una situación incómoda, puedes sentir una mayor tranquilidad o seguridad al tocarte.

En la figura 10-8, la mujer se está tocando para atraer la atención del hombre hacia su escote.

Limítate a tocarte la parte superior del cuerpo para obtener un efecto óptimo. ¡Una persona que se frota los muslos puede quitarle las ganas a cualquiera! En cambio, una caricia seductora con las yemas de los dedos puede resultar muy atractiva.

Figura 10-8: La atención se dirige hacia el punto que tocas

Cuando toques a alguien, que sea de forma deliberada

El hecho de tocar a alguien puede tener un efecto fisiológico positivo y duradero. Cuando una persona ha recibido malas noticias, puedes sentir automáticamente la necesidad de rodearla con los brazos para consolarla y protegerla del sufrimiento. Sin embargo, en el mundo tan propenso a los malentendidos en el que vivimos, el hecho de tocar a una persona casi se ha convertido en un tabú. Basta con que lo hagas de forma correcta y en el momento adecuado para consolidar el proceso de seducción y avanzar un paso.

Probablemente tocas más a la otra persona de lo que a ti te parece. Quizá sea un gesto de menos de un segundo que acaba antes de que te des cuenta, pero su efecto es duradero.

Cuando toques a una persona, debes asegurarte de que la distancia que os separa sea correcta (consulta el apartado "Las distancias apropiadas") y de que tienes una buena razón para tocarla, por ejemplo, porque te ha contado un chiste, porque estás de acuerdo con lo que dice, porque quieres demostrarle tu comprensión, etcétera.

Procura tocar a la otra persona en el brazo por encima de la cintura. Realiza un movimiento suave: apoya la mano con ligereza, mantén el contacto brevemente y retira la mano.

La figura 10-9 muestra una pareja que se ríe de un chiste. Él ha aprovechado la oportunidad para tocarla en el brazo y demostrarle no sólo que han conectado, sino que el chiste le parece gracioso.

Evita gestos condescendientes o dominantes, como ponerle a alguien el brazo por encima de los hombros. Limítate a tocar a la otra persona en el brazo por encima de la cintura hasta que os hayáis conocido mejor. No toques a nadie en la cara a menos que tengáis una relación sólida y te permita acceder a su espacio íntimo o personal.

Figura 10-9: Al tocar a alguien hay que ser consciente de ello

Presumir en público

La forma más natural de seducir a alguien consiste, precisamente, en presumir en público. La jungla está llena de criaturas exóticas que despliegan sus rasgos más vistosos para aumentar sus probabilidades de atraer a la pareja más conveniente; y los humanos no somos muy diferentes. ¡Libérate de tus complejos y prepárate para lucir tus mejores galas!

Actitudes provocativas

Al contrario que en el reino animal, en el que los machos (con vivos colores o rasgos llamativos) son los que emprenden el ritual de cortejo, en nuestra sociedad son las mujeres las que suelen hacer alarde de sus encantos para dejar claro que buscan un hombre. Independientemente del sexo, la actitud que demuestres dependerá de tu osadía a la hora de ligar.

La pose de la figura 10-10 es una invitación en toda regla. La mujer no intenta captar la atención de todos, sino que se dirige a una persona en particular. Esta pose resulta tan eficaz porque al levantar los brazos por encima de la cabeza deja a la vista una zona vulnerable, el cuello, y pone al descubierto las axilas, lo que realza el busto y dibuja una curva en la espalda. El contacto visual significa que va en serio y la sonrisa con los labios ligeramente cerrados indica que oculta algo. La persona a la que se dirige deberá acercarse a ella si quiere descubrir su secreto.

Un hombre se colocará con la entrepierna adelantada, los dedos o los pulgares apuntando hacia ella y los dedos de los pies orientados hacia la mujer que le atrae para indicar su interés sexual.

Para conocer otras formas de presumir específicas de cada sexo, lee el capítulo 12.

Figura 10-10: Una actitud provocativa

La importancia de juguetear con el pelo

Independientemente de si eres hombre o mujer, es muy importante que juguetees con el pelo, ya que así demuestras que estás arreglándote para la persona que te atrae. Lo habitual en estos casos, entre otras cosas, es:

✔ Atusarse el pelo.

✔ Colocarse el pelo detrás de la oreja para que la cara se vea mejor.

✔ Hacer girar un mechón en un dedo.

✔ Ahuecarse el pelo.

✔ Hacer ostentación del pelo (como en la figura 10-10).

Evidentemente, tus posibilidades de juguetear con el pelo se ven limitadas por su cantidad y longitud.

Practica las anteriores formas de juguetear con el pelo para comprobar cuál se adapta mejor a tu peinado. Sin embargo, no lo hagas demasiado rápido o violentamente, ya que así sólo conseguirás transmitir una imagen de nerviosismo o excentricidad.

En el caso de las mujeres, juguetear con el pelo es especialmente importante. Si una mujer se siente atraída por un hombre, produce feromonas (hormonas sexuales). Al jugar con el pelo de forma provocativa, libera feromonas por las axilas al levantar los brazos, de modo que cuando el hombre que la atrae llega a su lado, se ve envuelto en esta nube de hormonas y su sentido del olfato se vuelve loco por la conexión química.

Una estrategia infalible para las mujeres que llevan el pelo recogido consiste en soltárselo y dejar que caiga sobre los hombros. El *look* "recién salida de la cama" es también muy eficaz, ya que lleva a fantasear sobre las razones por las que el pelo está tan alborotado.

Capítulo 11

Dejar que hable el cuerpo

· ·

· ·

No basta con que dirijas las señales correctas a alguien que te atrae (como se detalla en el capítulo 10), sino que, además, debes tener bien claro qué señales y pistas buscas en la otra persona; también tienes que saber combinarlas para producir un embriagador cóctel de seducción. Este capítulo te enseñará todo lo que debes saber.

Las relaciones deben basarse en la confianza, por lo que te resultará muy útil reconocer a las personas que dicen mentiras. No pasa nada si se trata de mentiras piadosas, por ejemplo, cuando le dices a alguien que le queda muy bien lo que lleva puesto o cuando te quitas un par de años para parecer más joven, pero si una persona te oculta que está casada y que tiene media docena de hijos, cuanto antes descubras que miente, mejor.

Recuerda que la mayoría de los consejos que ofrezco pretenden ayudarte a hacer nuevas amistades y a ganarte a tus compañeros de trabajo, así como a conseguir citas, por lo que debes ponerlos en práctica si quieres tener éxito dentro de la oficina y fuera de ella. Y cuanto más practiques, ¡más mejorarás!

Ocupa el espacio con seguridad

Cuando les pregunto a las mujeres qué es lo que más les atrae en un hombre, suelen responder que la altura. Sin embargo, no es su estatura lo que las seduce, sino su presencia. Por muy alto que sea un hombre, no será en absoluto atractivo si camina torpemente y con los hombros caídos. En cambio, si un hombre de estatura media tiene buen porte, saca pecho y echa atrás los hombros, resultará mucho más seductor. Lo que los diferencia es su presencia.

Las personas con buena presencia llenan el espacio que ocupan, parecen más seguras y, como resultado, son mucho más atractivas. Sólo te considerarán como un objetivo posible si destacas entre la multitud, por lo que debes ser espacialmente dominante, es decir, llenar el espacio que te rodea. Al ocupar el espacio sobresaldrás entre la competencia, tanto si estás ligando como trabajando.

Para conseguir una buena pose y dominio espacial:

✔ Yérguete con los pies separados con la anchura de la cadera.

✔ Mantén los brazos separados del cuerpo.

✔ Sostén la cabeza bien alta, con los ojos mirando al frente y los hombros echados hacia atrás.

Si tuvieses que elegir con cuál de los dos hombres que aparecen en la figura 11-1 quieres ligar, basándote únicamente en su pose, lo más probable es que eligieras al de la derecha, ya que muestra mayor equilibrio y presencia. El hombre de la izquierda parece falto de equilibrio, tiene la cabeza gacha y ha cruzado los brazos para ocupar el menor espacio posible, lo que indica que procura pasar desapercibido.

Figura 11-1: Falta de dominio espacial (izquierda); buen dominio espacial (derecha)

Figura 11-2: Actitud recatada

Figura 11-3: Invitación a acceder al espacio íntimo

Ten en cuenta que dominarás demasiado el espacio si separas mucho las piernas y colocas los brazos detrás de la cabeza. Esta postura puede interpretarse como intimidante o arrogante.

Recuerda que, si bien dominar tu espacio es fundamental para que se fijen en ti, tu principal objetivo es intentar un acercamiento para llevar el coqueteo al plano sentimental. Si quieres invitar sutilmente a la otra persona a que se acerque a ti, elimina las barreras de tu espacio, como las copas, y deja el camino libre. Fíjate en la manera en que la mujer de la figura 11-2 pasa de una actitud recatada a inclinarse hacia delante y abrir un camino hacia ella con el brazo (figura 11-3).

Para obtener más información sobre cómo invitar a los demás a tu espacio, lee el capítulo 10.

Refleja los gestos de los demás

Una forma de conectar con una persona, conseguir que te acepte y facilitar la comunicación consiste en reflejar sus gestos mediante una conducta de espejo. Este comportamiento se remonta al de nuestros antepasados prehistóricos, que lo utilizaban para integrarse en grupos grandes. En la actualidad, buscamos en los demás una reacción de espejo, es decir, analizamos su lenguaje corporal para comprobar si se mueven o gesticulan como nosotros con el fin de decidir rápidamente si sus sentimientos son positivos o negativos.

La inclinación natural a reflejar el comportamiento de los demás se debe a que este tipo de vinculación afectiva comienza en el vientre materno, cuando las funciones corporales del bebé reflejan las de la madre.

Enseguida descubrirás que reflejar conscientemente movimientos más amplios es de gran ayuda para facilitar la comunicación, pero no caigas en la trampa de copiar todos los gestos de otra persona. Este comportamiento de imitación puede echar por tierra tus intentos de comunicarte, porque si la otra persona lo detecta, se sentirá manipulada.

La reacción de espejo es la forma no verbal del cuerpo de decir "Hola, fíjate en mí, soy igual que tú. ¡Tenemos muchas cosas en común!". Sin embargo, no sólo se trata de copiar los movimientos de las extremidades, la pose y las posturas (como cruzar o descruzar brazos y piernas), sino que también se basa en reflejar movimientos más sutiles, como los gestos de la cara, la posición de las manos o la inclinación de la cabeza.

La conducta de espejo también refleja microgestos, como:

- ✔ La velocidad de la respiración.
- ✔ La frecuencia del parpadeo.
- ✔ El ensanchamiento de las fosas nasales.
- ✔ El levantamiento de cejas.
- ✔ La dilatación de las pupilas.

Es muy difícil imitar conscientemente estos microgestos, y lo que es más, la dilatación de las pupilas es imposible de reflejar, por lo que una reacción de espejo de este nivel demuestra que existe una auténtica comunicación.

Adopta una postura corporal

Dado que la mejor manera de halagar a una persona es imitarla, ¿por qué no adoptas la postura que tiene su cuerpo?

En la figura 11-4 puedes ver que está produciéndose una reacción de espejo casi perfecta. Las dos personas inclinan el cuerpo hacia delante, están sentadas con el mismo ángulo con respecto a la otra, orientan las piernas hacia su acompañante e incluso han extendido un brazo para tocarse. Es evidente que la comunicación entre esta pareja fluye a la perfección. Si consigues reflejar el lenguaje corporal de una forma tan natural como ésta, tendrás éxito al coquetear.

Cruza la pierna y fíjate si la otra persona hace lo mismo. Espera unos minutos y prueba otro movimiento. Si no refleja tu gesto, intenta reflejar el suyo y después mueve otra parte del cuerpo.

Si la otra persona no tiene una reacción de espejo y cambia su postura con tanta rapidez que te resulta imposible reflejarla sin dejar de parecer natural, quiere decir que estás yendo demasiado rápido. Ralentiza tu ritmo e intenta no acelerar tanto la comunicación, ya que todavía no está preparada para llegar a ese nivel de conexión.

Figura 11-4: Reflejo de la postura del cuerpo

Avanza con las extremidades

Puedes utilizar la estrategia de la reacción de espejo como una oportunidad para aumentar la comunicación con el lenguaje corporal. Cuando reflejas el movimiento de una extremidad del cuerpo no sólo consigues introducirte en el espacio de la otra persona, sino que le ofreces la posibilidad de que te toque deliberadamente o de que te roce sin querer. Esta táctica es ideal si no tienes el valor suficiente para iniciar el contacto físico. En la figura 11-5 puedes ver que ella ha cruzado las piernas para orientarlas hacia él, lo que refleja la postura de su acompañante, que ha orientado sus extremidades hacia ella. Como resultado, la pierna de ella se ha introducido en el espacio de él, por lo que si quiere moverse, tendrá que rozarla. Como puedes ver, no imita la posición exacta de su acompañante, sino que refleja su postura con cambios sutiles.

Otra forma de conseguir que la persona que te atrae te toque de forma accidental o deliberada consiste en reflejar la posición de las manos sobre el respaldo del asiento que compartís, o la posición de una pierna cruzada interponiéndola en su camino.

Figura 11-5: Avances con una pierna

Refleja el contacto físico

Una excelente manera de comunicarle a una persona que te ha gustado que te tocara consiste en copiar su acción y tocarla. De este modo, la relación se consolidará y la atracción aumentará.

Utiliza las yemas de los dedos para rozar a la otra persona, en lugar de agarrarla o apretarla.

Los lugares más seguros para tocar a los demás son:

✔ El dorso de la mano.

✔ El antebrazo.

✔ La parte superior del brazo.

✔ Los hombros.

Puedes reflejar y recalcar el contacto físico colocando la mano sobre la otra persona (si te ha tocado por delante), como muestra la figura 11-6.

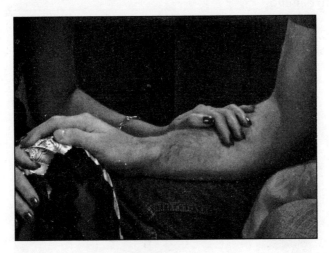

Figura 11-6: Contacto físico reflejado

Amor a ojos vistas

Eduardo y Lorena acababan de conocerse en un curso que estaban haciendo, pero ya se llevaban de maravilla. A Lorena le gustaba Eduardo, aunque no sabía si sólo le interesaba como amiga o si quería algo más. Un día, mientras estaban cenando, Eduardo le dedicó una serie de parpadeos, algo que hasta entonces nunca había hecho. Además le sonrió y levantó los hombros mientras cerraba con fuerza los ojos, como si estuviera dándole un abrazo imaginario. A Lorena le encantó su gesto y se lo copió. A medida que progresaba el juego de pestañeos, detectó que Eduardo también torcía la boca como ella. En ese momento se dio cuenta de que la repetición mutua de sus gestos era algo más que pura casualidad.

Lorena y Eduardo están juntos desde entonces, y se pestañean como señal secreta cuando están rodeados de mucha gente o cuando alguno de los dos necesita apoyo.

Cuando establezcas contacto visual durante una conversación, podrás fijarte en cómo parpadea la otra persona. Para comprobar que la comunicación fluye adecuadamente, parpadea con más lentitud de lo habitual y estudia la reacción del otro.

Refleja los microgestos

La información sobre los microgestos que presento a continuación puede ayudarte a comprender la influencia de tus señales de seducción sobre la otra persona.

Pupilas dilatadas

Es imposible controlar la dilatación de las pupilas, por lo que este indicio te confirmará que atraes a una persona.

Ten en cuenta que la iluminación de la sala influye en la dilatación de las pupilas; si hay mucha luz, se contraerán para proteger el ojo, mientras que si está muy oscuro, se dilatarán para permitir una buena visión. Por esta razón, aunque unas pupilas dilatadas pueden indicar que alguien se siente atraído por ti, debes asegurarte de que la iluminación no influye.

Parpadeo rápido

Es evidente que las pupilas dilatadas no son la única manera que tienen los ojos de demostrar interés. Si una persona te mira y le gusta lo que ve, parpadeará con más rapidez, de ahí la expresión "hacer ojitos". El cerebro asocia el parpadeo rápido con el hecho de encontrar a alguien sexualmente atractivo, por lo que cuanto más parpadees, más atracción sentirás por una persona.

Aunque una persona suele parpadear más rápido si siente interés por ti, no debes pensar que no le gustas si lo hace de forma lenta. En caso de sentirse embelesada o fascinada, podría parpadear muy poco para no perderse una palabra de lo que dices.

 Parpadea más a menudo para aumentar la frecuencia del parpadeo de la persona con la que hablas. De este modo, si le gustas, parpadeará más rápidamente para sincronizarse contigo y vuestra atracción mutua aumentará debido a la mayor comunicación.

 También puedes probar a guiñarle discretamente un ojo a alguien mientras le diriges una sonrisa sexy. Este gesto os ayudará a estrechar la relación porque significa que os encontráis más unidos entre vosotros que con las personas que os rodean.

En el capítulo 10 hay más información sobre el contacto visual.

Cejas levantadas

La gente levanta las cejas inconscientemente más de lo que cree. No obstante, si intentas hacerlo a propósito, acabarás generando una terrible mueca con las cejas, muy por encima de la altura que alcanzarían de forma natural, y transmitirás una expresión de sorpresa.

Es habitual levantar las cejas para expresar:

- ✔ **Reconocimiento.** Suele ser durante una fracción de segundo, subiendo y bajando las cejas de inmediato.

- ✔ **Sorpresa.** Es un gesto más exagerado que el del reconocimiento. Las cejas se elevan, creando una arruga en la frente, y permanecen en alto durante más tiempo que cuando se expresa reconocimiento, en función de lo sorprendido que uno se sienta.

✔ **Duda.** Piensa en el típico gesto de Roger Moore levantando una sola ceja, o las dos en caso de que no puedas moverlas individualmente. Este gesto suele ir acompañado de una inclinación de la cabeza hacia delante, y transmite que una persona se siente insegura, está indecisa o pone en duda lo que se acaba de decir.

Respiración

La parte del cuerpo desde la que se respira determina la velocidad de respiración. Por ejemplo, muchas personas respiran desde el abdomen o desde el diafragma, lo que conlleva inspiraciones largas y profundas que son más fáciles de controlar; puedes detectarlas de inmediato, ya que el abdomen se mueve hacia dentro y hacia fuera al respirar. En cambio, si se hace desde el pecho, verás que el torso sube y baja.

Cuando una persona está relajada, su respiración se vuelve lenta y profunda. Si está nerviosa o excitada, respira a mayor velocidad y lo hace desde el pecho. Cuando algo te apasiona puedes marearte literalmente, ya que al respirar con más rapidez aspiras mucho aire y puedes sufrir una ligera hiperventilación.

Presta atención a la parte del cuerpo que dirige la respiración de la otra persona y a la velocidad con que lo hace. Una buena manera de facilitar la comunicación es sincronizarse con su velocidad de respiración. Las personas que respiran a la misma velocidad suelen estar en sintonía. Por ejemplo, al hacer el amor, la velocidad de respiración suele coincidir al segundo. También las personas que están sentadas juntas viendo una película respiran sincronizadas, sobre todo si es especialmente dramática o sobrecogedora.

Ensanchamiento de las fosas nasales

Las fosas nasales suelen ensancharse cuando una persona siente miedo (como forma primitiva de aguzar los sentidos para protegerse de atacantes cercanos o peligros inminentes) o como señal de excitación sexual. Este gesto también hunde sus raíces en la época en la que nos guiábamos por las reacciones químicas para encontrar a la pareja ideal. Cuando lo detectes en alguien, es que, literalmente, está olfateándote.

Interpreta el lenguaje corporal

El lenguaje corporal habla más alto y claro que las palabras, ya que a través de él transmites tus pensamientos, estado de ánimo y actitud. También puedes descubrir los pensamientos conscientes e inconscientes de la persona con la que coqueteas basándote simplemente en lo que hace o deja de hacer.

La regla de los cuatro cambios

En cuanto ven que alguien cruza los brazos, muchas personas piensan que es porque no gustan o que están a la defensiva. Cometen así un error clásico, ya que un gesto aislado no encierra en sí mismo un estado de ánimo o una intención. Es posible que esa persona sienta frío, intente disimular un michelín o incluso se esfuerce por ocultar una mancha en la ropa. Del mismo modo que jamás podrías determinar el significado exacto de un término fuera de contexto (por ejemplo, es imposible saber si la palabra "banco" se refiere a un asiento o a un establecimiento financiero hasta que la oyes en una frase o ves una imagen), tampoco se puede saber lo que quiere decir un gesto aislado. Así como te fijas en cada palabra de una frase para extrapolar el significado de las demás palabras, un gesto aislado se inserta siempre dentro de un grupo de gestos, que debe estar integrado, como mínimo, por tres gestos, aunque lo ideal es que sean cuatro para poder interpretar correctamente su significado.

Jamás interpretes de forma aislada un movimiento o gesto del lenguaje corporal, ya que es probable que te equivoques. Utiliza la "regla de los cuatro cambios" para aprehender el sentido de los gestos de seducción, esto es, identifica cuatro cambios en el lenguaje corporal antes de llegar a una conclusión sobre su significado.

Indicios que revelan sus sentimientos hacia ti

"¿Cómo puedo saber si le gusto?" es una pregunta típica en el juego de la seducción. La respuesta es sencilla: busca cambios cada vez más positivos en su lenguaje corporal.

Además de descubrir si le gustas a alguien, es importante que seas capaz de detectar si el coqueteo se está enfriando. El interés de la otra persona puede decaer por muchas razones, por lo que debes remontarte al momento en que su lenguaje corporal empezó a cambiar para deducir si es por algo que dijiste o por circunstancias ajenas a tu control.

La tabla 11-1 recoge los indicios que demuestran que le gustas a una persona y los que demuestran que no le gustas. Debes

---

Frío, frío...

Natalia y Andrés se conocieron de casualidad en un bar e hicieron buenas migas. Por las señales positivas de ella, Andrés intuía que ella estaba interesada, pero de repente se dio cuenta de que empezaban a disminuir y que la conversación iba a menos. Intentó recordar el momento en que detectó por primera vez un cambio en su lenguaje corporal y descubrió que fue cuando le comentó que ese fin de semana iba a visitar a su abuelo. Sin embargo, no sabía si le había molestado al decir algo o si simplemente ya no estaba interesada en él. "Te noto diferente desde que mencioné a mi abuelo, ¿va todo bien?", le preguntó. Natalia le dijo que su abuelo había fallecido recientemente y que su comentario la había entristecido. Como Andrés la vio tan afectada, decidió llamar a un taxi para que la llevara a casa, pero le pidió su número de teléfono para seguir en contacto con ella. Al día siguiente la llamó, y a Natalia, le gustó tanto como que el día anterior se hubiera dado cuenta del mal rato que estaba pasando. Andrés podía haber malinterpretado la situación y deducido que no le gustaba a Natalia, pero investigando un poco llegó a la raíz del problema y pudo retomar su intento de seducción.

No pienses que si las cosas se enfrían siempre es culpa tuya, ya que puede deberse a numerosas razones.

detectar como mínimo tres gestos positivos (los de la columna "¡Le gusto!") para suponer que le interesas, pero si quieres despejar todas las dudas, el número mágico es cuatro. Lo mismo se aplica a la columna "No le gusto". Lógicamente, cuanto más os gustéis, más indicios positivos encontrarás.

Tabla 11-1: Pistas que indican si le gustas o no

¡Le gusto!	No le gusto
Mantiene más contacto visual.	Mantiene menos contacto visual.
Te sonríe cada vez más.	No te sonríe o te sonríe poco.
Se acerca más a ti.	Se aleja más de ti.
Te toca deliberadamente.	No te toca cuando tú le tocas.
Avanza con las extremidades.	Cruza las extremidades para ocupar menos espacio que antes.
Refleja tu lenguaje corporal.	Refleja poco o nada tu lenguaje corporal.
Refleja tu lenguaje facial.	Refleja poco o nada tu lenguaje facial.
Presume.	No presume o presume poco.
Orienta sus pies hacia ti.	Orienta sus pies en la dirección opuesta a ti.
Juega con objetos, como la copa.	Parece indiferente, inmóvil e impasible.

Evita errores en el lenguaje corporal

Está muy bien que utilices el lenguaje corporal correcto, pero también es muy importante que evites o corrijas el lenguaje corporal que podría echar por tierra tus intentos de seducción. A continuación verás el significado y las consecuencias de algunos de estos errores.

Rehuir el contacto visual

Uno de los elementos más importantes del lenguaje corporal es el contacto visual. Si lo rehúyes, podrías transmitir:

- ✔ Falta de confianza, si miras hacia abajo.

- ✔ Falta de interés en la otra persona, si te fijas en otra cosa (por ejemplo, si te miras las uñas, si te entretienes leyendo un texto, etcétera).

- ✔ Arrogancia o desprecio, si miras hacia arriba.

En la figura 11-7 se ve a una mujer que está hablando. Según las reglas del lenguaje corporal aplicables a una conversación, la persona que escucha debe mantener más contacto visual que la persona que habla, pero en este caso el hombre hace justo lo contrario, ya que dirige los ojos hacia arriba, lo que demuestra arrogancia y falta de interés por ella. Este intento de seducción está condenado al fracaso.

Si no tienes la costumbre de mantener contacto visual, practica mirando el puente de la nariz de la otra persona o a la parte superior de su cabeza, bajando los ojos de vez en cuando para encontrarte con los suyos y después subiéndolos de nuevo. De este modo, te acostumbrarás a mirar en la dirección correcta hasta que sientas la seguridad suficiente para mantener un

Figura 11-7: Falta de contacto visual

¡Sonríe a la cámara!

En una ocasión, tuve que grabar a un grupo de delegados que presentaban una conferencia en una sesión sobre lenguaje corporal. Me fijé en particular en uno de ellos, porque no establecía contacto visual con sus compañeros y se pasaba la mitad del tiempo mirando al suelo. Parecía como si no tuviera confianza en sí mismo y no encajara con los demás. Entonces me fijé en que movía la mano de forma extraña, como si quisiera rascarse la nariz. Al final, acabó bajando la cabeza todavía más y se puso a hurgarse la nariz a conciencia. No era un comportamiento muy profesional para una presentación, ¡y mucho menos si te graban! Al día siguiente, cuando vimos el vídeo, se sintió muy avergonzado.

Le pregunté por qué se hurgó la nariz durante la presentación y respondió que pensaba que nadie lo veía; además, como siempre miraba al suelo, suponía que todo el mundo lo hacía. Al final resultó ser una persona mucho más segura de sí misma de lo que aparentaba y un miembro muy apreciado en su equipo. Bastó con enseñarle hacia dónde debía dirigir los ojos para que pareciese mucho más seguro e interesante.

A menos que observes el terreno de juego, te perderás todo lo que está pasando. Dirige tu mirada al frente para estar al tanto de lo que sucede y evitar innecesarias meteduras de pata al relacionarte con los demás.

contacto visual en toda regla, lo que además transmitirá una sensación de confianza absoluta.

Quizá te resulte muy cómodo mirar al suelo, pero esta conducta puede poner muy nerviosa a la gente. Además, las personas con el hábito de mirar al suelo suelen tener los hombros caídos y una mala postura. Para lograr buen porte y una mirada segura, mantén la cabeza bien alta, echa los hombros atrás y mete la tripa.

Enroscarse como una serpiente pitón

Las personas que se enroscan como una serpiente pitón intentan ocupar el menor espacio posible. Por ello, no dejan de tocarse para tranquilizarse y pasar desapercibidas. Lamen-

Figura 11-8: La actitud de la serpiente pitón

tablemente, lo único que consiguen es destacar por razones equivocadas.

La postura del hombre de la figura 11-8 es muy negativa e influye considerablemente en su actitud, ya que lo pone a la defensiva y lo hace reacio a los acercamientos. Con esta postura cerrada, está levantando una barrera entre sí mismo y el resto del mundo.

Para no adoptar la actitud de la serpiente pitón, echa los hombros hacia atrás y yérguete con los pies separados con la anchura de la cadera. Intenta sujetar algo en la mano, como un bolígrafo, una copa o un papel para no cruzar los brazos sobre el pecho.

Ladearse

Si alguien se inclina hacia atrás o hacia un lado cuando habla con una persona no está acortando las distancias, sino aumentándolas. De este modo, la comunicación será menos fluida y el proceso de seducción, más lento. La figura 11-9 muestra al hombre separado de la mujer porque ella se ha ladeado.

Cuando una persona te gusta (y tú le gustas a ella) pero te ladeas porque sientes vergüenza, podríais entrar en un bucle muy perjudicial para el juego de la seducción si reflejáis inconscientemente vuestro lenguaje corporal negativo.

Inclínate siempre ligeramente hacia la otra persona y sostenle la mirada cuando habléis para no emitir señales negativas.

Perder la compostura

El lenguaje corporal de Saddam Hussein cuando lo entrevistaban justo antes de la invasión de Iraq decía mucho sobre sí mismo y su actitud ante las amenazas de Occidente. Se le podía ver repanchingado en una gran silla, gesticulando con total tran-

Figura 11-9: La mujer está ladeándose

quilidad mientras hablaba y con las piernas bien separadas. "Me trae sin cuidado", transmitía su postura, "estoy tan desconcertado que ni me preocupo en parecer agresivo".

Tanto si estás de pie como si te sientas, este lenguaje corporal negativo se traduce en una imagen dejada y falta de interés. Si ni siquiera te esfuerzas por mantener la compostura, ¿cómo piensas seducir a una persona? Cualquiera que tenga algún interés en ligar te ignorará en busca de algo mejor.

El hombre de la figura 11-10 no muestra ningún interés ni tampoco se esmera en ponerse recto. Le costará mucho trabajo hacer un esfuerzo en cualquier terreno, y es probable que no se esmere en el juego de la seducción. Incluso consigue que su traje parezca arrugado al meter las manos en los bolsillos.

Figura 11-10: Hombre que ha perdido la compostura

Procura estar de pie o sentarte como si midieras cinco centímetros más. Pide a tus amigos y compañeros de trabajo que te avisen si has encorvado la espalda, así podrás corregirte y tener una buena postura en todo momento.

Toquetear objetos

El hecho de que una persona juguetee con un objeto, lo haga girar o lo toquetee puede demostrar una serie de sentimientos. Por ejemplo, los niños que se muerden las uñas y se retuercen o juguetean con el pelo podrían estar nerviosos o tener una baja autoestima. Un niño que se siente inquieto o agobiado podría tranquilizarse retorciéndose el pelo y convertir este gesto en una costumbre en su edad adulta para calmarse en momentos de tensión.

Si toqueteas un objeto, puedes transmitir una sensación de nerviosismo o desconfianza, algo poco recomendable al intentar ligar con alguien, o incluso de ansiedad o inquietud. Lo más habitual es toquetear objetos como:

✔ Botones, cremalleras, los puños o el cuello de la camisa y demás elementos de la ropa.

✔ Collares.

✔ Bolígrafos.

✔ Copas y vasos.

✔ Cigarrillos.

✔ Teléfonos móviles.

Pregúntale a un amigo si cree que tienes esta costumbre y qué objetos sueles toquetear. Corrige este hábito con maniobras de distracción; por ejemplo, si accionas sin parar los bolígrafos automáticos, lleva siempre encima un lápiz, o utiliza broches si no puedes dejar de tirar de los collares que te pones.

Acuerda con un amigo una señal para advertirte de que estás toqueteando un objeto. Cuando la detectes, reposa las manos sobre el regazo (si te has sentado) y respira profundamente tres veces. De este modo te tranquilizarás, ralentizarás tu respiración y controlarás los nervios y la ansiedad.

Este hábito puede tener significados diferentes según la situación. Por ejemplo, el hecho de juguetear con el pelo puede deberse a tu interés y tu deseo (véase al respecto el capítulo 10), pero en otras ocasiones demuestra ansiedad, inseguridad o timidez. Presta mucha atención para que el gesto de tocarte el pelo (o jugar con el pie de la copa) no alcance un ritmo frenético cuando sientas nerviosismo o excitación, pues podrías estropear la perspectiva de pasar una velada inolvidable.

Utiliza las manos

Existen más conexiones entre las manos y el cerebro que entre cualquier otra parte del cuerpo. Además de ser una herramienta fundamental, los gestos realizados con las manos, y en especial aquellos que se hacen con la palma extendida, han transmitido, a lo largo de la historia, honradez y sinceridad, así como lealtad y sumisión. Todavía en la actualidad, muchas promesas se realizan con la palma de la mano sobre el corazón, e incluso en los tribunales se presta juramento con la mano extendida. Las manos son la mejor herramienta de la que dispones para demostrar a la persona con la que coqueteas tu honradez y tu sinceridad, algo fundamental para establecer unas bases sólidas en las relaciones laborales y sociales.

Pulgares hacia arriba

Las personas autoritarias o dominantes suelen dejar a la vista los pulgares. Según la quiromancia, los pulgares denotan firmeza de carácter y superioridad. Los hombres suelen cruzar los brazos sobre el pecho manteniendo todos los dedos ocultos excepto los pulgares, que quedan visibles y apuntan hacia arriba, lo que indica seguridad. Las mujeres que confían en sí mismas dejan los pulgares a la vista cuando meten las manos en los bolsillos y alejan los brazos del cuerpo, con lo que parecen más altas y ocupan más espacio, como puedes ver en la imagen 11-11.

Figura 11-11: Mujer segura de sí misma que muestra los pulgares

También se demuestra confianza en uno mismo al realizar el gesto del "campanario", es decir, cuando se juntan las manos pero sólo se tocan las yemas de los dedos.

En tus manos

Las manos revelan muchas cosas sobre tu estado de ánimo; además, son fáciles de ver, ya que siempre se encuentran ante ti. Mantente alerta para detectar en tus manos o en las de los demás el significado de los siguientes gestos habituales. .

Mostrar u ocultar las palmas

Cuando dices la verdad, lo más normal es que dejes a la vista las palmas de las manos. Este gesto natural permite que la otra persona intuya tu honradez. Las palmas son las cuerdas vocales del lenguaje corporal, por lo que el hecho de ocultarlas equivale a cerrar la boca.

Procura no girar las manos de forma que dirijas el dorso hacia la persona con la que coqueteas, ya que al mostrar las palmas y las muñecas no sólo aumentas tu atracción, sino que sugieres franqueza y honradez.

Gestos autoeróticos

Si haces gestos autoeróticos, como introducirte un dedo en la boca, puedes parecer muy sexy (observa la figura 11-12). Lo que no resulta nada atractivo es que te muerdas las uñas, y cuanto más nerviosismo sientas, más ganas tendrás de hacerlo; según los psicólogos, este comportamiento demuestra un intento de regresar a la seguridad de la lactancia materna.

Figura 11-12: Gestos autoeróticos

Entrelazar las manos

Cuando realizas este gesto cruzas los dedos delante del cuerpo. Suele significar comedimiento, pero si aprietas las manos con tanta fuerza que los dedos se vuelven blancos, estarás demostrando nerviosismo o ansiedad. Cuanto más arriba entrelaces las manos ante tu cuerpo o el de la otra persona, mayor ansiedad demostrarás.

Si la persona con la que coqueteas entrelaza las manos, dale algo para que sujete, como una bebida para que se relaje.

La mano en la barbilla o en la mejilla

A menudo, cuando alguien valora lo que acabas de decir, apoya la mano cerrada sobre la barbilla o la mejilla con el dedo índice apuntando hacia arriba. Este gesto es una señal positiva, ya que significa que está considerando seriamente lo que has dicho.

Figura 11-13: Gesto de valoración negativo

Cuando una persona apoya por completo la barbilla sobre la mano, ha pasado de la valoración al aburrimiento, como muestra la figura 11-13.

Acariciarse la barbilla

Este gesto, como puede verse en la figura 11-14, muestra que la persona piensa en la conversación que mantenéis y está a punto de tomar una decisión. En relación con la seducción, es posible que esté decidiendo si le gustas o si es cierto lo que dices.

El gesto de acariciarse la barbilla puede hacer que alguien parezca más reflexivo y absorto en lo que dice la otra persona.

Interponer o levantar barreras

Las manos pueden ser muy útiles no sólo para invitar a alguien a tu espacio, sino para mantenerlo alejado. Por ejemplo, si apoyas

Figura 11-14: Mujer acariciándose la barbilla

la mano cerrada sobre la mesa frente a ti, demuestras tus reservas y defiendes tu pequeño territorio. Este gesto no resulta muy acogedor para la otra persona y es una clara señal de que deseas conservar las distancias.

Si mantienes las palmas de las manos a la vista en todo momento, evitarás levantar barreras. Consulta el apartado "Mostrar u ocultar las palmas" para obtener más información.

Si te enfrentas a una persona que ha levantado una barrera con las manos, utiliza una maniobra de distracción como darle algo para que sujete o proponerle que cambiéis de sitio, para obligarle así a modificar su postura.

Detecta las mentiras

Sería mucho más fácil reconocer a los mentirosos si les creciera la nariz como a Pinocho. Sin embargo, gracias a las pequeñas pistas que nos dan, no hace falta que esperes a que esto suceda para descubrir cuándo te están contando una trola.

Tu moral puede acabar por los suelos si descubres que tus relaciones se basan en falsedades, en función de su envergadura y del número de mentiras que te cuenten. Por esta razón, te conviene conocer el comportamiento de las personas que mienten y las pistas que te permiten descubrirlas para no caer inconscientemente en su red de engaños.

Es imposible no decir una sola mentira en toda la vida. Si fuéramos sinceros en todo momento, no tardaríamos en perder a casi todos nuestros amigos. Las mentiras piadosas son esos pequeños engaños que facilitan nuestra interacción social y nos ayudan a mantener relaciones amigables. A veces, es mucho mejor decir una mentira piadosa que una aplastante verdad. En cambio, debes evitar el trato con personas que mienten con malicia, ya que intentarán engañarte deliberadamente para su propio provecho.

Aquí tienes información interesante sobre las mentiras y las personas que mienten:

✔ Numerosos estudios demuestran que los mentirosos sociales son mucho más apreciados que los que siempre dicen la verdad, incluso a pesar de que se sabe que dicen mentiras.

No rechaces la idea de coquetear con una persona que te halaga aunque no sea del todo sincera, siempre y cuando no mienta descaradamente.

✔ A las mujeres se les da mucho mejor detectar una mentira. Se cree que se debe a su papel tradicional como cuidadoras, frente al de los hombres como cazadores-recolectores, que las ha llevado a desarrollar habilidades de interpretación no verbal al hacerse cargo de niños que todavía no han aprendido a hablar. Esto significa que las mujeres tienen una inclinación natural a detectar las incongruencias entre lo que dice una persona y su forma de comportarse, lo que pone en evidencia la mentira.

✔ Es aconsejable evitar a las personas que mienten habitual o compulsivamente o que dicen mentiras muy elaboradas, ya que esto significa que les resulta difícil asumir la verdad o que no saben enfrentarse a los conflictos.

Seguro que miente

Una vez realicé un juego con un grupo que consistía en identificar qué persona mentía entre todos los que contaban una historia. La conclusión fue unánime: "Es él. Se atascaba todo el tiempo y no dejaba de moverse al contar la historia. Parecía muy incómodo, seguro que mentía". Todos estaban de acuerdo excepto uno de ellos, que afirmaba categóricamente que se equivocaban. Cuando le pidieron que justificara su decisión, respondió: "Soy su jefe y siempre se comporta así".

Si una persona suele ser inquieta y nerviosa, es probable que sienta ansiedad o desasosiego. Busca un comportamiento que se salga de lo normal antes de juzgar a una persona.

Reconoce a los mentirosos por el lenguaje corporal

Es más fácil detectar en el lenguaje corporal que en las palabras las pistas que ponen en evidencia una mentira. La persona que miente puede practicar las palabras que va a decir y controlar a la perfección este aspecto. En cambio, tiene mucho menos control sobre los gestos, ya que se producen automáticamente y suelen ser inconscientes.

Al mentir, el cuerpo emite de modo inconsciente cierto nerviosismo, que se manifiesta como un gesto incongruente con lo que se acaba de decir. Los mentirosos consumados prefieren mentir por omisión, y han perfeccionado tanto el proceso y afinado tanto sus gestos que es muy difícil detectarlos.

Debes ser consciente de los gestos comunes que revelan un engaño. Para recordarlos, piensa en los tres monos sabios que no oyen, no ven y no hablan.

Al igual que cuando se interpreta cualquier otro gesto, deben considerarse en su contexto para que cobren sentido. Es de gran ayuda conocer a la persona, ya que así puedes comparar sus expresiones y gestos con su comportamiento habitual. Busca al menos tres cambios antes de llegar a una conclusión. El hecho de que se toque la nariz podría indicar que se ha resfriado, y no que miente. Analiza sus gestos en el contexto de las conversaciones que habéis tenido recientemente. ¿Son muy diferentes? Partiendo de los gestos que observas, ¿han cambiado la pauta y el ritmo de la conversación o el tono de voz? En caso de que no sea así, lo más probable es que sólo se esté rascando.

No oír

Si alguien se agarra la oreja o tira de ella al responder a algo que has dicho puede indicar que, aunque coincide contigo, está ocultando sus verdaderos sentimientos. Este gesto revela ansiedad.

No ver

Cuando alguien se frota los ojos, el cerebro está intentando ignorar el engaño al que somete a la otra persona. Diversos estudios demuestran que los hombres utilizan este gesto más a menudo que las mujeres, quienes prefieren tocarse ligeramente los ojos o mirar hacia otro lado. Aunque los hombres suelen frotarse los ojos enérgicamente, también pueden desviar la mirada cuando mienten.

La alternativa de los mentirosos para evitar este gesto al mentir es mirar directamente a los ojos a la persona a la que se engaña. En este caso, comprobarás que mantienen mayor contacto visual de lo habitual, que su mirada es menos agradable y quizá que se lanzan a hablar. Quienes mienten no pueden controlar este pequeño movimiento.

No hablar

En este gesto, la mano tapa la boca como si el cerebro le hubiera ordenado inconscientemente impedir que la mentira saliese de los labios. Es irrelevante que la persona utilice algunos dedos o toda la mano, ya que el significado es el mismo: está intentando ocultar la mentira.

Si alguien se tapa la boca mientras hablas, podría significar que cree que estás ocultando algo.

Tocarse y rascarse

Tirar del cuello de la camisa, frotarse el cuello, rascarse o tocarse la nariz son otros indicadores que sugieren que se avecina una mentira. Cuando mientes, la tensión arterial aumenta y los tejidos se dilatan, lo que hace que te pique la nariz o que el cuello de la camisa te apriete.

Encuentra pistas reveladoras en la conversación

Por mucho que un mentiroso ensaye las palabras que va a decir para engañarte, es posible descubrir su juego a través de unas pequeñas pistas de su lenguaje.

Cuando intente engañarte, su forma de hablar y su tono de voz podrían cambiar. Es probable que hable con un tono más agudo

¿Qué no te han comprado por tu cumpleaños?

De pequeña, mi hija Lucy era toda una experta en contar mentiras. Tenía una carita tan angelical que nadie se daba cuenta de que mentía, pero afortunadamente fui tan lista como ella para descubrirla. Un día, mi padre le compró un regalo de cumpleaños y lo escondió en la habitación de invitados. Le dije a Lucy que no entrara pero, tratándose de ella, no pudo resistirse a la tentación y se llevó a su hermano como cómplice en la travesura. Sin embargo, a mi hijo Calum se le da muy mal mentir, tanto que parece tener escrito en la cara "Descúbreme, por favor, no puedo vivir con estos remordimientos". Cuando los sometí a un interrogatorio, supe de inmediato dónde habían estado; Calum permaneció en silencio y fue Lucy la que, de forma muy convincente, habló por los dos y negó la fechoría. Además, se defendió diciendo que no sabía qué le había comprado el abuelo por su cumpleaños. Al final, para que demostrara que no había estado en la habitación, le pedí que adivinara lo que el abuelo no le había comprado. "No creo que me haya comprado un juego de *hockey* de mesa", respondió con voz aguda y entonación interrogativa. En realidad, ése era el regalo.

Es fácil inventar una historia antes de decir una mentira, pero si va acompañada de una entonación interrogativa, por muy ligera que sea, acabarán descubriéndola.

de lo habitual y que acabe las frases con una inflexión ascendente, como si pusiera en duda lo que está diciendo.

Cuando una persona dice una mentira, tiende a cometer errores en el discurso y a titubear. También es probable que farfulle para llenar los vacíos de la conversación.

Las palabras que utiliza una persona al mentir pueden llevarte a deducir que no está siendo sincera contigo. Si habla sobre absolutos pero utiliza expresiones como "pensé", "probablemente" o "quizá", podría estar mintiéndote. Por ejemplo, si alguien te da plantón y te dice: "Me entretuvieron y 'pensé' que 'seguramente' ya llegaba tarde; además 'creía' que me había olvidado el móvil en casa y por eso no podía llamarte", es probable que mienta. Si dijera la verdad, se habría expresado de forma muy diferente: "Me entretuvieron y se me hizo tarde; además, me olvidé el móvil en casa y por eso no pude llamarte, lo siento".

Diversos estudios demuestran que las mujeres mienten mejor que los hombres y que prefieren historias más complejas. Los hombres, en cambio, recurren a mentiras más sencillas. Un dato curioso es que las personas atractivas resultan más creíbles que las que no lo son.

Líbrate de los mentirosos

Hay quienes prefieren seguir coqueteando con una persona que miente porque:

- ✔ Les parece más fácil creer que dice la verdad, en lugar de enfrentarse al hecho de que les está engañando.

- ✔ No les gustan los conflictos y optan por ignorar la situación, con la esperanza de que modifique su comportamiento por voluntad propia.

Sea cual sea la razón, están condenados al fracaso, ya que si una persona acostumbrada a mentir se da cuenta de que siempre consigue engañar, dirá mentiras cada vez más grandes y elaboradas.

Si crees que alguien te ha mentido sólo sobre una cosa y que todavía no ha tejido una maraña de mentiras, podría tener un motivo para engañarte. Intenta descubrirlo para decidir si te interesa seguir adelante; en caso contrario, aléjate de esa persona.

Si crees que alguien te ha mentido varias veces, puedes hacerle frente y pedirle que demuestre lo que te ha dicho o plantearle una serie de preguntas abiertas hasta que se equivoque y se descubra. Hagas lo que hagas, estás demostrando que esa persona es una mentirosa. Si no puede ser sincera contigo en la fase inicial de la relación, lo mejor que puedes hacer es olvidarla.

Rechaza a una persona con delicadeza

En ocasiones, por el motivo que sea, decides que una persona no es para ti. Tanto si no le has dado ninguna esperanza como si se trata de un amigo, una amiga o un ligue, te verás en una situación muy delicada para detener sus intentos de seducirte. Afortunadamente, puedes rechazarla con delicadeza y sin necesidad de palabras si emites las señales correctas con tu lenguaje corporal.

No esperes a llegar al límite para rechazar las atenciones indeseadas; cuanto antes lo hagas, mejor.

Demuestra sutilmente que no te interesa

Puedes utilizar una serie de gestos sin una sola palabra para hacer ver a la otra persona que no te interesa. Los gestos con las manos, que ya hemos mencionado, son una magnífica manera de transmitir tu mensaje.

Si te acaricias la barbilla y luego te apoyas en el respaldo del asiento, o bien si apoyas la cabeza en la mano y empiezas a sonreír menos, a establecer menos contacto visual y a dar respuestas más cortas, le indicarás claramente a la otra persona que ya no te interesa. Como es muy difícil mantener la comunicación sin el lenguaje corporal básico, acabará desistiendo. En caso de que ni siquiera así capte el mensaje, puedes usar los consejos del capítulo 18 para deshacerte de admiradores o admiradoras demasiado insistentes.

Utiliza barreras para frenar las insinuaciones

Si no tienes la absoluta certeza de que alguien te guste y crees que va demasiado rápido, ponle algunas barreras para pararle los pies. Utiliza las siguientes tácticas:

✔ Extiende el brazo con la mano cerrada sobre la mesa, como se indica en el apartado "Interponer o levantar barreras", para crear más espacio y defenderte.

✔ Utiliza cualquier objeto, desde la carta del restaurante hasta tu bolso, para levantar una barrera física que os separe. En cuanto se dé cuenta de que la relación se está enfriando, dará marcha atrás. La figura 11-15 muestra a una mujer que utiliza su bolso como barrera. Fíjate también en otros indicios que revelan su falta de interés: se ha alejado de su acompañante y ha orientado las piernas en la dirección hacia la que le gustaría dirigirse. En cuanto diga un par de frases más, el hombre se dará cuenta, muy a su pesar, de que no está interesada.

Si quieres alejarte de alguien, orienta los pies en la dirección hacia la que te gustaría dirigirte. De este modo, te convences de que quieres marcharte y, a la vez, le dejas claro a la otra persona que te vas.

Figura 11-15: El recurso de la barrera

Capítulo 12

Interpretar las señales secretas de seducción

Además de las señales de seducción generales y del lenguaje corporal (comentados en los dos capítulos anteriores), existen indicios particulares de cada sexo que indican si se busca algo más que una amistad. Procura detectar en los demás las señales que revelan su juego y prepárate para actuar.

Tanto los hombres como las mujeres recurren a los movimientos del cuerpo y los gestos de la cara para coquetear, ya sea presumiendo, sonriendo o utilizando los ojos para mostrar interés. Sin embargo, existen unas sutiles diferencias entre las señales de seducción de cada sexo, por lo que si sabes a qué atenerte evitarás malentendidos y tendrás más éxito.

Interpretar las señales femeninas de seducción y reaccionar ante ellas

Las mujeres emiten una serie de señales específicas y propias de su sexo, que se añaden a las que ya hemos visto hasta ahora.

Pistas reveladas por el rostro

Como ya sabes, la cara es el espejo del alma. Esto es todavía más cierto cuando se trata de la seducción, ya que puedes obtener mucha información a partir de la expresión facial de una mujer, sobre todo si sabes interpretar los movimientos de los ojos y la boca.

Los ojos

Los sentimientos intensos hacen que las glándulas lagrimales secreten líquidos, pero no se verterán en forma de lágrimas a menos que sienta dolor o una profunda emoción. Como consecuencia de este exceso de humedad, que no puede fingirse, la luz se refleja en el ojo y éste brilla. A menos que le hayas pisado un pie, el hecho de que los ojos de una mujer brillen indica una chispa de excitación.

La boca

Cuando una mujer está excitada, su tensión arterial aumenta y sus labios se hinchan al llenarse de sangre, lo que la hace más atractiva. Por ello, en ocasiones algunas mujeres recurren a diversos procedimientos estéticos para que sus labios parezcan más carnosos y apetecibles.

Los labios humedecidos, ya sea con saliva o brillo labial, también se interpretan como una invitación sexual, mientras que unos labios ligeramente separados pueden indicar una actitud abierta hacia ti. A veces, cuando una mujer encuentra atractivo a un hombre, se muerde el labio inferior.

Pistas reveladas por la distancia

La mayor o menor distancia que te separa de una persona puede darte muchísima información sobre su actitud hacia ti. En el mundo de la seducción, debes repetir el mantra "cuanto más cerca, mejor". A continuación analizaré los métodos que utilizan las mujeres para conseguirlo (en el capítulo 10 encontrarás más información sobre este asunto).

Ella se acerca

Si una mujer te roza, por ejemplo en un bar, y te separa delicadamente hacia un lado, y luego te sonríe cuando te giras para
dejarla pasar, está mucho más interesada en hablar contigo
que en pasar al otro lado. No te ha tocado sin querer, sino que
lo ha hecho deliberadamente, ya que de este modo ha atraído
tu atención y se ha tenido que excusar por invadir tu espacio.
Además, ha encontrado la manera perfecta de invitarte a conversar si has acabado justo a su lado, porque ya la conoces y si
no charlaras con ella parecería de mala educación.

Cuando una mujer desea captar toda tu atención, acorta las distancias de manera provocativa. Al acercar su cabeza a la tuya,
no sólo impide que tu radar detecte a otras personas, sino que
inconscientemente prepara el terreno para el primer beso. Si
ha acercado tanto la cabeza que tus ojos están alineados con
los suyos, pero sigues viéndola enfocada, es decir, que no se
ha inclinado hacia ti simplemente para oírte hablar en un lugar
donde hay mucho ruido, es hora de que tomes la iniciativa y la
beses.

Cuando una mujer habla tan bajo que casi susurra e inclina la
cabeza hacia delante, está invitándote a que te adentres en su espacio para que tengáis un poco más de intimidad. Baja tú también
tu tono de voz y sepárale el pelo delicadamente para que podáis
hablaros al oído. ¡Ya verás como se os ponen los pelos de punta!

No te acerques nunca a una mujer por detrás, ya que es un
movimiento amenazador que además no te permite allanar el camino con seductores gestos no verbales. Acércate siempre por
su campo visual.

Ella coloca objetos en tu espacio

Si una mujer se siente atraída por ti, lo más probable es que
invada tu espacio con objetos. Por ejemplo, puede avanzar su
copa desde su lado de la mesa o de la barra hacia el tuyo. Si está
segura de que le gustas, dejará ahí la copa, con su mano cerca,
con la esperanza de que la toques.

El bolso de una mujer es un objeto muy personal en el que lleva
cosas muy importantes para su vida. Si una mujer desconocida
coloca su bolso cerca de ti, lo más probable es que le interese.

Cuando te pide que le pases el bolso o que busques algo en su interior, está invitándote a entrar en su sanctasanctórum. En cambio, si mantiene el bolso cerca de ella y lejos de ti, está distanciándose emocionalmente.

Halaga siempre el buen gusto de una mujer en la elección de su bolso, ya que por lo general invierte mucho tiempo y dinero en este complemento y apreciará el detalle de que te des cuenta. Este comentario demuestra tu perspicacia y revela tu deseo de coquetear, pues se suele acusar a los hombres de pasar por alto este tipo de detalles.

Si una mujer apoya su copa en tu espacio y no retira la mano, toma la iniciativa y tócasela suavemente la próxima vez que diga algo gracioso o entretenido.

Pistas reveladas por las manos

Cuando una mujer piensa que un hombre es muy atractivo, utiliza una serie de gestos autoeróticos. Percibirás entonces que empieza a tocarse de alguna (o varias) de las siguientes maneras:

✔ **Se masajea el cuello.** No, no necesita un fisioterapeuta, sino que es su manera de conseguir realzar el pecho y enseñar las axilas, la fuente de sus embriagadoras feromonas.

✔ **Presume.** Al ahuecarse el pelo, humedecerse los labios y arreglarse el escote lo que intenta es mejorar su aspecto para ti.

✔ **Desliza las manos por el cuello y los brazos.** Este gesto provocador pretende darte celos porque no eres tú quien desliza las manos sobre ella.

✔ **Utiliza los dedos.** Si se roza los labios o el escote con los dedos, o si juega con el vaso o la pajita, sus dedos escenifican lo que le gustaría que pasara. La mujer de la figura 12-1 pasa el dedo por el borde de la copa y juega con el pie de la copa a la vez que mantiene contacto visual, un claro indicio de que está interesada por su acompañante.

Figura 12-1: Jugar con los dedos

✔ **Cruza las piernas.** Si cruza y descruza las piernas delante de ti y se acaricia suavemente los muslos, está indicando su deseo de que la toques.

En cuanto detectes estas pistas, deja tus dudas a un lado y despliega tu estrategia de seducción.

Pistas reveladas por la reacción de espejo

Una mujer segura de sí misma refleja la pose de vaquero que adoptan los hombres (mira la figura 12-2), con las piernas separadas, el peso sobre un pie, las caderas inclinadas y las manos en la cintura. Si le diriges una sonrisa y ella te sonríe de oreja a oreja sin dejar de mirarte, como en dicha figura, está invitándote directamente a que te acerques y le hables.

Una mujer que adopta esa pose sólo está interesada en los hombres más seguros de sí mismos. Si quieres coquetear con ella, debes rezumar confianza, ya que estará dispuesta a todo y no tendrá tiempo que perder con personalidades débiles.

Figura 12-2: Una mujer sexualmente segura

En el capítulo 11 hay más información sobre la forma en que ambos sexos utilizan la reacción de espejo como táctica para la seducción.

Pistas reveladas por la ropa y el maquillaje

No cometas el error de suponer que si una mujer se pone un modelo provocativo lo hace por ti. Si lleva puesta esa ropa es porque así se siente atractiva y destaca entre la multitud. Sólo en el caso de que la veas arreglándose la ropa puedes inferir que te ha elegido como la persona que tendrá una mejor visión de ella. Si al volver de la barra te das cuenta de que se ha desabrochado otro botón o que su falda parece un poco más corta que antes, es que ha aprovechado que no mirabas para hacer un pequeño ajuste para tu deleite.

En muchas ocasiones, las mujeres que usan pintalabios rojo son atrevidas, no sólo porque es un color difícil de llevar (al ser tan llamativo y tener connotaciones sensuales), sino porque es como si pidieran a gritos que las miraran. Diversos estudios demuestran que el pintalabios de color rojo brillante es el preferido por los hombres. Este color representa que los órganos sexuales han alcanzado su clímax.

Chicas, si vais a pintaros los labios de rojo, tened en cuenta que puede hacer que los dientes parezcan amarillentos, a menos que sean de un blanco radiante, por lo que siempre debéis elegir el tono de rojo que mejor os quede.

Si una mujer lleva gafas y se las quita para introducirse de forma seductora una patilla en la boca mientras mantiene contacto visual, está jugando contigo y quiere que te recrees mirándola (observa la figura 12-3). Sin embargo, si no sonríe o si mordisquea la patilla como un hámster nervioso, no coquetea, sino que está preocupada.

Figura 12-3: Actitud provocativa con las gafas

Interpretar las señales masculinas de seducción

Numerosos estudios revelan que las mujeres disponen de una amplia variedad de señales de seducción, hasta 52, para demostrar su interés por los hombres, mientras que ellos sólo tienen 10. Afortunadamente, las mujeres son expertas en detectar y descifrar las señales masculinas.

Pistas reveladas al presumir

Para descubrir si el interés que un hombre siente por ti no es pasajero, busca las siguientes pistas cuando estés con él:

✔ **Se toca el pelo.** Un hombre se atusa o se despeina el pelo, según su estilo, para demostrarte que intenta parecer lo más atractivo posible.

✔ **Se arregla la ropa.** Cuando se alisa la corbata o se coloca bien la solapa, está utilizando un gesto equivalente a humedecerse los labios en el caso de una mujer. En realidad, lo que intenta es mejorar su aspecto.

✔ **Se toca.** Si se acaricia la mejilla con los dedos o si se frota la barbilla con más frecuencia de lo habitual mientras te mira, está demostrando su excitación nerviosa mientras presume.

✔ **Juguetea con los botones.** Si toquetea los botones, está realizando una "actividad de desplazamiento" (acción a la que recurre para tranquilizarse o para ganar tiempo mientras decide lo que hará a continuación), porque lo has puesto un poco nervioso y está reaccionando a su deseo inconsciente de quitarse la ropa. Si a continuación se desabrocha la chaqueta, la abre al colocar las manos en las caderas y acaba quitándosela, está representando inconscientemente la siguiente fase del proceso de seducción.

Pistas reveladas por los dedos

La pose con más implicaciones sexuales que puede adoptar un hombre ante una mujer en un espacio público consiste en introducir los pulgares por detrás del cinturón o meter las manos en los bolsillos con los dedos apuntando hacia la entrepierna. Estos gestos son un poco más sutiles que la pieza de la armadura conocida como "bragueta de armar" que se utilizaba en el siglo XV para hacer alarde de hombría y estatus (hoy en día podría compararse con los pantalones de cuero apretados o los vaqueros que tienen un color más desvaído en la entrepierna), pero su significado es el mismo: quiere que te fijes en él. Si se pasa toda la noche con las manos apoyadas en las caderas y los dedos separados y orientados hacia la entrepierna, quiere inconscientemente que lo mires y lo toques.

En mis seminarios, muchas mujeres se quejan de los hombres que "se tocan ahí" para ajustarse la entrepierna, ya sea desde el interior del bolsillo o desde fuera. Su sorpresa va en aumento cuando un hombre que se ha estado hurgando les pasa la copa o las saluda con esa misma mano. Sin embargo, para un hombre, este gesto es una señal de reafirmación masculina y una forma de demostrar que está tan bien dotado que necesita ponerse cómodo continuamente.

Pistas reveladas por el dominio espacial

El dominio espacial de un hombre (es decir, su forma de ocupar el espacio que lo rodea) te indica la opinión que tiene de sí mismo y su grado de confianza. Puedes deducir lo que siente por ti basándote en la postura que adopta cuando estás cerca:

- ✔ **Se pone en posición de firmes.** Muestra su musculatura para que te formes una buena idea de su físico. Si estás justo enfrente de él cuando adopta esta postura, es que te la dedica sólo a ti.

- ✔ **Apoya las manos en la cadera.** Si está de pie con las piernas separadas y las manos apoyadas en las caderas, está orgulloso de su cuerpo y quiere que te fijes en él.

✔ **Guía con la mano.** Cuando estáis caminando entre la multitud, él te guía apoyándote la mano en el codo o en la región lumbar. De este modo, deja claro a sus rivales que él se ocupa de ti y se asegura de que no te pierdes entre el gentío.

✔ **Se sienta al borde del asiento.** Si se acerca al borde del asiento para reducir la distancia contigo, sobre todo si cruza las piernas y la de arriba está orientada hacia ti, quiere decir que le gustas.

Si detectas estas señales, procura que todo siga por buen camino convenciéndolo de tu interés. Para ello, intensifica tu estrategia reflejando su lenguaje corporal y utiliza las señales femeninas de seducción descritas en este capítulo.

Las señales de seducción no se manifiestan necesariamente al mismo tiempo. Además, debes estar alerta para detectarlas en grupos (lee el capítulo 11). Por ejemplo, en la figura 12-4, el hombre no sólo muestra su entrepierna a la mujer apuntando con la mano hacia su posesión más valorada, sino que se mesa el pelo, orienta los pies hacia ella y mantiene contacto visual. Ni con un letrero de neón podría dejar más claro que ella le interesa.

Figura 12-4: Actitud presumida mostrando la entrepierna

Detectar los cambios en la voz

Los cambios en su voz te ofrecen mucha información sobre lo interesado que está en coquetear contigo. Al principio utilizará tonos graves para demostrarte lo fuerte y masculino que es. Una voz parecida a la de Barry White es muy atractiva y sensual, mientras que la de un tenor transmite una juvenil exuberancia. A medida que avanzan los coqueteos, sus hormonas se vuelven locas y se queda sin aliento, y cuando vuestras cabezas se acercan, baja el volumen de su voz. Ahora es cuando lo tienes en la palma de la mano.

Si acercas tu cabeza a la suya y, por ejemplo, tu mejilla roza la suya sin querer, le estás indicando claramente que buscas más intimidad y que deseas que te susurre en el oído.

Parte IV
Avanzar en la relación

The 5th Wave — Rich Tennant

"ES QUE EN MI FAMILIA SOMOS SEDUCTORES
POR NATURALEZA..."

En esta parte...

En estos capítulos aprenderás a llevar tus coqueteos más allá, a dejar a una persona con ganas de más, a detectar una mentira antes de pillarte los dedos y a superar el miedo al rechazo para aumentar tu éxito a la hora de ligar.

Capítulo 13

Dar el siguiente paso

A casi todo el mundo le gusta coquetear por coquetear, pero muchas personas se encuentran con el problema de saber cuándo hay que subir la temperatura para empezar a ligar en toda regla y obtener el resultado deseado, ya sea para pedir un número de teléfono, dar un beso o invitar a tomar un café.

Este capítulo te dará los consejos necesarios para pasar de un coqueteo amigable a una relación más romántica.

La logística del paso siguiente

Llevas un rato coqueteando y todo va de maravilla, pero ¿cuándo debes dar el siguiente paso? Antes de hacerlo, debes tener claras dos cosas: si de verdad deseas darlo y, en ese caso, cuál será el escenario.

Me gusta... ¿o no?

Si has superado tu curiosidad inicial y has llegado a la conclusión de que esa persona no es para ti y no quieres ir más allá, no le des falsas esperanzas haciéndole creer que te importan sus

Demasiado tímido

Juan Carlos y Clara trabajaban en una empresa, que tenía más de mil empleados. Ya se habían visto al entrar y salir del edificio, pero nunca habían pasado de intercambiar alguna que otra mirada. Un día en el que se reunió un pequeño grupo para celebrar la finalización de un gran proyecto, Juan Carlos tropezó literalmente con ella. Le pidió perdón, y luego fue a buscarle algo de beber. Se pusieron a charlar animadamente por fin habían roto el hielo. A medida que la reunión llegaba a su fin, cada uno reflejaba el lenguaje corporal del otro y se balanceaban nerviosamente sobre los pies preguntándose para sus adentros quién daría el primer paso. Al final, se instaló entre ellos un incómodo silencio antes de que se despidiesen y se dirigiesen a sus respectivos departamentos. Juan Carlos se daba la cabeza contra la pared por no haberle pedido su número de teléfono y se propuso buscarla; por suerte, en el edificio no trabajaban muchas chicas como ella y sería capaz de reconocer su voz. Sin embargo, justo antes de irse a casa recibió un correo electrónico de Clara invitándolo a tomar un café, por lo que todo acabó bien.

No tengas miedo a tomar la iniciativa para no perder tu gran oportunidad.

sentimientos. De esta manera sólo consigues crearte problemas, ya que después no serás capaz de quitártela de encima porque tendrá la impresión de que quieres volver a verla. Todos te apreciarán más si desde el principio actúas con sinceridad. Lee en el capítulo 18 la forma de rechazar a una persona con delicadeza.

Sin embargo, si decides que esa persona te interesa y constatas que el sentimiento es mutuo, ya que refleja tus palabras, gestos y cercanía y presume delante de ti, es el momento de dar el siguiente paso. Tanto si acabas de conocerla como si tienes una cita con ella, estarías desperdiciando todos tus esfuerzos si la dejases escapar por no tomar la iniciativa.

En caso de que se te plantee la duda de quién debe dar el siguiente paso, supera tus esquemas mentales más anticuados, que dicen que le corresponde al sexo masculino, pues tanto un hombre como una mujer se sienten halagados si alguien les anda detrás.

Dónde dar el siguiente paso

En ocasiones puede ser complicado decidir dónde darás el siguiente paso, ya que deseas encontrar un lugar agradable en el que dispongas de un pequeño espacio para coquetear sin que nadie te moleste. Quizá te tiente la idea de abordar a la persona que te gusta cuando esté sola, pero podrías perder tu oportunidad si ella está con sus amigos.

En un grupo

No hace falta que anuncies ante un grupo de personas tu deseo de dar un paso adelante, simplemente te basta con crear tu propio espacio dentro del grupo. Sigue estas indicaciones:

1. **Ponte cara a cara con la persona que te gusta.** De este modo, no sólo le impides ver a los demás, sino que además se lo pones difícil a quien quiera interrumpiros.

2. **Si hay mucho ruido, tócale en la parte superior del brazo cuando te inclines para hacerle una pregunta.**

3. **Hazle la pregunta con naturalidad, tanto si le pides su número de teléfono o una cita como si le propones tomar un café.**

Después de lanzar la pregunta, evita quedarte cara a cara durante mucho tiempo, a menos que os sintáis bien en esa posición (es decir, si estáis ligando abiertamente). De lo contrario, podrías resultar intimidante. Consulta también el apartado "A por el beso".

Si le propones a la otra persona ir a hablar a un lugar más tranquilo, podrías destruir la magia del momento, a menos que tengas la seguridad de que el sentimiento es mutuo (por ejemplo, si refleja tu lenguaje corporal y facial, se acerca a ti y presume), en cuyo caso le encantará la idea de tener una conversación más íntima. No obstante, si sospechas que tus sentimientos son más bien unilaterales, te conviene esperar al momento en que decida ir a los aseos y aprovechar la oportunidad para hablarle ya sea antes de que vaya o cuando vuelva.

En la oficina

Dar el siguiente paso en la oficina es una fuente potencial de problemas, sobre todo si la otra persona se siente comprometida

Metedura de pata en la oficina

Hacía mucho tiempo que a Manuel le gustaba Adriana. Decidió que había llegado la hora de dar el gran paso y preguntarle si quería salir con él. La mesa de Adriana estaba situada frente a la pared, por lo que se le acercó por detrás, se inclinó sobre su hombro y le preguntó susurrando si podía hablar con ella. Manuel se sentó frente a ella sobre la mesa, y con aire despreocupado y en voz muy alta le preguntó si ese fin de semana estaba libre. Adriana se puso roja como la grana. Manuel le gustaba, pero la había cogido por sorpresa, ya que era su superior y se lo había preguntado delante de sus compañeros. El silencio se instaló en la oficina y todo el mundo, expectante, esperó su respuesta. Adria-

na se encontraba en una posición muy incómoda; si respondía que no, Manuel se sentiría avergonzado y no volvería a intentar salir con ella nunca más, pero si decía que sí, sus compañeros pensarían que era una mujer fácil. Para empeorarlo todo, estaba roja como un tomate. Decidió responderle que tenía que consultar su agenda y que ya le mandaría un correo electrónico. Manuel cometió varios errores al elegir el lugar en el que dar el siguiente paso, pero Adriana salvó la situación y le dio una respuesta sin hacer partícipe al resto de compañeros.

Para obtener los resultados que buscas, recuerda este ejemplo antes de decidir dónde darás el siguiente paso.

---

o si interpreta tus insinuaciones como acoso sexual. Si decides hacerlo a pesar de todo, no olvides lo siguiente:

✔ No te acerques a la otra persona por detrás, ya que no se sentirá muy receptiva si la sorprendes. En un estudio sobre el comportamiento en la oficina, descubrí que lo que más molestaba a los encuestados era que alguien se les acercase por detrás, sobre todo si no eran conscientes de su presencia. Por eso, te conviene evitarlo.

✔ Respeta su derecho a resguardar su vida privada. No comentes al resto de la oficina y a sus compañeros que vas a dar el siguiente paso y, llegado el momento, no lo hagas delante de todo el mundo.

✔ Ten en cuenta el puesto que ocupas en la jerarquía de la empresa con respecto al suyo, e intenta no parecer condescendiente o intimidante (por ejemplo, sentándote sobre su escritorio cara a cara, inclinándote sobre su hombro por detrás para susurrarle algo al oído o procediendo a su acorralamiento en el ascensor).

✔ Elige zonas neutrales como la cafetería, el "office" o cualquier otro lugar que se encuentre fuera del entorno de la oficina.

El lugar menos recomendable para dar el siguiente paso es el ascensor. A muchas personas les resulta difícil hablar en este espacio y evitan mantener contacto visual porque la situación les obliga a invitar a su espacio personal a quienes habitualmente no invitarían. El hecho de que te sitúes demasiado cerca al dar el gran paso puede ser suficiente para ahuyentar a la otra persona.

Lee el capítulo 14 para obtener más información sobre cómo iniciar un idilio en la oficina.

Cuándo dar el siguiente paso

Elige el momento adecuado para dar el siguiente paso, no te limites a esperar a que se presente. Sabrás que ha llegado la hora cuando descubras que la persona que te gusta te habla a través de un lenguaje corporal más expresivo. Debes constatar, por ejemplo, que ha aumentado el contacto visual, te sonríe cada vez más, refleja tu lenguaje corporal, se te ha acercado, presume, se toca o te toca deliberadamente y te dedica toda su atención.

En cambio, en ocasiones como las que presento a continuación no es aconsejable dar el siguiente paso:

✔ Cuando la otra persona o tú habéis consumido alcohol o drogas, para evitar hacer o decir algo que más tarde podríais lamentar.

✔ En una atmósfera en la que sea difícil oír a la otra persona o ver su reacción, como una discoteca.

✔ Cuando la otra persona ha recibido malas noticias y está usándote como paño de lágrimas. En un momento tan emotivo como éste sólo buscará tu consuelo, y si malinterpretas la situación podría rechazarte.

Un as en la manga

Ángela y Verónica se conocieron en un curso de fin de semana y congeniaron desde el primer momento. La noche del sábado se quedaron despiertas hasta altas horas de la madrugada porque Ángela no paró de contar divertidas anécdotas, una tras otra. Verónica admiraba la emocionante vida de Ángela, y el fuerte vínculo que se estableció entre ellas la llevó a creer que había conocido a la que se convertiría en su mejor amiga. La invitó a su casa el fin de semana siguiente y de nuevo se quedaron despiertas hasta tarde porque Ángela le contó las mismas historias de la otra vez. Entonces, Verónica se dio cuenta de que había agotado sus mejores anécdotas y no tenía nada interesante que decir. Ángela parecía tener una vida tan emocionante porque había concentrado todas sus experiencias en un día pero, por desgracia, no era capaz de hablar de otra cosa.

Ángela puso tanto empeño en ganarse la amistad de Verónica que le contó demasiadas cosas y demasiado pronto. Se sintió fatal al darse cuenta de que había perdido a una persona que podría haberse convertido en su amiga. Por esta razón, decidió leer un libro para aprender a comunicarse y aumentar su carisma. Así pudo refrenar su ímpetu y dejar a las personas con las que hablaba con ganas de conocerla más. El truco de sugerir que todavía tenía muchas historias que contar le permitió conservar sus nuevas amistades y encontrar el amor de su vida.

Si quieres aumentar tu éxito al coquetear, deja a la gente con ganas de más.

✔ Cuando tú o la otra persona no estáis al cien por cien, por cansancio o enfermedad, ya que si recibes una respuesta negativa podrías interpretarla como un rechazo, cuando en realidad sólo es un mal momento para tus insinuaciones.

✔ Cuando la otra persona tiene prisa, porque podría no prestar a tu cortejo la atención que merece.

Que se quede con ganas de más

Uno de los principios básicos del coqueteo es "dejar siempre a la otra persona con ganas de más", tanto si quieres ligar como consolidar una amistad. De este modo, crearás expectativas y lograrás que vuestro próximo encuentro sea todavía mejor. La única manera de conseguirlo consiste en poner fin a la cita en el punto álgido, en lugar de prolongarla hasta que la conversación se agote.

Si no se produce una pausa natural en la conversación, pon una excusa para marcharte. Así conseguirás que la otra persona quiera volver a verte y entrarás en la fase de "valorar cuál debe ser el siguiente paso", que se trata a continuación.

Valora cuál debe ser el siguiente paso

No existen reglas infalibles para decidir qué paso debes dar a continuación; basta con que te asegures de que quieres darlo y de que los acontecimientos evolucionan a tu ritmo. No te obligues a hacer algo si no sientes que es el momento. A algunas personas les gusta que la primera cita acabe en la cama, mientras que otras se dan por satisfechas si intercambian los números de teléfono. Lo que importa es lo que a ti te guste; no se te considerará ni mejor ni peor ligue por lo lejos que llegues en la primera cita.

El alcohol suprime las inhibiciones y, cuando hemos bebido, solemos hacer tonterías y cosas que más adelante podríamos lamentar. Si no quieres arrepentirte por nada de lo que pase en una cita, no bebas ni gota.

Pídele el número de teléfono

Cuando ligues o hagas nuevas amistades, no debes olvidarte de pedirle el número de teléfono a la otra persona si es poco probable que volváis a encontraros por casualidad. Lo que has hecho hasta ahora ha sido la parte difícil; en comparación, conseguir su número es coser y cantar.

No confíes en que te pidan tu número de teléfono, porque la otra persona podría esperar lo mismo de ti.

Cuando percibas que la conversación se agota o sientas que es el momento de dejar a tu acompañante con ganas de más:

1. **Agradécele su compañía y dile lo mucho que has disfrutado con él o ella.**

2. **Dile que te gustaría que os volvieseis a ver para comer, tomar un café, ir de copas, cenar o lo que te parezca más adecuado.**

3. **Si acepta, decidid en ese mismo momento cuándo y dónde quedaréis, o bien pídele su número de teléfono y dile aproximadamente cuándo llamarás. También puedes darle tu número y decirle a qué hora te va bien que te llame.**

Lleva siempre encima un bolígrafo o utiliza la agenda de tu móvil para guardar un número de teléfono.

A por el beso

A veces la intuición te dice cuándo es el momento ideal para besar a alguien, pero si no confías en tus dotes de seducción, puede que no te atrevas. Sin embargo, a lo mejor te ayuda saber si la otra persona está preparada. A continuación se incluyen algunas de las señales indicativas de que la persona con la que coqueteas desea que la beses:

✔ Habéis juntado considerablemente vuestras cabezas.

✔ Te mira la boca con frecuencia.

✔ Se toca cada vez más la boca y los labios, por ejemplo, rozándolos con la copa, los dedos, la pajita o las gafas.

✔ Sus labios parecen más carnosos.

✔ Tiene las pupilas dilatadas y los ojos brillantes.

✔ Te toca o se toca asiduamente.

✔ Se muerde o se humedece los labios.

✔ Sus pies, cintura y hombros están directamente alineados con los tuyos. Además de cuando se está ligando, esta pose sólo se adopta en el momento de enfrentarse, desafiar o atacar a alguien.

Odisea nocturna

Diana estaba de visita en casa de una amiga. Habían salido juntas de marcha pero, por desgracia, su amiga desapareció con un jugador de rugby. La esperó en el bar hasta la hora del cierre, pero no volvió. Había perdido su número de teléfono y, aunque conocía el camino a su casa, no se sabía la dirección y tampoco tenía llave. Se le ocurrió que podía quedarse en un hotel, pero estaban todos ocupados. Un chico con el que había estado coqueteando se ofreció a sacarla de apuros. La invitó a la habitación del hotel en el que se alojaba y le juró que se comportaría como un caballero. Sin embargo, en cuanto apagaron la luz, se abalanzó sobre ella. Tras quitárselo de encima, y para evitar que él se propasara más, decidió que esperaría en el vestíbulo del hotel hasta que fuera de día y que iría entonces a la casa de su amiga.

Hay personas que dicen que se comportarán de una manera pero después incumplen su palabra. Por eso, antes de salir de marcha, asegúrate de llevar siempre encima el número de teléfono de un taxi, la llave del lugar en el que te alojas y dinero suficiente por si te tienes de alojar en un hotel.

Si detectas alguno de estos signos o, idealmente, un grupo de cuatro, lánzate a la aventura y dale un beso.

Acabar en su casa

Es maravillosa la sensación que te produce un arranque de pasión, pero debes tener en consideración unas cuantas cosas antes de irte con alguien a su casa.

En la primera cita

Has sentido amor o deseo a primera vista por una persona. Te invita a su casa y te mueres de ganas de aceptar.

No seas inocente sobre lo que puede depararte el futuro. A lo mejor te lo estás pasando en grande coqueteando con la otra persona pero, cuando las hormonas entren en acción, será difícil poner freno. Hay quienes consideran que la parte más emocionante de ligar es cuando van detrás de una persona; si esta fase se acaba pronto, podría pasarle lo mismo a la relación. Piensa fríamente si prefieres ir a todo trapo desde el principio o bien disfrutar de un coqueteo inolvidable y esperar a la siguiente cita. Antes de decidirte a acabar en casa de alguien, lee los consejos para evitar riesgos del capítulo 19.

Después de varias citas

El momento perfecto para acabar en su casa es cuando los dos os sintáis preparados y tengáis las hormonas al rojo vivo. No obstante, si os queda la más mínima duda, debéis hablarlo. No fuerces a nadie ni tampoco te fuerces a hacer algo para lo que no os sintáis preparados. Y lleva siempre encima un preservativo.

Prepárate para engatusar

En el proceso de cortejo, justo después de coquetear pero antes de llegar al sexo, tendrás que engatusar a la otra persona. Aunque este libro trata fundamentalmente sobre la seducción, a veces tendrás que poner en práctica tácticas envolventes para salirte con la tuya. Si deseas ampliar tus conocimientos en el ámbito sexual, consulta nuestro libro *Sexo para Dummies* de Ruth Westheimer y Pierre Lehu.

La emoción de las expectativas

Las expectativas son el ingrediente más importante de tus estrategias de conquista. Piensa en lo mucho que deseabas que llegaran las fiestas de fin de año en tu infancia, por la montaña de regalos que iban a traerte los Reyes Magos. Ahora, en la edad adulta, tu ilusión por los regalos se mantiene viva, pero en menor grado. De hecho, las expectativas son a veces mucho mejores que lo que te regalan.

La imaginación puede ser de gran ayuda para las expectativas. Por lo general, fantaseas con el lugar al que irás con la persona con la que has quedado, lo bien que olerá, lo agradable que será tocarla y lo mucho que os divertiréis.

Para mejorar tus expectativas y las suyas, haz lo siguiente:

✔ Piensa en lo mucho que te apetece ver a la persona con la que has quedado y lo excitante que será tenerla cerca.

✔ Envíale un mensaje de texto diciéndole que estás deseando que llegue el momento de veros y lo que crees que sucederá cuando estéis juntos.

Crea una conexión química

Si además de sentir una atracción física sois químicamente compatibles, podéis acabar perdiendo la cabeza por la pasión. Esta conexión química puede aumentar gracias a tus feromonas, las hormonas sexuales que liberas por la zona de las axilas y las ingles. Las feromonas son los mensajeros químicos inodoros que secretan los animales y los seres humanos, que el olfato detecta a nivel inconsciente y que le revelan a una persona que sientes atracción sexual por ella.

Humedécete discretamente los labios antes de besar a quien te gusta para potenciar tu conexión química. En realidad, el primer beso tiene una finalidad especial. Cuando te atrae una persona, las glándulas de la boca y las comisuras de los labios liberan sustancias semioquímicas, un nombre genérico que designa el conjunto de mensajes químicos que facilitan las reacciones — desde la de "luchar o huir" hasta la atracción o la repugnancia—, y estimulan el deseo sexual. Nos humedecemos los labios no sólo como gesto autoerótico, sino para preparar el terreno para las conexiones químicas que se establecen al besar. Si sientes una descarga eléctrica cuando besas a una persona significa que, además de que el beso se les da bien, sois químicamente compatibles.

Muestra atrevimiento

Muestras una actitud atrevida cuando te sirves de tu ropa y tu pose para potenciar al máximo tu imagen de confianza y tu deseo de besar. En cuanto superes la fase de coqueteo y te propongas conquistar a la otra persona, deberás empezar a mostrar tus encantos físicos. Adopta la postura que te permita transmitir la imagen más sensual y atractiva de tu cuerpo y mírale directamente a los ojos. Cuando se dé cuenta de que tu deseo es tan evidente, esa persona se volverá loca ante las expectativas.

Figura 13-1: Actitud atrevida

Desabróchate un botón de la camisa (o súbete un poco la falda), siéntate con las piernas ligeramente separadas, saca pecho y sostén la mirada mientras te tocas el cuerpo, como muestra la imagen 13-1.

Las relaciones íntimas

A menos que la relación acabe antes de tiempo o que prefiráis no mantener relaciones sexuales, tendréis que decidir cuándo dar el gran paso y hablar sobre otros asuntos relacionados, como el sexo seguro. Si tu pareja y tú no estáis de acuerdo en el momento en que queréis comenzar vuestra relación sexual, es muy importante que habléis sobre estas cuestiones. La buena comunicación es la piedra angular de cualquier relación y puede ayudaros a solucionar varios asuntos para evitar conflictos o malentendidos.

Sigue tu ritmo

No cambies tu manera de ser. Si sientes que te meten prisa o que las cosas van demasiado lentas, no te comportarás de manera relajada ni natural.

Cuando tienes la impresión de que una persona te obliga a ir muy rápido (por ejemplo, si desde el principio quedáis demasiado a menudo o si te presiona para que las citas acaben en la cama), debes decirle con total sinceridad que no puedes seguir ese ritmo y que quieres que la relación vaya más despacio. Si la otra persona vale la pena, respetará tus deseos.

Si, por el contrario, te resulta frustrante la lentitud con la que avanzáis, (por ejemplo, porque sólo os veis muy de vez en cuando o porque lleváis saliendo mucho tiempo pero no habéis pasado de los besos), habla con tu pareja para aumentar la frecuencia de vuestros encuentros o pregúntale directamente el motivo de su reticencia.

Toma precauciones

Cuando empieces a mantener una relación sexual no deberá preocuparte únicamente la posibilidad de un embarazo, sino también las enfermedades de transmisión sexual (ETS). Según el ministerio de Sanidad, las estadísticas de las enfermedades de transmisión sexual han alcanzado cifras sin precedentes y afectan sobre todo a personas de más de 45 años. Si te arriesgas a mantener una relación sexual esporádica y no utilizas protección, estarás poniendo en peligro tu salud y la de la otra persona.

No existe ningún anticonceptivo que te proteja al cien por cien, pero el preservativo es el método más seguro. Mantente firme y utiliza siempre un preservativo hasta que tengáis una relación estable y os hayáis asegurado de que no estáis infectados con una ETS.

La actitud de cada persona con respecto a los métodos anticonceptivos varía según la educación que ha recibido.

✔ No eres una persona ligera de cascos por tener la sensatez de llevar siempre encima un preservativo.

✔ El sexo no es mejor sin preservativo.

✔ Pones en peligro tu salud si no te cuidas cuando te acuestas con alguien que ha tenido relaciones sexuales con otra persona.

Capítulo 14

Normas para una cita y consejos para una relación

En este capítulo

▶ Iniciar un idilio en la oficina

▶ Salir con un amigo o amiga

▶ Seguir las normas de las citas

▶ Comenzar una relación

Tanto si empiezas a salir con un amigo o amiga como si se trata de una persona con la que trabajas, deberás tener en cuenta una serie de advertencias antes de cambiar la naturaleza de la relación, en especial si quieres ganar una pareja y no perder una amistad.

Los valiosos consejos sobre protocolo que te proporciona este capítulo te ayudarán a conseguir la cita de tus sueños. Más adelante, en cuanto le hayas echado el lazo a la persona que te gusta, encontrarás otras recomendaciones para que la nueva relación florezca.

Iniciar un idilio en la oficina

Muchas personas conocen a su futuro cónyuge en el trabajo, pero antes de darte de baja de una agencia de contactos, cancelar tu desfile de citas rápidas y esperar una avalancha de propuestas de matrimonio, deberías tener en cuenta una serie de cosas.

Te conviene conocer mejor a una persona, amparándote en la protección que te ofrece una relación de compañeros de trabajo, para decidir si te gusta o no antes de revelarle tu juego.

Una de las peores situaciones posibles, y la más destructiva de todas, es coquetear con un compañero o compañera que estén casados. Cuando trabajas todos los días codo con codo con una persona, acabas conociéndola muy bien y podrías pensar que sois tal para cual. Esta persona te dirá que sólo recibe incomprensión por parte de su pareja y tú eres un pequeño oasis en medio de su angustiosa existencia. Te aseguro que, en cuanto se haya salido con la suya, no tendrá ninguna razón para poner fin a su matrimonio, porque ya habrá conseguido lo que buscaba. En cuanto empieces a pedirle algo de compromiso por su parte, te convertirás en parte de su problema, no en su solución.

Factores iniciales que debes considerar

Antes de insinuarte a un compañero o compañera de trabajo, debes asegurarte de que el sentimiento es mutuo. Si lo es, te darás cuenta de que te trata mejor que a los demás, te presta más atención, te mira y te sonríe mucho, etcétera; si no detectas estas señales, sé prudente y mantén la relación en el plano profesional. Mira el capítulo 12 para comprobar si se dan estos indicios de interés mutuo.

Otra cosa que debes tener en cuenta es tu estatus con respecto al de la persona que te atrae. Algunas relaciones están mejor toleradas que otras en una empresa. Te encontrarás en una situación ideal si el objeto de tus deseos trabaja en otro departamento y tiene una categoría similar a la tuya.

Las relaciones entre personas de estatus diferente son más problemáticas. Si vas detrás de alguien con una categoría inferior, te arriesgas a que te manipulen, por lo que debes dejar claro en este caso que no le darás un trato preferente. Ten en cuenta también que, si las cosas salen mal, se supone que la persona que tiene el puesto de mayor categoría debe comportarse mejor.

Por último, no olvides que la forma en que acabe la relación afectará a tu entorno laboral. Pocas veces se pone fin de mutuo acuerdo a un idilio, y podría haber roces en el trabajo si quien muestra más interés en hacerlo debe soportar la insistencia de la otra persona. El funcionamiento de la empresa también se resentirá si los compañeros de trabajo deciden tomar partido.

Asegúrate de que puedes trasladarte a otra oficina si las cosas no van como habías previsto. En el caso de que la empresa no apruebe las relaciones sentimentales en el trabajo, debes considerar la posibilidad de dejar la empresa para proteger tus perspectivas profesionales y mantener tu relación al mismo tiempo.

Protocolo para un idilio en la oficina

Si decides mantener una relación en el trabajo, debes cumplir las siguientes reglas para reducir al mínimo las posibilidades de que se produzcan problemas y resentimientos por parte de los demás compañeros:

✔ **Ve a tu ritmo en la relación.** Sobre todo si la otra persona ocupa un puesto de más categoría que el tuyo; si te fuerza a hacer algo no cedas porque esté por encima de ti. De esta manera, te respetará más, y si no lo hace siempre te queda la posibilidad de poner fin a la relación.

✔ **Toma tus decisiones con objetividad.** El hecho de que hayas perdido la cabeza por alguien no es razón suficiente para tomar partido por esa persona en una discusión; así sólo conseguirás distanciarte de los demás compañeros y minar tu reputación.

En caso de que pueda considerarse que existe un conflicto de intereses, asegúrate de que lo dejas bien claro para mantener intacta tu reputación en la empresa.

✔ **Compórtate con discreción en la oficina.** Si os cogen besuqueándose encima de la fotocopiadora, vuestra trayectoria profesional saldrá mal parada y vuestros compañeros se sentirán abochornados por el espectáculo.

✔ **No comentes con tus compañeros detalles íntimos de tu pareja.** Además de que es un gesto infantil, lamentarás haberlo hecho cuando te des cuenta de que se han compinchado, y de que cada vez que te ven por el pasillo se dan codazos y se aguantan la risa.

Cuando tengas la seguridad de que tu única salida es mantener una relación con una persona del trabajo, utiliza las frases del capítulo 16 indicadas para esta situación.

Pasar de una amistad a una relación

Descubrir que alguien con quien tienes una amistad puede acabar siendo tu pareja es una perspectiva emocionante. No sólo conoce a tus amigos, sino que pertenece a tu entorno social y sabe cuáles son tus filias y fobias (y tú las suyas). Incluso podría conocer a tu familia y caerle bien, un obstáculo difícil de superar. El paso de una amistad a una relación parece bastante lógico después de considerar las consecuencias.

Al igual que en cualquier otra situación, debes asegurarte de que también tú le interesas a la otra persona. Uno de los elementos que debes considerar es si su comportamiento habitual hacia ti ha cambiado. Fíjate también en si pasa más tiempo contigo, se sienta a tu lado más a menudo, reacciona más positivamente a tus comentarios cuando estáis en grupo, etcétera. Lee en el capítulo 12 qué otras señales ponen de manifiesto una atracción mutua.

Si la persona que te gusta tiene fama de ir a la pesca de citas dentro del grupo y de poner fin a la relación en cuanto se aburre o le surge algo mejor, procede con cautela a menos que no te importe caer en el anzuelo.

Con algo de esfuerzo por tu parte, tienes más probabilidades de mantener una relación duradera con un amigo o amiga que con alguien que no conoces, pero ¿te compensará perder su amistad si no funciona? Si crees que no, ten mucho cuidado. No lleves la relación al límite. El contacto excesivo que no es correspondido, o que le obliga a quedar contigo en exclusiva fuera de vuestro círculo social habitual, le hará creer que, más que una cita, se trata de acoso.

Aunque aparentemente nada impida que vuestra bella amistad se convierta en una relación maravillosa, respeta los sentimientos de las demás personas del grupo para mantener el equilibrio de vuestro círculo social. Aunque la mayoría de vuestros amigos se alegrará de que seáis pareja, otros, más reacios a los cambios, preferirán que las cosas continúen como siempre. Seguid estos consejos:

✔ Tranquilizad a quienes se lo tomen a mal diciéndoles que el grupo seguirá llevándose tan bien como siempre.

✔ Preguntad a vuestros amigos si hay algo que los moleste, como que os beséis o abracéis en su presencia, y modificad vuestro comportamiento en consecuencia.

Caras de perro

Amalia había organizado una cena en casa para intentar emparejar a Joaquín con una amiga suya. Sin embargo, él se mostró interesado por Paloma, una recién llegada al grupo de amigos, y le sonrió mientras ella le daba discretamente el postre incomible al perro por debajo de la mesa. Las demás chicas del grupo no apreciaban a Paloma, aunque ella no sospechaba nada. Paloma decidió rechazar los intentos de ligar de Joaquín. Por su parte, Amalia se puso de muy mal humor cuando se dio cuenta de que Joaquín ignoraba a su amiga y que en cambio coqueteaba con Paloma, pero no tanto como cuando descubrió una mancha de grasa en la alfombra y vómitos de perro. Joaquín no volvió a ver a la amiga de Amalia, pero empezó a quedar en secreto con Paloma, hasta que ésta se integró por completo en el grupo y pudieron hacer pública su relación, que todos aprobaron.

Si estás saliendo con una persona que pertenece a tu círculo social, no precipites las cosas. Piensa primero en los sentimientos de tus amigos para evitar que la dinámica de grupo se vea afectada.

✔ Si preferís evitar los enfrentamientos, ignorad la poco razonable antipatía del grupo por vuestra relación. A la larga acabarán aceptándola, ya que se integrará en la estructura del grupo; de lo contrario, el asunto llegará a un punto crítico y tendréis que enfrentaros a él.

¿Alguna de vuestras ex parejas pertenece también al grupo? En caso afirmativo, ¿les importa que salgáis juntos o bien creéis que albergan por vosotros un sentimiento como rabia o rencor que podría afectar al bienestar de vuestro grupo social? Para evitar cualquier disgusto, hablad seriamente con vuestras ex parejas antes de actuar.

Lleva las riendas de la cita

Cuando estés ligando sin parar y tengas alguna cita a la vista, sigue los consejos que presento a continuación para que tus encuentros sean todo un éxito.

¿Quién propone la cita?

La tarea de proponer la cita puede corresponder a una u otra persona en función del sexo y la edad. Tradicionalmente, se suponía que eran los hombres los que debían hacerlo, y por esta razón han sufrido en mayor medida el riesgo a sentirse rechazados. En la actualidad, cuanto más joven es la persona (es decir, menos de 30 años), menos se cumple esta suposición. En la franja que va de los 30 a los 55 años, no está muy bien definido quién debe proponer la cita. Aunque la igualdad de derechos se reconoce desde hace varias décadas, sólo una minoría de mujeres de esta franja de edad toma la iniciativa. Las mujeres de más de 55 años suelen estar acostumbradas a que sea el hombre el que las invite a salir, ya que si son ellas las que lo hacen, se las considera ligeras de cascos.

En realidad, poco importa quien tome la iniciativa, mientras lo haga alguno de los dos.

Los preparativos

Si te planteas las siguientes cuestiones al preparar la cita, dominarás tu nerviosismo y transmitirás seguridad y control.

Dónde y cuándo

Decidid los principales detalles de la cita, como el lugar, la hora, etcétera. Pregúntale a la persona con la que vas a salir si tiene manías o problemas con algún alimento en concreto, y tenlo en cuenta. Acordad también si vais a encontraros en un lugar o si iréis juntos hasta allí. No dejes de leer los consejos para evitar riesgos del capítulo 19.

Si la otra persona te pide que elijas tú dónde será la cita, no optes por el lugar más caro de la ciudad, a menos que te diga que el dinero no es un problema. Para olvidar tus nervios y parecer lo más natural posible, inclínate por un lugar que conozcas; seguro que agradecerá tu esfuerzo.

Intercambiad vuestros números de teléfono de contacto ese mismo día por si surge una emergencia.

Lo mejor de lo mejor

Pablo invitó a salir a Isabel y, como acababa de mudarse a la ciudad, le pidió que eligiera ella el lugar de la cita. Isabel quería que pensara que tenía estilo y que no era la típica chica que solía cenar en sitios cutres, por lo que eligió un restaurante nuevo bastante caro. Sin embargo, no advirtió a Pablo sobre cómo vestirse, y al principio les denegaron el acceso porque él llevaba vaqueros, aunque consiguió camelarse al portero para que los dejaran entrar.

Isabel pidió champán y eligió los platos más caros de la carta, como si todos los días cenase en sitios tan elegantes. Pablo se lo pasó de maravilla en la cita y se moría de ganas de repetir la experiencia, un sentimiento que también compartía Isabel hasta que él le propuso que pagaran a medias la abultada cuenta.

Evitad las sorpresas desagradables y acordad previamente cómo vais a pagar la cuenta.

Quién paga

Acordad con antelación quién va a pagar. Hoy en día resulta tan aceptable que pague el hombre como que lo haga la mujer, o que paguéis a medias. Sin embargo, la actitud con respecto a quién debe pagar la cuenta puede estar influida por el sexo y la edad:

✔ En ocasiones, cuando una mujer paga la cuenta o paga la mitad, intenta protegerse para que su acompañante no espere nada a cambio.

✔ Una mujer de más edad podría esperar que pagara el hombre como acto de caballerosidad.

✔ Si sabes que la persona con la que estás saliendo gana menos que tú, se considera de buena educación sugerirle que paguéis a medias.

Si eres tú quien le propone la cita a alguien y quieres pagar la cuenta, dile que te apetece invitarlo. En cambio, si te propone a ti la cita y prefieres pagar a medias, dile que te encantaría aceptar con la condición de que paguéis a escote. Si tienes una cita a ciegas y prefieres librarte del compromiso o la obligación de una segunda cita, propón pagar la cuenta a medias cuando estéis concretando los detalles. Puedes decir algo como "en las citas a ciegas suelo proponer que paguemos a escote para que ninguno de los dos se sienta obligado a nada, ¿te parece bien?".

Empezar la cita con buen pie

Puedes hacer varias cosas para comenzar la cita de la mejor manera posible:

✔ **Intenta llegar un poco pronto, o al menos puntual.** Si llegas media hora tarde porque no encontrabas sitio para aparcar, la persona con la que has quedado no se sentirá nada especial y podría recibirte con frialdad.

✔ **Vístete con esmero y asegúrate de que tu higiene personal no deja nada que desear.** Si tu aspecto es impecable pero hueles que apestas, tu reputación acabará por los suelos y te recordarán por razones deplorables.

✔ **Comienza la cita halagando a tu acompañante para aumentar su confianza y marcar la pauta de la velada.** Frases tan sencillas como "tenía muchísimas ganas de que llegara el momento de verte" o "estás genial" son ideales para romper el hielo, porque a ti te resultará fácil de decir y tu acompañante podrá responder sin problemas.

Los halagos son una forma eficaz de demostrar a la persona con la que estás saliendo que te gusta, y es mucho más probable que se sienta atraída si cree que le gustas.

Es vital para la primera cita que transmitas sinceridad y formalidad, en lugar de intentar adivinar lo que busca tu acompañante. Si basas tu relación en la confianza, establecerás un vínculo sólido; los comienzos en falso pueden provocar dudas que a la larga son difíciles o imposibles de ahuyentar.

La buena educación y la cortesía no cuestan nada. No olvides darle las gracias por su tiempo, su compañía y su generosidad (si te ha invitado).

Cuándo llamar después de la cita

Hay distintas opiniones sobre cuándo se debe llamar después de una cita, desde la castigadora hasta la tímida. Sin embargo, tu objetivo es transmitirle tus impresiones a la persona con la que has salido, es decir, si realmente te interesa.

Una llamada, un correo electrónico o un mensaje de texto son medios de comunicación aceptables, siempre y cuando dejes claras tus intenciones.

Si a una persona que muestra mucho interés por ti le dices que te gustaría volver a quedar "más adelante cuando tenga menos compromisos", en vez de librarte de ella educadamente, lo único que conseguirás es darle esperanzas. Seguirá llamándote hasta que le hagas un hueco entre tus "múltiples ocupaciones" o te atrevas a decirle con sinceridad lo que piensas.

Ciberacoso

La primera cita que María tuvo con Roberto fue genial. Radiante de felicidad, le envió un mensaje de texto cuando volvía en taxi a casa. Aunque no le contestó, se pasó toda la noche fantaseando con sus vacaciones, su boda y sus hijos con Roberto. A la hora de comer del día siguiente él todavía no se había puesto en contacto con ella, por lo que María dedujo que se le habría estropeado el móvil y le envió un correo electrónico. Una semana y una infinidad de correos después, Roberto todavía no había dado señales de vida. María le escribió por Facebook, pero tampoco tuvo respuesta. Al final tuvo que reconocer que seguramente él estaba evitándola y que quizá su manera de "seducirlo" se parecía más al ciberacoso que a una declaración de interés.

Acepta que no todas las citas llevan a algo más. Si no recibes una respuesta tras un tiempo razonable, olvídate de esa persona y céntrate en otra completamente diferente.

Un mensaje de texto, una llamada o un correo electrónico, para decirle a la persona con la que saliste que te lo pasaste muy bien y que te gustaría volver a quedar si el sentimiento es mutuo, es una forma clara y concisa de hacerle saber que te gusta y que te encantaría repetir la experiencia. Si no te responde en 48 horas puedes volver a intentarlo, pero si sigue sin responderte, es evidente que nunca lo hará.

Numerosos estudios demuestran que los hombres no tienen en cuenta el factor tiempo para devolverle las llamadas a la persona con la que salieron, mientras que las mujeres sí. Un hombre llamará cuando sienta que es el momento, y no se imagina que si lo deja para una semana después alguien podría molestarse.

La primera vez que contestes, incluye algún halago. Basta con que digas algo sencillo como "me lo pasé muy bien contigo".

Pasar de una cita a una relación

En la fase inicial, es perfectamente aceptable que salgas con otras personas (¡pero asegúrate de que se lo haces saber a todas las partes interesadas!). Sin embargo, a la larga tendrás que elegir con quién quieres mantener una relación. Cuando descubras que tus sentimientos son correspondidos, opta por la sinceridad y comunica tus intenciones con claridad. No olvides que las relaciones duraderas se basan en la comunicación, tanto si se trata de amistad, amor o trabajo.

Descubrir si una persona está tan enamorada de ti como tú de ella no es tan fácil como parece, ya que podría ocultarte el grado de atracción mutua que existe (o que no existe) haciendo alguna de las siguientes cosas:

✔ Emitir señales incorrectas.

✔ Malinterpretar las señales que se emites.

✔ Ocultar los sentimientos por miedo al rechazo.

✔ No expresarse claramente.

Asimismo, tardará en darse cuenta de si ya no tienes otras citas porque mantenéis una relación. No anuncies lo que sientes a los cuatro vientos, pero háblale con sinceridad; si el sentimiento es mutuo, le ayudarás a confiar en ti.

No te resultará nada fácil llegar a la conclusión de que has encontrado tu "media naranja" y de que puedes dejar de coquetear en busca de citas. Incluso hay personas tan exigentes en las relaciones que acaban condenándose a una vida de frustraciones. Pero si eres realista en el amor, te darás cuenta de que la persona que buscas está justo delante de ti.

Cómo saber si estás ante una relación a largo plazo

Una buena relación a largo plazo se basa en compartir valores y creencias similares. Responde a las siguientes preguntas:

✔ ¿Os llama el mismo estilo de vida, por ejemplo, en lo que respecta al lugar de residencia, la elección de una mascota o el equilibrio entre la vida laboral y la personal?

✔ ¿Queréis tener hijos? En caso afirmativo, ¿cuántos y cuándo?

✔ ¿Tenéis una idea parecida sobre el trabajo y la trayectoria profesional? Es decir, ¿vivís para trabajar o trabajáis para vivir?

✔ ¿Compartís las mismas actitudes hacia la familia y los amigos? ¿Pasáis con ellos el mismo tiempo y los valoráis en la misma medida?

✔ ¿Disfrutáis de las mismas actividades en vuestro tiempo de ocio?

✔ ¿Tenéis la misma actitud hacia la espiritualidad? Por ejemplo, ¿sois los dos ateos o profesáis una religión compatible?

Está claro que si sales con un hombre muy enmadrado, adicto al trabajo y que no quiere tener hijos, odia el bricolaje y no sabe distinguir un cortacésped de un cortasetos; mientras que tú eres una mujer alérgica a las suegras, que adora restaurar muebles, siente que el reloj biológico ya le pide un hijo y tiene un jardín de una hectárea, vuestra relación no va a llegar muy lejos.

Los opuestos se atraen, pero para un futuro en común es mucho mejor compartir valores y creencias similares.

Supera los pequeños inconvenientes

Nadie es perfecto, ni siquiera tú, por lo que es imprescindible hacer concesiones en una relación. En cuanto hayas aceptado que no existe la pareja ideal, pero que has encontrado a alguien que se le acerca, sólo deberás solventar las cosas que menos te gustan de esa persona para que la relación vaya viento en popa.

Si no puede cambiar las cosas que te molestan, dejará de ser su problema y pasará a ser el tuyo, por lo que tendrás que encontrar la forma de solucionarlo antes de que abra una brecha entre vosotros.

No dejes que los pequeños inconvenientes se conviertan en un campo de batalla. Reserva las discusiones para las cosas que de verdad importan. Si algo te molesta, ignóralo por completo.

Intercambia un poco de amor todos los días

Nunca des por supuesto que una persona sabe lo que sientes por ella. Para afianzar sólidamente una relación, acostúmbrate a hacerle partícipe todos los días de tu amor. También tu familia y tus amigos íntimos necesitan recibir cariño, así que no olvides demostrárselo.

El contacto físico es muy importante para los seres humanos. Abraza a tu pareja cuando no se lo espere y dale un beso cada vez que pases a su lado para fortalecer vuestro vínculo afectivo y físico.

Capítulo 15

Reducir el riesgo de rechazo

· ·

En este capítulo

▶ Intentar seducir a la persona adecuada

▶ Enfrentarse a los riesgos gradualmente

▶ Salvar un intento de ligar

▶ Enfrentarse al rechazo

· ·

Todos hemos sentido miedo en algún momento de nuestra vida; de lo contrario, no reconoceríamos el peligro. Sin embargo, si desarrollas un miedo demasiado profundo al rechazo, tu vida y tu capacidad para entablar nuevas relaciones y conservarlas pueden verse muy perjudicadas. Aunque a nadie le gusta sentirse o ser rechazado, se trata de una situación por la que todos pasamos alguna vez.

Cuando nos enfrentamos al rechazo solemos olvidar la objetividad, pero puede ser una buena aliada para tu ego, e incluso puede ayudarte a aprender del fracaso y superarlo mucho antes. Todavía mejor que la objetividad es la valoración del riesgo, ya que contribuye activamente a que evites el temor al rechazo y a que tomes decisiones más acertadas desde el primer momento. En este capítulo, descubrirás cómo reducir al mínimo el riesgo al rechazo al elegir bien desde el principio a las personas con las que quieres coquetear, al aumentar tu zona de comodidad asumiendo riesgos y, lo que es más importante, al aprender a asumir el rechazo con dignidad y seguridad.

Valora el rechazo con objetividad

El miedo al rechazo puede manifestarse de varias maneras; por ejemplo, puedes pensar "no puedo hacerlo", "esas cosas se me dan fatal" o "¿para qué voy a intentarlo si seguro que no le gusto?".

En ocasiones, este miedo se debe a un rechazo anterior, probablemente en tu primer intento de ligar seriamente con alguien que te atraía, cuando tenías las hormonas a cien. Es posible que ese rechazo haya sido la cosa más importante que te había pasado hasta entonces en tu breve vida, y supuso un golpe tremendo. Como consecuencia de esta experiencia traumatizante y decepcionante, decidiste evitar cualquier riesgo que pudiese causarte de nuevo semejante dolor y humillación.

Si valoras ese rechazo con objetividad, te darás cuenta de que, seguramente, ocurrió al principio de tu trayectoria sentimental, antes de que hubieses desarrollado las maravillosas dotes de seducción que te ha regalado la madre naturaleza y que se mencionan en este libro. Ni siquiera tenías el bagaje necesario para saber si debías arriesgarte a ligar con esa persona y si mostraba algún interés por ti. En realidad, ese rechazo fue una parte esencial de tu proceso de aprendizaje.

Desde entonces llevas contigo ese miedo al rechazo, que aflora cada vez que te encuentras en una situación desconocida o que entras en contacto con gente nueva. Aunque es poco probable que te enfrentes a un peligro grave, sigue asustándote que alguien te saque de tu zona de comodidad.

El rechazo te afecta en lo más profundo y lo interpretas como si estuvieran despreciándote. Sin embargo, una persona podría rechazarte por múltiples razones, muchas de éstas ajenas a tu persona o a tu control: ya está saliendo con alguien, no quiere salir con nadie, sufre una terrible timidez o miedo al rechazo, simplemente está de marcha con sus amigos y no le apetece, acaba de superar una ruptura dolorosa… La lista es interminable.

Comprobaciones para acertar desde el principio

Uno de los errores más comunes, y uno de los principales motivos de rechazo, es intentar ligar con una persona que te parece atractiva, en lugar de hacerlo con alguien que esté disponible. El problema es que te lo tomarás muy a pecho, incluso si la persona que echó por tierra tus ilusiones no deseaba ligar con nadie. Puedes reducir al mínimo las probabilidades de rechazo desde el principio si llevas a cabo las siguientes comprobaciones y te aseguras de transmitir el mensaje correcto.

Antes de ligar, debes efectuar tres comprobaciones: que la persona que te gusta está disponible, que tú emites las señales correctas para mostrarle tu interés y, por último, que puedas analizar cómo reacciona a tus señales. Recuerda los siguientes puntos para descartar a las personas que no están disponibles y reducir al mínimo el riesgo de rechazo.

¿Está disponible?

El lenguaje corporal de una persona y su ubicación en el lugar en el que os encontráis te ayudarán a descubrir si le apetece ligar. Fíjate en los siguientes puntos:

La historia se repite

Bruno tenía un historial sentimental pésimo. Creía que era un caso perdido porque no parecía gustarle a ninguna mujer y, harto de recibir tantos palos, juró que nunca más se acercaría a una desconocida. En realidad, a Bruno no se le daba nada mal coquetear cuando una mujer se le acercaba. De esto se deduce que los rechazos que sufría se debían a que elegía a las que ya estaban comprometidas o que no estaban interesadas en ligar. Bruno tuvo que esforzarse para descubrir quiénes estaban dispuestas a ligar, pero en cuanto le cogió el tranquillo, casi nunca fallaba.

No abandones por miedo al rechazo, ya que el problema seguramente radica en otra parte.

✔ ¿Está observando el lugar para detectar a las personas disponibles?

✔ Si está con otra gente, ¿está mirando de frente hacia el lugar más concurrido?

✔ ¿Muestra los signos clásicos que revela un hombre o una mujer al presumir, como colocarse bien la corbata o la solapa, tocarse la cara, humedecerse los labios o juguetear con el pelo? (En el capítulo 12 hallarás una lista más completa).

Si la respuesta a estas tres preguntas es afirmativa, puedes tener la seguridad de que está disponible.

¿Emito las señales correctas?

Cuando hayas deducido que una persona está disponible, debes asegurarte de que emites señales que demuestran tu interés (y de que producen una reacción positiva, como indico en el apartado siguiente) antes de actuar.

Piensa en lo siguiente:

✔ ¿Le has dado la oportunidad de contemplarte de arriba abajo? Es decir, ¿te has colocado en un lugar bien visible? (En el capítulo 7 puedes encontrar más información para ubicarte en un punto caliente).

✔ ¿Has adoptado una postura seductora que sea específica de tu sexo? Por ejemplo, una mujer puede resaltar sus curvas y un hombre puede separar un poco las piernas. (El capítulo 12 te pone al tanto de lo que debes hacer al respecto).

✔ ¿Le has sostenido la mirada durante cuatro segundos? Mantén contacto visual unos cuatro segundos, después desvía la mirada y vuelve a mirar. Si la otra persona te sigue mirando, es que está interesada en ti. (El capítulo 10 te explica cómo dominar la mirada de cuatro segundos).

✔ ¿Le has levantado las cejas? Si levantas las cejas rápidamente para saludarle de forma no verbal, habrás avanzado mucho. (El capítulo 7 te explica esta táctica con todo detalle).

✔ ¿Le has sonreído? Si te devuelve la sonrisa, las cosas van bien. (El capítulo 10 te explica todos los beneficios de sonreír).

Si emites todas estas señales, le dejarás bien claro a la otra persona que te apetece ligar.

¿Reacciona positivamente?

Antes de actuar, asegúrate de que la respuesta que recibes sugiere que tus coqueteos son bienvenidos. Fíjate en la persona con la que quieres ligar:

✔ ¿Se ha movido para verte mejor?

✔ ¿Ha mantenido contacto visual contigo?

✔ ¿Te ha levantado las cejas?

✔ ¿Te ha sonreído?

✔ ¿Ha utilizado alguna señal de seducción específica de su sexo? (Consulta el capítulo 12.)

Si has constatado por lo menos tres de estas cinco señales, puedes tener la seguridad de que le interesa ligar contigo y que has reducido al mínimo el riesgo de rechazo en esta fase.

Asume riesgos aceptables

Todo en la vida entraña algo de riesgo, pero si después de ponderar todos los factores te convences de que es más importante lo que puedes ganar que lo que puedes perder, estás asumiendo un riesgo aceptable, lo que facilita las cosas. En cada fase del proceso de seducción te enfrentarás a un nivel de riesgo diferente:

✔ **Fase 1.** Elegir una persona con la que coquetear es lo menos arriesgado en lo que al rechazo se refiere.

✔ **Fase 2.** Elegir una persona con la que entablar conversación es ligeramente más arriesgado.

✔ **Fase 3.** Insinuarte a alguien es lo más arriesgado, pero comparado con otros riesgos que asumes, como conducir o viajar en avión, no es tan terrible.

Con quién coquetear

Cuanta más experiencia tengas en ligar, más riesgos podrás asumir para empezar a coquetear con alguien. El proceso de seducción comienza con una fase no verbal, por lo que prácticamente no arriesgas nada si lo intentas.

La magnitud del riesgo que asumes depende de con quien coquetees:

✔ **Prácticamente sin posibilidad de rechazo.** Amigos y familia.

✔ **Riesgo leve.** Compañeros de trabajo y desconocidos.

✔ **Ligeramente más arriesgado.** Personas que te atraen irresistiblemente.

Aunque esta última categoría sea la más peligrosa, no entraña tantos riesgos como parece. Lo peor que te puede pasar es que una persona no te mire, no te levante las cejas o no te sonría. No es el fin del mundo, ya que no habrás sufrido directamente un violento rechazo ni tampoco tendrás nada que perder.

Amplía tu zona de comodidad coqueteando de forma no verbal a medida que vas aumentando el riesgo.

Entabla conversación

Después de superar tu miedo al rechazo en las fases iniciales del coqueteo no verbal (consulta el apartado anterior) y de darte cuenta de que no ha pasado nada terrible, habrá llegado el momento de superar el miedo al rechazo al iniciar una conversación. En el capítulo 16 encontrarás una lista de frases para romper el hielo sin temor; te ayudarán a tomar la iniciativa para ponerte a charlar con alguien.

Una vida desaprovechada

Raquel nunca había tenido mucha confianza en sí misma. Tenía la impresión de que a la gente no le gustaba hablar con ella, ni siquiera sobre asuntos triviales. La idea de charlar con un desconocido, sobre todo para ligar, le daba escalofríos. Estaba convencida de que no gustaría y de que nadie querría hablar con ella, por lo que prefería ahorrarse el rechazo. Había tenido estos pensamientos negativos durante tanto tiempo que su visión estaba completamente distorsionada. Por esto, se acostumbró a mirar siempre al suelo y a evitar el contacto visual.

Pero un día Raquel se dio cuenta de que era posible distinguir a las personas que sí querían hablar con ella. Poco a poco aprendió a mantener contacto visual y, al observar lo que sucedía, pudo detectar otras señales. Ahora que tenía un plan, la vida no parecía tan desalentadora. Primero se esforzó en interaccionar con la gente que veía habitualmente, y luego con algún que otro desconocido. Al final reunió el valor suficiente para ponerse a coquetear con un hombre. Para su sorpresa, sus insinuaciones funcionaron a las mil maravillas. Empezó mirándolo a los ojos y sonriéndole cuando lo vio en la cola de una cafetería para comprarse un bocadillo. Al día siguiente, le preguntó cuál era su favorito y, unas semanas después, lo invitó a comer en el parque. La confianza de Raquel en sí misma había aumentado enormemente y ya ni se acordaba de su miedo al rechazo. Siempre y cuando pudiese valorar el riesgo de antemano, estaba dispuesta a coquetear a su ritmo con quien fuera, desde compañeros de trabajo hasta parejas potenciales.

Las únicas razones válidas para que alguien no te responda después de una buena seducción no verbal es que o no te oye o no habla el mismo idioma que tú. Cualquier otra razón que se te ocurra será invención tuya y no vale como excusa para evitar iniciar la conversación. Si al final resulta que tiene pareja o debe ir a la oficina a toda prisa para hablar con su superior, te contestará de todos modos, aunque sólo sea para saludarte y excusarse.

Insinuarte a alguien

Si superas tu miedo inicial, te resultará muy sencillo coquetear de forma no verbal y ponerte a charlar con alguien. Sin embargo, algunas personas creen que si se insinúan, están dejando ver sus intenciones con demasiada claridad.

Sólo sientes miedo cuando te dejas llevar por los pensamientos negativos. Si te centras en un pensamiento tan positivo como la agradable sensación que produce conseguir una cita, aumentarás tu confianza y te sentirás más optimista.

Tranquilízate pensando que ha aceptado tu coqueteo no verbal y que ha disfrutado hablando contigo. Ahora es la otra persona la que emite señales y espera a que des el siguiente paso. Si te percatas de que emite señales que demuestran que le apetece seguir coqueteando desde que empezasteis a hablar, o bien de que ha aumentado su intensidad, no dejes pasar la oportunidad.

La acción vence al miedo. Esto significa que no tienes tiempo para reflexionar sobre tu miedo al rechazo. De lo contrario, te impedirá actuar al paralizarte y acabará convirtiéndose en una realidad. Si quieres conseguir un número de teléfono, una cita o un beso, debes confiar en tus instintos y tomar la iniciativa.

Invéntate un mantra que te dé fuerzas y repítelo varias veces al día. Cree en él al decirlo y vence tu miedo al rechazo.

Cómo reavivar una situación enfriada

Tu intento de coqueteo puede verse anulado y rechazado por múltiples razones, desde el aliento con olor a tabaco hasta la excesiva cercanía, pasando por la sensación de falta de profesionalidad si lo haces en el trabajo. Si la persona con la que quieres coquetear te interesa de verdad, te conviene salvar la situación.

Para reavivar una relación que se ha enfriado, haz lo siguiente:

Ahora te toca a ti

Héctor tenía mucha facilidad para conocer chicas y hablar con ellas. Sin embargo, sus amigos no entendían por qué nunca había tenido novia. Sólo cuando uno de ellos intentó discretamente hacerlo salir del armario confesó que su soltería no tenía nada que ver con su sexualidad. El problema era que no se sentía capaz de pasar de un ligue a una relación estable. Nunca estaba seguro de si le gustaba realmente a una mujer y le tenía pánico al rechazo. Por eso, todas las chicas acababan convirtiéndose en sus amigas o se cansaban de esperar y perdían el interés.

Héctor decidió inventarse un mantra que le subiese los ánimos al ligar y le ayudase a superar su miedo al rechazo: "Soy guapo, inteligente y divertido. ¡Le gusto!". Lo repetía todos los días mientras se duchaba y cuando se preparaba para salir por la noche. Al final, lo puso en práctica en plena acción: estaba coqueteando con una chica y llegó al punto en que solía amilanarse pero, en vez de darse por vencido, repitió mentalmente su mantra y le pidió el número de teléfono. Unos meses después, cuando ya se sentía seguro de dar ese paso, se propuso pedirle una cita. Al final, consiguió distinguir la ocasión propicia en que una mujer quería que la besara. Cuando quiso darse cuenta, ya tenía toda una fama de seductor y decidió que había llegado el momento de encontrar su media naranja.

No dejes que tu miedo al rechazo eche a perder tus posibilidades de mantener una relación. Amplía tu zona de comodidad hasta que sea lo suficientemente grande para atreverte a invitar a salir a alguien.

1. **Intenta recordar en qué momento empezaron a enfriarse las cosas.**

¿Qué estabais diciendo o haciendo en ese momento? ¿Eres capaz de identificar qué cosa en particular provocó el cambio? Piensa también en las circunstancias y el contexto en el que os encontráis. Es más recomendable ponerse a ligar en un entorno en el que este comportamiento sea aceptable (por ejemplo, mejor en un bar que en la oficina). Otro factor que debes tener en cuenta es si la otra persona ha sufrido algún cambio últimamente. Si la han despedido, la han ascendido o la ha dejado su pareja, tendrá más o menos ganas de coquetear que de costumbre.

2. Dale un poco más de espacio.

Si te parece que vuestra relación se está enfriando, lo mejor que puedes hacer es darle más espacio. Intenta no agobiar, ya que podrías perder la oportunidad de arreglar las cosas.

3. Menciónale que te diste cuenta de que había cambiado a partir de cierto momento y pregúntale si le pasa algo.

Si así consigues aclarar las cosas, puedes seguir coqueteando o dejarlo para otro momento. Si te responde con evasivas y te da la impresión de que no quiere hablarte con sinceridad, quizá no sea la persona adecuada para ti. Busca una excusa y despídete.

Cómo enfrentarte al rechazo

De vez en cuando en la vida hay que arriesgarse y, aunque implique adentrarse en terrenos desconocidos, debes abordar cualquier reto o experiencia nueva con valor y determinación para tener éxito. No siempre conseguirás lo que buscas, pero al adoptar una actitud sana y asumir que los errores son inevitables, podrás contemplar tus fracasos sentimentales como una oportunidad para aprender de la experiencia. Al final, conseguirás seducir a la persona que te gusta.

En lugar de compadecerte, saca provecho de un rechazo convirtiéndolo en una experiencia positiva de la que aprender. La forma en que te enfrentas al rechazo dice mucho de ti como persona. No debes tomártelo como algo personal, sino que se trata de un proceso de selección de la vida. Ten en cuenta que forma parte de las citas, tanto si eres tú quien rechaza como quien sufre lo sufre. Lo mejor para todos es que lo superes sin montar un escándalo ni hacer recriminaciones.

Cuando eres tú quien rechaza

Si vas a rechazar a una persona, dale el mensaje reduciendo las señales que puedan hacerle creer que te gusta (disminuye el contacto visual, sonríe menos y aléjate un poco, como indica el capítulo 11) y las señales de seducción secretas (juguetea menos con el pelo, no presumas, etcétera, como recoge el capítulo 12). Esto debería ser suficiente para que se diese cuenta de que vuestra relación se ha acabado.

Afortunadamente la mayoría de las veces la gente capta el mensaje, aunque podrías toparte con alguien que no lo entiende, por lo que deberás explicárselo letra por letra de la forma más discreta posible. Mantén la calma para no iniciar una discusión sobre el tema y explícale con tranquilidad que, por desgracia, no es tu tipo y que estas cosas sólo se descubren después de intentarlo. En el capítulo 18 encontrarás más consejos al respecto.

Si le dices a alguien por qué no te gusta, estás buscando problemas. Evita frases como "no eres mi tipo porque eres demasiado bajo/a, alto/a, gordo/a, escandaloso/a, aburrido/a, feo/a...". No hace falta que digas algo que puede herir u ofender, ya que a esa persona no le pasa nada, simplemente no es para ti. Para no montar una escena, haz comentarios neutros.

La mejor solución es darle la vuelta al rechazo en beneficio de la otra persona, con una frase como "ha sido un placer conocerte, pero creo que no soy la persona adecuada para ti. Es mejor que deje el camino libre para que puedas encontrar a tu media naranja". De este modo, le estás haciendo un favor al decirle que no pierda el tiempo contigo.

Nunca dejes a una persona delante de sus amigos, ya que lo más probable es que se monte una escena cuando tomen partido para defender su honor.

Cuando es a ti a quien rechazan

Si alguien te dice que no eres la persona que buscaba, acepta su decisión. No es el momento de hacerle veinte preguntas para que te explique por qué no quiere seguir contigo. Incluso aunque justifique su decisión, no podrás hacerle cambiar de idea con ninguno de tus argumentos. Deberías haberlo hecho en el momento en que su lenguaje corporal empezó a enfriarse (consulta el capítulo 11), pero ahora es demasiado tarde.

Agradece que te haya hablado con sinceridad en lugar de mantenerte en vilo a la espera de una relación que nunca se

Días de vino y rosas

A Rosa le encantaba coquetear con los hombres pero podía resultar un poco cargosa, sobre todo cuando se había tomado unas copas. De hecho, esto no gustaba. Ella no cogía la indirecta e iba detrás de los hombres que le atraían hasta que se veían obligados a decirle claramente que no estaban interesados. Entonces se dedicaba a interrogarlos para descubrir por qué no les gustaba. Cuando se lo decían, se sentía indignada y se ponía a discutir con ellos para que se retractaran y se dieran cuenta de que en realidad formaban la pareja perfecta. Si seguían en sus trece, Rosa metía a sus amigos en la discusión hasta que la situación se volvía insoportable. Cuando se dio cuenta de que necesitaba

ayuda, Rosa realizó un curso que le enseñó a considerar el rechazo como una oportunidad para encontrar al príncipe azul. También decidió beber menos y esforzarse por interpretar las señales del lenguaje corporal para saber qué sentía un hombre por ella, en lugar de recurrir al alcohol para ponerse a hablar con todos. Sus amigos le comentaron que así resultaba mucho más divertido salir con ella, y su reputación de agresiva devoradora de hombres se desvaneció rápidamente.

Aprende a aceptar con elegancia la decisión de una persona de no ligar contigo para reducir al mínimo el trauma asociado al rechazo.

materializaría. Si superas un rechazo con elegancia, tardarás menos tiempo en encontrar a otra persona con la que te apetezca coquetear. No pierdas el tiempo agobiando a quien te ha rechazado para intentar hacerle cambiar de idea.

Enfrentarse al rechazo en el trabajo

Probablemente el peor lugar para que alguien te rechace es el trabajo, ya que os encontraréis a menudo; si pertenecéis al mismo departamento, tendrás que acostumbrarte a ver su cara todos los días.

Independientemente de cómo se manifieste el rechazo o de quién sea responsable, toma la iniciativa y aclara las cosas antes de que perjudique tus relaciones laborales y tu trayectoria profesional.

¡No estás despedido!

José Luis formaba parte del grupo de personas que su empresa pensaba despedir para llevar a cabo un reajuste de plantilla. Aunque todavía estaban reuniéndose con los empleados para encontrar la manera de evitar los despidos, la decisión ya casi estaba tomada. Sin embargo, cuando el director ejecutivo se reunió con José Luis, se quedó tan impresionado por su dignidad y sus muestras de agradecimiento por las oportunidades que le había ofrecido la empresa, que se dio cuenta de que su empleado tenía unas cualidades nada desdeñables y un aspecto de su carácter que todavía desconocía. Decidió entonces que sería un error deshacerse de José Luis, luego de valorar su reacción ante el despido, y lo reubicó en un puesto de mayor categoría que acababan de crear.

Si aceptas un rechazo con dignidad, incluso cuando consideras que no tienes nada que ganar, puedes recibir una recompensa.

La forma en la que te comportes ante un rechazo puede afectar tu reputación, por lo que debes actuar con dignidad. Reúnete con esa persona (o mándale un correo electrónico si no podéis hablar a solas) y dile: "Me gustaría aclarar las cosas. Creo que lo nuestro no funciona. No es culpa tuya, simplemente considero que no estamos hechos el uno para el otro. Pero no quiero que esto estropee nuestra relación profesional y haré todo lo posible para que las cosas vayan bien entre nosotros en el trabajo. Espero que estés de acuerdo conmigo". Si es a ti a quien rechazan, te bastará con una frase del estilo: "No quiero que lo que ha pasado entre nosotros estropee nuestra relación profesional, y espero que sigamos trabajando tan bien como antes".

Si vas a dejar a alguien, no lo comentes en el trabajo. Todos se pondrán a cotillear en la oficina y en poco tiempo la historia no se parecerá en nada a tu versión de los hechos.

Parte V
Los decálogos

The 5th Wave — Rich Tennant

@RICHTENNANT

"SUELEN DECIRME QUE SE ME DA FATAL LIGAR,
PERO PARA ESO TRAIGO A LA RANA GUSTAVO..."

En esta parte...

En estos capítulos se abordan de forma desenfadada las frases que puedes usar para entablar conversación, las cosas que debes evitar al ligar, las estrategias para librarte de atenciones indeseadas y los consejos básicos para ligar sin riesgos.

Capítulo 16

Diez frases (más o menos) para entablar conversación en casi cualquier circunstancia

....

En este capítulo

▶ Entablar conversación con el sexo opuesto

▶ Ponerse a charlar con completos desconocidos

▶ Convertir los conocidos en amigos

....

Generalmente, lo que dices es menos importante que cómo lo dices. Sin embargo, te conviene tener algo preparado para poder concentrar tu energía en transmitir confianza con tu aspecto y tu voz sin preocuparte por meter la pata en la conversación.

Este capítulo te ofrece un pequeño repertorio de frases para entablar conversación en todo tipo de situaciones, por lo que ya no tendrás excusa para no acercarte a alguien y empezar a coquetear. Las frases son mucho más eficaces si las combinas con los demás consejos del libro. Si tienes suerte, también la otra persona lo habrá leído y podrá darse cuenta de inmediato de que quieres ligar.

No olvides que la frase con la que finalices la conversación es tan importante como la que utilices para iniciarla. Si te das cuenta de que has cometido un terrible error y que no puedes quitarte de encima a esa persona, recurre a los consejos del

capítulo 18. También puedes decirle simplemente "me ha encantado conocerte, seguro que volvemos a vernos" o "toma mi
número de teléfono, así hablamos un día de estos; me gustaría
tener noticias tuyas".

Frases para los hombres

Los hombres suelen sentir una enorme presión para encontrar
una frase perfecta e ingeniosa. La verdad es que las mujeres se
enamoran con el oído. Una vez superada la atracción inicial, lo
que les importa es lo que oyen y cómo les hace sentir un hombre. Les causarás una buena impresión si las halagas, ya que
necesitan saber que te gustan.

Prueba a utilizar las siguientes frases mientras mantienes contacto visual y muestras una expresión amistosa:

✔ **"Espero que no te moleste que te diga que tienes la sonrisa más encantadora / los ojos más bonitos / la risa más
contagiosa / el perfume más delicioso del lugar."** Esta
frase es muy útil si te sientes seguro de ti mismo, y funciona porque le has pedido permiso para hablarle y la has
halagado.

✔ **"De lejos me parecías una persona agradable y simpática y pensé que no te importaría que me presentara. Me
llamo X y estoy encantado de conocerte."** Es buena idea
acabar la frase dándole un apretón de manos. Esta frase no
está nada mal si no estás acostumbrado a tomar la iniciativa para entablar conversación. Funciona porque estás de-
dicándole un halago general y la tocas intencionadamente
por primera vez (con el apretón de manos), lo que aumenta
tu confianza y crea un efecto positivo y duradero. Además,
según el protocolo aplicable a las conversaciones, tendrá
que presentarse y aceptar tu apretón de manos. En caso
de que no lo haga de inmediato, tu siguiente frase tendrá
que ser, lógicamente, "¿cómo te llamas?".

Frases para las mujeres

Un hombre estará tan contento de que seas tú quien tome la iniciativa que puedes decir casi cualquier cosa sin preocuparte de que te rechace. Las mujeres suelen entablar conversación con frases indirectas, como "¿tienes hora?", "no soy de aquí, ¿puedes recomendarme un restaurante que esté bien?" o "estoy intentando librarme de ese pesado de ahí, ¿te importa hablar conmigo un ratito como si estuviéramos pasándolo genial?".

Utiliza frases indirectas para entablar conversación mientras emites las señales de seducción femeninas (las encontrarás en el capítulo 12), si no deseas recibir una respuesta demasiado concisa. De este modo, estarás creando una oportunidad para coquetear, en vez de tomar la iniciativa. Pero si prefieres ser más directa, sírvete de estas frases:

✔ **"Me encanta tu camisa / corbata / loción para después del afeitado, ¿dónde la has comprado?"** Esta frase es muy recomendable porque estás apelando a su ego al felicitarlo por su elección y, dado que los hombres prefieren hablar sobre hechos, estará encantado de comentarte dónde hizo su adquisición.

✔ **"Hola, estoy buscando a alguien interesante con quien hablar y tú me lo has parecido."** Con esta frase te resultará fácil entablar conversación, porque lo liberas de la necesidad de tomar la iniciativa y, de paso, le dices explícitamente que te gusta y que quieres charlar.

Frases para empezar un idilio en la oficina

No esperes a la cena de Navidad para encontrar la oportunidad de dar comienzo a un idilio en la oficina. Existen dos tipos de frases útiles para este tipo de relación: uno para los casos en que crees que la otra persona se ha fijado en ti y otro para los casos en que tomas directamente la iniciativa. Prueba a decir lo siguiente:

✔ **"Me he dado cuenta de que ahora te fijas más en mí. ¿Te apetece que tomemos un café juntos y charlemos?"**

✔ **"Estoy intentando ampliar mi círculo de amistades. ¿Te apetece que tomemos un café juntos para conocernos un poco mejor?"**

Estas frases funcionan porque son directas y acaban con una invitación.

Frases para utilizar con completos desconocidos

Seguro que tu madre te advirtió de que no hablaras nunca con desconocidos, pero vas a tener que olvidar las costumbres de tu infancia si no quieres perder numerosas oportunidades espontáneas para ligar. En principio, la mejor estrategia para hablar con desconocidos es comentar vuestras circunstancias.

"¿Vienes aquí a menudo?" es una frase perfecta cuando estás en una cola y se avanza con lentitud. De este modo, rompes el hielo con humor y se lo pones fácil a la otra persona para que te conteste.

"¡Qué buen tiempo hace para esta época del año!" es otra frase positiva que puedes decir con una sonrisa sin arriesgar nada. A todo el mundo le gusta responder a los comentarios sobre el tiempo, ya que no son amenazadores y permiten hablar sobre multitud de temas.

Si la persona con la que quieres hablar pasea con un niño o un perro, puedes alabar su comportamiento (siempre y cuando el niño o el perro se comporten bien, claro). No hay nada que le guste más a la gente que hablar sobre sus hijos o sus mascotas.

Frases apropiadas en actos para establecer contactos profesionales

Un acto para establecer contactos profesionales es una situación tan incómoda como lo puede ser hablar con un desconocido en un bar. Sin embargo, con un poco de perseverancia, puedes superar la sensación de pánico e incluso disfrutar de la oportunidad de entablar relación con personas de ideas afines. Prueba con algo del estilo de:

✔ **"Hola, me llamo X, ¿te importa si me siento a tu lado?"** Esta frase funciona porque estás pidiendo permiso.

✔ **"Hola, me llamo X. (Mira en su distintivo el nombre de su empresa.) ¿A qué os dedicáis en la empresa Y?"** El éxito de esta frase reside en que a todo el mundo le gusta el sonido de su propia voz y hablar sobre sus cosas.

Frases para hacer amigos

Quizá conoces de vista a alguien desde hace tiempo, pero lo máximo que has hecho ha sido sonreírle porque no sabes cómo presentarte o iniciar una amistad. En realidad, no es difícil lograr que un conocido se convierta en tu amigo. Prueba con algo como:

✔ **"Tengo la impresión de que te conozco desde hace siglos, pero no sé cómo te llamas. Me llamo X, ¿y tú?"** Esta táctica funciona porque probablemente tampoco sabe cómo te llamas. Así tendréis la oportunidad de confesar que os conocéis de vista y evolucionar hacia una amistad.

✔ **"Siempre nos encontramos cuando venimos aquí. ¿Te apetece que quedemos un día para tomar un café y charlar un rato? Si te parece, puedes darme tu número de teléfono y así te llamo para concretar."** Con esta frase darás en el clavo porque a nadie le gusta tomar la iniciativa. Le encantará que hayas dado el primer paso y, como ya os habéis visto en otras ocasiones, no temerá que te conviertas en una persona insistente.

Frases para ligar por internet

Lo mejor de conseguir una cita por internet es que no tienes que decir en directo la frase con la que comienzas una conversación.

Si quieres destilar atractivo como James Bond pero tu forma de expresarte se parece más bien a la de míster Bean, ésta es tu oportunidad para conseguirlo.

Dado que la persona a la que le escribes no percibe tu entonación, las palabras y el humor son cruciales para conseguir una cita por internet. Adapta tu respuesta al estilo del texto que ha escrito la otra persona y utiliza temas relacionados, por ejemplo:

- ✔ Si una mujer busca "Caballero con lustrosa armadura", puedes responder: "Actualmente mi armadura está en la tintorería. Mi corcel puso pies en polvorosa, pero he alquilado un poni por si tengo que rescatar a una damisela en apuros". Esta frase tiene su gancho porque has utilizado el mismo tema pero dándole un nuevo giro, lo que le da mucho juego a la destinataria cuando siga con la conversación.

- ✔ Si, al igual que yo, sufres de dislexia y la ortografía te da quebraderos de cabeza, puedes restarle importancia escribiendo algo como: "Cibersoltero con dislexia busca cita con chica agradable que tenga corrector ortográfico integrado". De este modo, no presentas una imagen negativa de ti mismo pero dejas claro que tienes un problema con las palabras. Si revelas algún rasgo particular, la otra persona te responderá del mismo modo y la interacción progresará de inmediato.

Frases para citas rápidas

Las citas rápidas son geniales, ya que todos estáis en el mismo barco. Además, sabéis sin duda alguna que estáis disponibles y sedientos de amor. Es lógico que sintáis presión para encontrar una frase que funcione.

Puedes utilizar una frase directa o hacer una observación sobre el evento. A continuación tienes algún ejemplo:

- ✔ (Frase directa) **"Hola, me llamo Ana. Encantada de conocerte"**, seguido de un cordial apretón de manos. Esta frase funciona porque sigue el código habitual de las conversaciones y todos saben dónde están y cómo responder. En el capítulo 8 hay más información sobre este código.

¿Qué personaje serías?

Un hombre al que se le daba bastante mal ligar utilizaba siempre la misma frase para empezar a hablar en las citas rápidas: "Si fueras un personaje de *Friends*, ¿cuál serías y por qué?", decía con una ceja levantada y una mirada lasciva. Todas las mujeres hacían una mueca cada vez que oían la frase. En el descanso, en los baños de mujeres corrió la voz sobre esta especie de Hannibal Lecter, y las que todavía tenían que conocerlo se prepararon para la frase.

"Mónica, porque no tendría ningún reparo en mandarte a la porra", le soltó una mujer justo antes de que tuviera la oportunidad de utilizar su táctica. Entonces se levantó y se fue tan tranquila al bar.

Al final de la velada, las personas que utilizaban las frases más obvias pero sencillas tuvieron más éxito que quienes intentaban demostrar su ingenio. Busca algo simple y dentro de los límites de tu forma de expresarte para poder mantener una conversación fácilmente.

✔ (Observación sobre el evento) Puedes decir cosas divertidas, como:

> **"Es la primera vez que participo en las citas rápidas, ¡apiádate de mí!"**

> **"¿No te parece como si estuvieras en la película *El día de la marmota*, presentándote cada cinco minutos a una persona nueva?"**

> **"Me siento como si me fallara la memoria a corto plazo. ¡Ya no sé si me repito con las mismas frases!"** (No utilices esta frase en la primera cita si no quieres que piensen que estás mal de la cabeza.)

Estas frases funcionan muy bien porque hablas sobre una experiencia común y se lo pones fácil a la otra persona para responder.

Frases para el supermercado

Es muy fácil ponerse a coquetear con alguien en el supermercado porque puedes deducir muchas cosas sobre sus hábitos alimentarios. Por ejemplo, si ves que su carro está lleno de comida rápida y alcohol, a lo mejor te interesa tacharlo de tu lista pensando en que tendrá el colesterol por las nubes y el hígado hecho polvo antes de alcanzar la madurez.

Los productos que una persona compra o el tiempo de espera en la cola son temas perfectos para entablar conversación:

✔ **"¡Lichis! Siempre me han llamado la atención. ¿Tienes alguna receta para cocinarlos?"** Esta frase funciona muy bien, ya que le ofreces la oportunidad de compartir su experiencia culinaria contigo, o incluso de que te confiese que tampoco tiene ni idea de qué hacer con esta fruta.

✔ **"Si me dieran un céntimo por cada minuto que me paso haciendo cola, podría comprar en El club del gourmet. ¿Vienes aquí a menudo?"** Con esta frase comentas una experiencia mutua, demuestras tu sentido del humor y haces una pregunta para dar inicio a una conversación.

✔ **"¿Compras raciones para una persona? Yo también. ¿Te apetece tomar un café aquí al lado?"** Al coger el toro por los cuernos, demuestras que sabes que es una persona soltera, y en caso de que no lo sea, podrá aclarártelo. Además, una cafetería situada justo al lado del supermercado es un lugar neutral y sin compromiso para que os conozcáis un poco mejor.

Alégrale el día a alguien iniciando una conversación y quizá consigas volver a casa con algo más que la compra.

Frases para un romance de vacaciones

No todos los días estás de vacaciones, o sea que aprovéchalas al máximo. Los romances de verano son fantásticos porque si al final no soportas a la otra persona, te librarás de preocupaciones como volver a encontrártela o mantener el contacto.

✔ **"¡Estás cogiendo un buen tono!"** es una frase especialmente eficaz si la otra persona está roja como un cangrejo o si es más blanca que la leche. Funciona si tiene sentido del humor, y si no lo tiene, por lo menos ya lo habrás descubierto.

✔ **"¿Puedes recomendarme algún sitio bueno para comer que esté por aquí cerca?"** Esta frase surte efecto porque no es amenazadora y no entraña riesgo de rechazo. Por la respuesta deducirás si puedes llevar la conversación al terreno del coqueteo (lee en el capítulo 8 las señales que te indican si alguien quiere hablar contigo).

En vacaciones, todo el mundo está más relajado, tiene más sentido del humor y es mucho más receptivo a los intentos de entablar conversación... a menos que su cónyuge ande cerca.

Capítulo 17

Diez meteduras de pata al ligar

Este libro contiene todo lo que necesitas saber para convertirte en un seductor o seductora irresistible. No obstante, en ocasiones, las cosas que no debes hacer son igualmente importantes para perfeccionar tu arte de seducción. No te entretengas demasiado con los puntos enumerados, sólo toma nota mentalmente para evitarlos (sobre todo si recuerdas haber caído anteriormente en alguna de esas trampa) y sigue poniendo en práctica las demás estrategias del libro. Por muy cómicas que te parezcan algunas situaciones, te aseguro que son ciertas y que ya le han ocurrido a alguna infeliz criatura.

Frases inadecuadas que no hay que decirle a una mujer

"Lo siento, fui un maleducado al preguntarte tu edad. Mi madre siempre me decía que jamás le preguntara a una mujer cuántos años tiene. Bueno, ¿y cuánto pesas?" Estas memorables palabras me dejaron clavada.

Chicos, nunca debéis decir las siguientes cosas a una mujer:

- ✔ **"Me recuerdas a mi madre / hermana / mejor amiga / ex."** Todas las mujeres quieren sentirse únicas.

- ✔ **"Te veo cambiada, ¿has engordado?"** A ninguna mujer le gusta oír esta frase por razones obvias, pero si lo contrario es cierto, puedes preguntárselo.

- ✔ **"¿Cuántos años tienes? En la foto pareces diferente."** Nunca serás capaz de arreglar el efecto causado por esta frase.

- ✔ **"Tu amiga es muy atractiva."** Te sonreirá y te dirá que es cierto, pero por dentro le hervirá la sangre. No sólo has echado a perder tus posibilidades con ella, sino que jamás conseguirás acercarte a su amiga.

Frases inadecuadas que no hay que decirle a un hombre

Hay algunas frases que, a menos que las diga el hombre en cuestión, acortarán la vida de una relación. Si todavía estáis coqueteando, evita los siguientes comentarios hasta que él saque el tema:

- ✔ "Me gustaría presentarte a mis padres."

- ✔ "Si tuviéramos hijos, ¿crees que tendrían tus ojos?"

- ✔ "Me encantaría pasar todo mi tiempo libre a tu lado."

- ✔ "Seguro que serías un marido ideal."

- ✔ "¿Te gustaría estar casado con una mujer que no trabajase?"

- ✔ "¿Crees que esto me hace parecer gorda?"

- ✔ "¿Te parece atractiva esa mujer de ahí?"

- ✔ "¿Cuánto me quieres?"

Si lleváis poco tiempo saliendo juntos, lo más probable es que o bien no te dé una respuesta directa, o bien no te guste la respuesta si es sincero.

Temas tabú en la primera cita

Aparte del sexo, la religión y la política, está mal visto sacar los siguientes temas en la primera cita:

✔ **Tu ex pareja.** Tanto si era una magnífica persona como si no, este tema es tan bienvenido como una patada en el estómago.

✔ **Tus planes de boda y los hijos que quieres tener.** Esto es la primera cita, no una condena a cadena perpetua.

✔ **La historia de cuando envenenaste a la mascota de alguien que te molestó.** La persona con la que sales (salías) podría estar llamando a la Asociación Protectora de Animales mientras huye por la ventana de los aseos.

Sigue las indicaciones de los capítulos 8 y 9 para que la conversación se desarrolle con normalidad y el vínculo comunicativo se estreche gradualmente.

Escribir en internet algo que podrías lamentar

Nunca escribas nada en internet a menos que tengas la seguridad de que puedes borrarlo. Imagina que los siguientes detalles estuvieran siempre a la vista de todos para tu eterno bochorno:

✔ El número de personas con las que te has acostado.

✔ Las malas pasadas que le jugaste a tu superior / ex pareja / mejor amigo o amiga.

✔ Tu sueldo.

✔ Cualquier cosa que no sea cierta.

No publiques en internet datos que puedan llevar a que suplanten tu identidad o roben en tu casa mientras estás de viaje.

Malos momentos para invitar a salir

Para invitar a salir a alguien, es crucial elegir el momento adecuado. Debes evitar las siguientes situaciones, a menos que no te importe que te rechace.

Nunca invites a salir a una persona cuando:

✔ Le acaban de decir que ha muerto un pariente suyo o su mascota.

✔ Te ha confesado que todavía siente algo por su ex pareja.

✔ Se ha pasado diez minutos contándote que tiene una agenda apretadísima para el resto del año.

✔ Acaba de decirte que no eres su tipo.

Puede que sólo tengas una oportunidad para invitar a salir a esta persona, por lo que debes asegurarte de que lo haces en el momento adecuado.

Estropearlo todo a la hora de pagar la cuenta

El momento de pagar la cuenta puede traer muchos problemas. Nunca debes dar por hecho que la persona con la que sales puede adivinar lo que piensas y se imagina lo que pasará llegada la hora. Para evitar una situación incómoda y poner en peligro las citas futuras, nunca hagas lo siguiente:

✔ Empujar la cuenta hacia su lado de la mesa y decirle que le toca pagar.

✔ Sacar la calculadora y dividir la cuenta según lo que consumió cada uno, incluso si sólo pediste el menú vegetariano sin bebida.

✔ Proponer pagar la cuenta a medias, si inicialmente dijiste que invitarías tú.

Acordad con antelación cómo pagaréis para evitar las situaciones molestas y no echar a perder lo que podría haber sido una bonita relación.

Elegir un escenario poco adecuado

El lugar en el que se desarrolla una cita puede significar su éxito o su ruina. Ve sobre seguro en la primera cita y evita lugares que:

✔ Sólo tengan platos impronunciables en la carta.

✔ Cocinan animales que la gente paga por ver en un zoo.

✔ Os obligan a gritar para haceros oír por encima de la música y poder mantener una conversación.

✔ Están tan iluminados que casi necesitáis poneros unas gafas de sol.

✔ Os condenan al olvido en una mesa minúscula al lado de la puerta de la cocina porque no sois famosos.

Elige un lugar con un ambiente agradable, que no sea demasiado tranquilo y que esté concurrido. Si os quedáis sin conversación, el ruido de fondo disimulará el silencio y siempre os queda el recurso de charlar sobre los demás clientes.

Exagerar ante un percance

En un mundo ideal, jamás se produciría un contratiempo, ni pequeño ni grande, durante la primera cita. Por desgracia, dado tu estado de extrema ansiedad, lo más probable es que te muevas con más torpeza y sufras algún percance o que te preocupe demasiado que las cosas no salgan bien. Para mayor seguridad, no hagas lo siguiente:

✔ Echarle la culpa del percance a la persona con la que sales, aunque haya prendido fuego a las cortinas mientras jugaba descuidadamente con una vela.

✔ Llamar a tu madre porque siempre sabe cómo actuar en una crisis.

✔ Deshacerte en disculpas, incluso si no ha sido culpa tuya, y decir que las cosas siempre salen mal cuando andas cerca. A nadie le gusta salir con un pájaro de mal agüero.

No hace falta que conviertas una crisis en un drama, simplemente olvida lo que acaba de suceder y no montes un escándalo. Lo último que necesitas es que la persona con la que sales se sienta incómoda o crea que tienes un imán para las desgracias.

Encontrarse con una ex pareja

Un encuentro inesperado con tu ex pareja puede dejarte boquiabierto, y mucho más a la persona con la que sales. Tanto si la ruptura fue traumática como unilateral o incluso amistosa, evita lo siguiente si quieres que el encuentro pase desapercibido o no tenga repercusión:

✔ Presentar a tu ex pareja como la persona que te dejó plantada.

✔ Alardear ante tu ex pareja de que ahora sales con una persona infinitamente mejor.

✔ Enfrascarte en una discusión porque te robó tu disco favorito de las Spice Girls y nunca te devolvió el destornillador eléctrico que te pidió prestado.

✔ Saludar con un afecto desproporcionado y recordar lo mucho que os divertíais cuando estabais juntos.

Mirar por encima de su hombro

Ninguna persona se sentirá el centro de tu universo ni la pareja de tus sueños si no dejas de mirar por encima de su hombro. Al final acabará haciendo lo mismo, sólo para descubrir qué es lo que tiene detrás que es tan interesante.

Aunque la persona más sexy del mundo haya hecho su entrada y te esté mirando a los ojos, debes ignorarla y dedicarle a tu acompañante toda la atención que se merece.

Sólo en las siguientes circunstancias puedes mirar por encima del hombro de la persona con la que estás saliendo, aunque no es probable que se dé el caso:

✔ Un hombre armado ha entrado en el lugar en el que os encontráis y se encamina hacia vosotros.

✔ Un portavoz de la lotería nacional se dirige hacia ti con un cheque por el valor de un millón de euros con tu nombre escrito.

Capítulo 18

(Casi) diez lugares en los que puedes ser objeto de coqueteo indeseado

. . . .

En este capítulo

▶ Marcar las distancias con los compañeros de trabajo

▶ Tratar con desconocidos

▶ Deshacerse de admiradores indeseados

. . . .

Descubrir que tu nuevo mejor amigo o amiga, compañero de trabajo o ligue es muy pesado puede acarrear una enorme decepción. Las cosas empeorarán si al final descubres que es una persona pegajosa que ignora tus educados esfuerzos para rechazarla con delicadeza.

La mayoría de la gente es capaz de darse cuenta de cuándo no funciona una relación (romántica, laboral, amistosa o de otro tipo) y debe renunciar a ella. Incluso en los casos en que te encuentres con una persona que no tiene esta habilidad, puedes rechazarla con delicadeza sin ningún problema (lee el capítulo 11). No obstante, hay quienes no captan el mensaje y acaban convirtiéndose en unos completos pesados, consciente o inconscientemente. Estas personas interpretan tu cortesía y la falta de rechazo evidente como la confirmación de que disfrutas con su compañía y de que te apetece que paséis juntos más tiempo.

Cuando alguien no le alcanza el grado de sensibilidad social del que casi todo el mundo está dotado, puede crearse una aire enrarecido, por lo que debes dejar bien claro lo que sientes.
No siempre resulta fácil establecer los límites y hablar con sinceridad, pero es una forma de intentar solucionar el problema. Este capítulo te explica cómo hacerlo en diferentes situaciones.

En el trabajo

Aunque la oficina es un lugar en el que se coquetea mucho, no te conviene conseguir admiradores indeseados y pesados, ya que te tocará aguantar la situación hasta que cambies de trabajo.

Para tratar con una persona así en la oficina, existen varias estrategias eficaces:

- ✔ Preséntale a alguien que comparta sus intereses o con quien tenga algo en común.

- ✔ Sé el último en acceder a la sala de reuniones y siéntate de forma que no te vea.

- ✔ Finge que estás haciendo algo urgente hasta que casi se acabe su pausa para comer, de modo que puedas disfrutar de esa hora con tranquilidad. Además, así reducirás el tiempo que pasáis juntos.

Si aun así no capta el mensaje y sigue prodigándote atenciones indeseadas, dile que prefieres no confraternizar con los compañeros de trabajo. Recuerda que esta estrategia funciona únicamente si no te ve con otros compañeros fuera de la oficina.

En un bar

Los admiradores indeseados son expertos en acercarse sin que te des cuenta, pero en un bar es relativamente fácil tratar con ellos. Prueba con estas frases para salir indemne de situaciones peliagudas cuando estés de juerga:

✔ **"Perdona, tengo que ir al baño."** Recuerda acabarte primero la copa, ya que no vas a volver y sería una pena desperdiciarla.

✔ **"Estoy esperando a un amigo/a, pero como está solo/a voy a ir buscarlo/a ahora mismo."** Esta estrategia no funciona en bares pequeños, por lo que puedes tener preprogramado un mensaje de texto que diga "llego en cinco minutos" y enviarlo a tu propio móvil. Busca una excusa y despídete. Incluso ahora existen servicios en internet que te ayudan.

Si es muy insistente, habla con el portero y dile que están molestándote; antes de que te des cuenta, el portero le pedirá que se vaya.

En actos para establecer contactos profesionales

Los actos de creación de contactos profesionales te ofrecen una oportunidad inmejorable para ligar. No obstante, debes tener mucho cuidado, ya que podrías convertirte en el centro de atención de una persona que se siente tan feliz por haber encontrado a alguien con quien hablar que no se despegará de ti. Con un poco de arte, no sólo conseguirás librarte de su compañía, sino que sacarás provecho de la situación.

Pregúntale quiénes son las personas más interesantes e influyentes que conoce en el lugar y pídele que te las presente. Cuando consigas que te lleve hasta un pez gordo, devuélvele el favor y preséntale a alguien que conozcas, tras lo cual podrás excusarte y regresar a tu pez gordo. De este modo, ambos os beneficiaréis de haberos conocido, ya que a ti te ha presentado a alguien y tú le has devuelto el favor. A partir de ese momento, ya puedes seguir creando contactos con gente que te interese de verdad.

Otra opción consiste en trasladaros a la cafetería, un lugar tan bullicioso que, o bien acabaréis alejados, o bien se producirá una interrupción natural cuando otras personas se pongan a hablar contigo. Esto te permitirá ponerte a charlar animadamente con alguien más interesante y sugerir a la persona que se te ha pegado que haga lo mismo que tú, pero con otra víctima.

En la calle

Pueden prodigarte atenciones indeseadas por la calle de cientos de maneras diferentes: silbarte con admiración, sentarse a tu lado a escasos centímetros cuando descansas en un banco, intentar ligar contigo bajo los efectos del alcohol de camino al próximo bar... Lo mejor que te puede pasar es que te moleste; lo peor, que te asuste o que corras peligro, sobre todo si en ese momento no te acompaña nadie.

Independientemente de cómo lo hagan, no te cuesta nada responder con educación y cortesía. Por eso, en lugar de enzarzarte en un intercambio de insultos cuando una persona intenta bloquearte el paso o va detrás de ti, dile con firmeza "tengo pareja" mientras le miras a los ojos. Si quiere ponerse a charlar contigo, repítele siempre esta frase. Intenta marcar las distancias cambiando de acera para que no te siga y dirígete hacia un lugar en el que no te sientas intimidada, como un bar o una calle frecuentada. Es fundamental que demuestres confianza, ya que así lograrás que desista del propósito para buscar a una víctima más débil.

En tu círculo de amigos

Por mucho que quieras a tus amigos, siempre hay uno que abusa de tu confianza, que quiere que seáis algo más o que parece no darse cuenta de que tienes una vida social con otro grupo y que no quieres pasar cada minuto en su compañía.

Si una persona de tu círculo de amigos se pasa el tiempo enviándote mensajes de texto, llamándote por teléfono o escribiéndote correos electrónicos para saber lo que haces, proponte no contestarle de inmediato, o directamente no le respondas (y no dejes que te someta a un interrogatorio). El hecho de que alguien se ponga en contacto contigo no te obliga a estar siempre a su disposición.

Intenta utilizar la misma frase cuando rechaces sus invitaciones para quedar, por ejemplo "lo siento, tengo planes". No dejes que te sonsaque cuáles son tus planes y repítele siempre lo mismo.

Hasta la persona más insistente del mundo dejará de interrogarte cuando se dé cuenta de que no obtendrá otra respuesta.

Al principio te costará trabajo tratar así a una de tus amistades, pero la satisfacción de no tener que dar explicaciones sobre cada uno de tus movimientos o incluirla en todas tus actividades sociales compensará con creces tu inquietud inicial.

En internet

Un día conoces a una persona por internet y la aceptas como amigo en el Facebook. Te das cuenta entonces de que sigue cada uno de tus movimientos y, a través de ti, los de tus amigos. Puedes librarte de un ciberacosador o ciberacosadora en Facebook si lo eliminas de tu lista de amigos y, si quieres que tampoco te mande correos electrónicos, puedes marcarlo como correo no deseado o bloquearlo.

Te estoy mirando

Javier tenía una amiga que quería llevar la amistad más allá y que no dejaba de mandarle mensajes de texto para averiguar lo que hacía y con quién. Al principio su actitud era bastante inocente, pero empezó a ponerse nerviosa si Javier no le decía de inmediato qué estaba haciendo o si no le informaba con detalle todos sus movimientos. Si veía que su coche no estaba aparcado delante de su casa, le enviaba un mensaje de texto para preguntarle dónde estaba. Intentó quedar bien con los nuevos amigos de Javier y consiguió sus números de teléfono para enviarles mensajes también a ellos. Él empezó a sentirse como si lo observaran continuamente. Lleno de resentimientos, decidió esperar cada vez más antes de responder sus mensajes y, cuando lo hacía, jamás la informaba de dónde se encontraba. Su insistente amiga pareció captar el mensaje y Javier empezó a sentirse un poco más seguro al tratar con ella.

Es una sensación angustiante tener que dejar de lado a un amigo que resulta peseado, pero aguantar su acoso puede serlo mucho más. Pon un freno en cuanto veas los primeros indicios de convertirte en la obsesión de alguien.

No olvides comentarles la situación a tus amigos, que hayan agregado a esta persona a su lista de contactos, para que no pueda seguir espiándote a través de ellos.

Si esta persona te sigue acosando por internet, ponte en contacto con Facebook (o con la red social o sitio web de contactos que utilice) e informa sobre su comportamiento inapropiado o antisocial. El administrador de la web desactivará entonces su cuenta.

En las celebraciones del trabajo

Una fiesta organizada por la empresa es el escenario ideal para que se te insinúe esa persona en la que jamás te habías fijado. Probablemente notarás que te sigue por todas partes hasta que haya bebido lo suficiente para reunir el valor de pegarse a ti como una camiseta de lycra. En tal caso, prueba a hacer lo siguiente:

✔ Asegúrate de que tienes un amigo a cada lado para utilizarlos como barrera humana y evitar que se te acerque físicamente.

✔ Preséntale a alguien a quien podría gustarle y desaparece.

✔ Dile que tienes pareja o que te gusta otra persona y no quieres echar a perder tus posibilidades si os ven coqueteando.

En el gimnasio

Ser el objeto de atenciones indeseadas y constantes en el gimnasio puede desanimar a cualquiera. No sólo te distrae al realizar los ejercicios, sino que además añade estrés a una instancia supuestamente relajante.

Opta por la estrategia que mejor se adapte a ti para intentar resolver la situación:

✔ Habla con los encargados de recepción para saber si tu admirador o admiradora acude con frecuencia al gimnasio e intenta evitar sus horarios.

✔ Haz ejercicios diferentes a los suyos; por ejemplo, si está en las máquinas cardiovasculares, tú céntrate en las pesas.

✔ Pide que suban el volumen de la música del gimnasio o ponte cascos.

✔ Respóndele con monosílabos y dile que no tienes tiempo porque quieres centrarte en los ejercicios o has quedado con alguien después.

Por teléfono

Las llamadas telefónicas insistentes pueden llegar a convertirse en una violación de la intimidad. Si un admirador (o admiradora) indeseado consigue tu número de teléfono, ya sea por medios lícitos o con triquiñuelas, y empieza a llamarte con insistencia, te conviene cortar por lo sano antes de que el asunto se te vaya de las manos.

No hace falta que uses palabras malsonantes, simplemente pídele con tranquilidad y firmeza que deje de llamarte. Si es necesario, repíteselo hasta la saciedad. En caso de que el problema no se resuelva, adviértele de que vas a ponerte en contacto con tu proveedor de servicios telefónicos para atajar sus llamadas. También puedes utilizar los servicios que identifican los números de teléfono de las llamadas que recibes, lo que te permite bloquear determinados números y las llamadas anónimas e indeseadas.

Diez consejos para ligar sin riesgos

En la infancia te decían que nunca hablaras con desconocidos, pero ya has entrado en la edad adulta y basta con que adoptes estrategias seguras al coquetear o salir con alguien. Debes preocuparte en todo momento por tu seguridad, pero no tanto como para que te impida disfrutar. Para cerciorarte de que puedes ligar sin riesgos y con total tranquilidad, sigue estos diez consejos.

No reveles información personal

Nunca es buena idea revelar tus datos personales en una web o a personas que nunca has visto, sobre todo si al final decides que no te interesa conocerlas o que no quieres saber nada de ellas.

Si no conoces a la persona con la que estás ligando, mantén en secreto tu dirección de correo electrónico privada y del trabajo, así como tu dirección postal y tus números de teléfono.

Utiliza una cuenta de correo electrónico creada sólo para este fin mientras no conozcas lo suficiente a la otra persona, hasta que tengas la seguridad de que puedes confiarle tu información de contacto. Si estás ligando con varias personas a la vez, te compensa invertir en una tarjeta prepago de móvil y utilizar ese número de teléfono exclusivamente para ponerte en contacto con ellas.

Si tienes un encuentro casual al ligar con una persona desconocida y alguno de los dos propone quedar, pídele su número de teléfono para ser tú quien controle cuánta información intercambiáis y con cuánta frecuencia.

Elige un espacio público para el primer encuentro

Antes de decidir juntos en qué lugar os encontraréis, ten en cuenta las siguientes recomendaciones para que el encuentro sea seguro:

✔ Nunca permitas que vaya a buscarte a tu casa o al trabajo.

✔ Queda siempre en un lugar público.

✔ Propón un sitio donde tengas la seguridad de que habrá mucha gente.

Tómate las cosas con calma

Es muy importante que marques el ritmo de la relación, sobre todo si coqueteas con un compañero de trabajo o un cliente. Si la persona con la que has quedado se ha tomado unas copas, podría dejar de lado las inhibiciones y acelerar un poco las cosas, aunque para ti aún no sea el momento.

No tomes una decisión precipitada. Para ligar, hacen falta dos personas; si a ti no te apetece, se convierte en acoso.

Si crees que las cosas van demasiado rápido y quieres tomártelo con calma, disminuye el contacto visual y utiliza la técnica de la barrera (explicada en el capítulo 11) para aumentar la distancia. Si la otra persona sigue sin pillar la indirecta, utiliza tu plan alternativo. Lee en la página 309 el apartado "Ten un plan B de emergencia".

Bebe con moderación

¿Verdad que cuando conduces no bebes? Pues deberías hacer lo mismo al ligar. No es aconsejable que aceptes una copa si te la ofrece una persona desconocida, ya que podría haberle echado algo.

En caso de que sientas la obligación de aceptar una bebida:

- ✔ Fíjate en cómo te la preparan en la barra y cógela tú directamente.

- ✔ Pide una bebida que venga en botella y sujétala tapándola con el pulgar.

- ✔ Nunca la pierdas de vista.

- ✔ No pidas de beber algo que nunca hayas probado, ya que no sabrás si tiene un sabor extraño simplemente porque es más fuerte de lo que sueles beber o porque le han echado algo.

- ✔ No aceptes una bebida si no es lo que habías pedido.

Si crees que le han echado algo a tu bebida, habla de inmediato con un camarero y llama a un amigo para que te acompañe a casa.

Ten cuidado con lo que dices

La prudencia es la madre de la ciencia. Nunca puedes tener la seguridad de que lo que dices no llegará a oídos de otra persona. Por eso, no hagas comentarios que te callarías si la persona implicada estuviera presente o que no te gustaría oír sobre ti. Este consejo es especialmente importante si estás saliendo con un compañero del trabajo o de tu círculo de amigos.

Si has quedado con alguien que no deja de hacer comentarios eróticos o insinuaciones, no te rías ni sonrías educadamente si sus palabras te molestan. Podría pensar que te gustan sus bromas y que te apetece ir más lejos.

Escucha las sensaciones viscerales

Las vísceras tienen más terminaciones nerviosas que el cerebro, por lo que si sientes que se te encogen, es que intentan decirte algo. Muchas víctimas de agresión relatan que eran conscientes de sus sensaciones viscerales, pero no les prestaron atención. Si tienes una sensación visceral que te dice que algo va mal, no te arriesgues. Busca una excusa y despídete.

Informa a algún amigo

Tus amigos se preocupan por ti y harán lo que haga falta para comprobar que estás bien o sacarte de apuros. Pídele a uno de ellos que te llame al principio de la cita para asegurarse de que has llegado sin ningún percance y otra vez al final para verificar que has vuelto a casa sin problemas.

Ten varios mensajes de texto preprogramados en el teléfono móvil para enviárselos a tus amigos si las cosas no salen como habías planeado y necesitas que te saquen de apuros. Acuerda de antemano con ellos que, en caso necesario, te recogerán y te llevarán de vuelta a casa.

Vuelve a casa sin que te acompañen

Aunque os lo hayáis pasado genial juntos, no caigas en la tentación de compartir un taxi o aceptar que te lleve a casa en su coche. Es mejor que invites a la otra persona a tu casa para tomar un café cuando la conozcas mejor y vuestras intenciones sean claras. Reserva un taxi o pídele a un amigo que te lleve a casa después de la cita.

Ten un plan B de emergencia

Inspírate en los *boy scouts*, cuyo lema es "¡siempre listos!". Si una situación te acorrala, podrías sentir ansiedad, vulnerabilidad y falta de control. Sólo tendrás que recurrir al "plan B" de emergencia en circunstancias extremas, pero te conviene guardártelo en la manga para ligar con tranquilidad y seguridad.

Como previsión de los momentos incómodos, guarda un mensaje de texto de emergencia en tu teléfono móvil por si tienes que enviárselo a un amigo para que te llame en cinco minutos, así como el número de teléfono de la empresa de taxis local para poder marcharte cuanto antes. Desde el interior de tu bolso o bolsillo, puedes mandar un mensaje guardado de la carpeta de borradores; o pedir un taxi discretamente desde los aseos, si lo que prefieres es marcharte.

Aprende defensa personal

Si sabes defenderte, sentirás mucha más tranquilidad y aumentarás tu confianza. Por eso, es aconsejable que te apuntes a un curso de artes marciales o defensa personal. ¡Además, nunca sabes a quién puedes conocer!

En el desafortunado y poco probable caso de que te ataquen, grita "¡fuego!" lo más alto que puedas. Por lo visto, la gente reacciona antes a este grito que a cualquier otra cosa. Puedes llevar encima una alarma personal para asustar momentáneamente a tu atacante y conseguir tiempo para escapar.

Índice

A

• B •

• C •

• D •

• E •

• F •

• I •

• J •

• L •

• M •

• N •

• O •

• P •

● *S* ●

• T •

• U •

• V •

• W •

¡El libro de alemán *para todos!*

Alemán
PARA
DUMMIES

Aprende a:

- Conversar en un idioma con más hablantes nativos de la UE
- Pronunciar con un buen acento
- Utilizar el vocabulario propio de los negocios
- ¡Disfrutar elige de tus escapadas a tomas de habla alemana!

Paulina Christensen
Anne Fox

¡El libro de chino para todos!

Chino
PARA
DUMMIES

Aprende a:

- Hablar chino sin dificultad
- Incluye vocabulario básico, normas de pronunciación y gramática, referencias culturales y pautas de etiqueta
- Dirigida a viajeros, estudiantes de relaciones internacionales, gente de negocios y aficionados a los idiomas

Wendy Abraham
Profesora de chino y directora asociada del Centro de Estudios Budistas de Stanford

¡El libro de francés para todos!

Francés
PARA
DUMMIES

Aprende a:

- ¡Hablar francés en un abrir y cerrar de ojos!
- Comunícate en francés usando palabras y expresiones actuales

Berlitz
Líder internacional en la enseñanza de idiomas

Dodi-Katrin Schmidt
Michelle M. Williams
Dominique Wenzel

¡El libro de inglés *para todos!*

Inglés
PARA
DUMMIES

Aprende a:

- Hablar inglés desde el primer día con esta guía fácil y divertida
- Comunicate eficazmente en inglés
- Pronunciar correctamente, aprender un poco de gramática, diálogos y muchos trucos sencillos

Gail Brenner
Creativa y profesora de programas de inglés de nivel intensivo en la Universidad de California

¡El libro de frases en francés para todos!

Frases en francés
PARA
DUMMIES

de frases en inglés para todos!

Frases en inglés
PARA
DUMMIES

Gail Brenner
Autora de inglés para todos

¡El libro de PNL *para todos!*

PNL
PARA
DUMMIES

Aprende a:

- Aprende de más sentido con la programación neurolingüística
- Liberar tus pensamientos negativos y potenciar tus creencias positivas sobre ti y sobre el mundo que te rodea

Romilla Ready
Kate Burton
Xavier Guix (asesor)

¡El libro de *coaching para todos!*

Coaching
PARA
DUMMIES

Aprende a:

- Cómo equilibrar tu vida y darle más sentido con el coaching
- Moviérte, tomar el control de tu vida y desarrollar todo tu potencial

Jeni Mumford
Experta en coaching y PNL

Alfredo Díez (asesor)
Coach, especialista en habilidades directivas.

¡El libro sobre *perder peso para todos!*

Perder peso
PARA
DUMMIES

Aprende a:

- Perder peso sin pasar hambre
- Identificar los pros y los contras de las dietas más populares
- Elegir la dieta más sana para ti, según tu edad, tu ritmo de vida y tus necesidades
- Combatir los malos hábitos alimentarios

Ramón Sánchez-Ocaña
Periodista especializado en salud y nutrición